明宮大太監的逆襲

胡丹 著

明朝的那些九千歲

前言

本書是我的「明宮揭祕」系列的第三部。第一部《大明後宮有戰事》，分別寫明宮的父子兄弟與后妃皇親，我戲稱之為明代宮廷史的「男版」與「女版」，而這一部寫的是大明王朝的家奴宦官，下面該稱什麼呢？我說不出。

這是一個玩笑。想來看官都能理解，因為一說起閹宦，大家都有類似的反應。我的博士學位論文，研究的是明代宦官制度，很快名聲在外，後來我碰到的學界同仁，多盈盈捧手，客敘而笑：「胡兄是做宦官的，久仰久仰。」在當代學科體制下，研究歷史，多攻一段，如先秦、兩漢、魏晉南北朝、唐、宋、元、明、清，我在研究生階段專攻明史和制度史，習稱「做明史」、「做制度史」，我博士論文的題目是宦官制度，自然是「做宦官」了。人家「久仰」，本是好事，可為何含詭譎之笑呢？我不便深想，唯支吾應之。

如今做了一篇大題目，欲揭祕明宮之事，寫了主子（帝后），再寫家奴（宦官），亦是題中應有之意。這樣，在完成博士論文數年之後，竟然又一次「做起了宦官」。

大家笑宦官，乃至連累「做宦官的」，可見人們對宦官自有一種特定的情愫，準確說，是鄙夷之情。宦官出場，就是丑角兒，鼻眼間那白撲撲一團還未擠出，戲園裡已忍不住滿場噴笑。這也難怪，閹人是畸形之人，宦官是畸形的群體，他們高高在上，離每個朝代的核心最近，許多時候權勢烜赫，可是呢，猛一抖，襠下卻少一物，大大敗興！前清某太監說，做太監的，都是苦人，正得其情！財富可以散而復聚，那話兒卻失不可再生。偏偏那東西不像手腳，殘疾了，只需奮發，總還有一種志氣令人尊敬；那東西丟了，雄不為雄，雌不為雌，老生掉了鬍鬚，還露出一股陰陽怪氣之態，豈不令人恥笑？

對此，司馬遷有切身之痛。他因諫議觸帝之怒而「下蠶室」（指閹割之刑）。在給友人的信中，他寫道：「僕以口語遇遭此禍，重為鄉黨戮笑，以汙辱先人，亦何面目復上父母之丘墓乎？雖累百世，垢彌甚耳！」這種笑，在司馬遷看來，一點也不比殺頭輕，他稱之為「戮笑」、「極刑」，不單辱身，並且上汙先人之墓，就是百世之後，也無法清洗屈辱。

可這樣一個可笑之物，卻自商周以來便存在於天朝的後宮，甚至於達官貴人之家，一直存續到清亡、末代皇帝溥儀被驅逐出紫禁城之後，才正式退出歷史舞臺。人們笑他、罵他、殺他，也趨奉他。宦官為禍，是歷代最主要的統治教訓之一，卻幾乎從未有人呼籲取消宦官制度，反倒認為宦官的存在合乎天理（如紫微垣帝座之旁即有宦者三星），只是應小心防範他，令其在宮苑之內供「灑掃、傳令」即可，而不可使其參大政、統軍馬。明太祖朱元璋就是這麼認為的，這也是他駕馭宦官的自信心所在。

可事實如何呢？有明一代的「宦禍」和龐大的宦官組織，正是在洪武朝奠定了基礎。洪武之後，規模已成，已無法將宦官從明代政治中剝離，故建文帝任使宦官，永樂帝放手使用宦官，到宣宗更將宦官干預外政的職掌制度化，並嵌入從中央到地方的政治體制之中。學界一般認為，明代中樞政治是司禮監與內閣內外夾輔的「雙軌制」。在地方上呢？我曾著有一文《「三堂體制」的構建與解體——以鎮守內官為中心》（刊於臺灣《國立政治大學歷史學報》第三十二輯，西元二〇〇九年），提出這樣一個觀點：自宣德以來，在地方（包括北方九個邊鎮、內地的省，以及一些特區）形成了以鎮守內官、鎮守武臣與巡撫都御史為三角的統治核心（明代稱「三堂」）。這套體制改變了明初的「三司制」，成為明晚期的「督撫制」形成之前的過渡環節，存在了約一百年，是明代中前期相當典型的地方管理體制。即使在嘉靖中年裁撤鎮守內官後，一些特區（如南京、興都、天壽山、武當山等）仍保留了這套體制。明代宦官不單服役於宮廷，還廣泛地預軍、預政，參與國家財政（府庫、稅收）管理以及大型營造工程。可見，明代的宦官問題，不是擅權干政，而是「二十四衙門」及眾多的宦官差使，本身就擁有合法的政治權力。

自二十世紀八〇年代以來，宦官研究成果頗豐，可以算得上一個熱點。然而這些成果有許多不足，比如多著眼於批判宦官擅權干政，而對宦官制度缺乏必要的深入研究。舉一個例子，明代宦官人數有多少？康熙帝根據清宮留用的前明老宦之言，說明末宦官人數多達十萬。這個數據被不少論者採信。其實，明代官方國史「實錄」對宦官人數是有記錄的，因為按照明宮制度，每年兩季要為兩京宦官置備冬衣鋪蓋，需要統計人數，這個材料便明明白白記在實錄裡，只是沒人發現它。那麼明宮太監有多少人呢？其實一直比較穩定，不過一、兩萬人。康熙那個數據太不靠譜了！在明代宦官研究中，類似的錯誤、想當然和人云亦云是普遍現象。有鑒於此，我確定以宦官制度作為博士論文的研究對象，幾年來，就明代的司禮監、都知監、東廠，發表了一系列論文，也引起了學界的注意。為了準備博士論文的寫作，我做了充分的材料準備，稽考了一百八十多萬字的《明代宦官史料長編》（已由南京鳳凰出版社出版），將明實錄中的宦官史料全部輯出，收錄與宦官有關碑刻約千通，其中僅宦官及其家族成員墓誌就達一百九十九方。正是在大量新材料的基礎上，我完成了四十餘萬字的博士論文，獲得評審專家的高度評價——這下宦官「做」大啦！

您手裡這部《明宮大太監的逆襲》，正基於我對宦官研究的豐厚成果。

需要提醒各位看官，這部書意在「揭祕」，不是歷史研究，所謂太監祕史，並非學術論著，而是一部試圖讓大多數人能看懂、喜歡看的通俗歷史讀物。

看過《大明王朝家裡事兒》和《大明後宮有戰事》的朋友們，將會發現，這本書在筆法上與前兩部有了一些變化，除了「史料堅實」這個一貫的特點，我盡量減少了煩瑣考證，而適當地加入了一些合理的想象內容。亞里斯多德（Aristotle）在《詩學》中說，文學比歷史更可信。這個說法，放在面向大眾的通俗歷史寫作中，是很有道理的。作者通過對歷史大背景的整體把握，對一些歷史場景和人物心理做合理的想象和還原，不僅不會損害歷史的真實性，還能彌補史料碎片化和單薄的缺憾，使歷史更為飽滿，有助於讀者形成立體直觀的感受。

此書在天涯論壇發布過一部分，最初的名字叫「明宮一百太監祕史」，我是預備寫一百個「大太監」的。或許有看官感到吃驚，明代真有那麼多大太監可寫？那是當然的。在明朝近三百年的歷程裡，宦官與之偕行，大量宦官參與到各方面的政事之中，發揮了各自不同的重要影響。明朝的太監故事，絕非我們熟知的鄭和、王振、劉瑾和魏忠賢幾個人可以涵蓋的。

我在每一卷的開頭，都會列出本卷將寫到的大太監的名姓（一筆帶過或寥寥幾筆者均不計），有興趣的朋友可以數一數，到底我寫了多少位有名的大太監。

由於我要寫整整一個朝代的大太監，而且這些大太監與皇帝、大臣以及各朝政局密切相關，內容非常豐富，一本書的容量顯然不夠，故此，作為「明宮揭祕」系列的第三部，這系列亦分為三部，分別寫明代前期（開國至正統）、中期（景泰到正德）和晚期（景泰到明亡）的大太監。您手裡的是第一部，另外兩部還未開始寫作。如果您想在後兩部裡看到哪些宦官的故事，或者想知道些什麼，請及時告訴我，我會盡量考慮增補寫入。我想，這也是一種有趣的互動吧。

胡丹

目錄

第三卷　仁宣盛世，太監去哪兒

第四卷　權閹出場——「國老」王振

第一章　特務頭子是宦官

廣袤的華北平原被稀疏的林木分割開來，極目望去，千里荒涼。除了偶爾出現幾隊衣衫襤褸、步履蹣跚的難民，幾乎看不到人煙或較大的聚落。

前年仲秋（農歷八月），正是田作收獲的時節，朝廷興六十萬大軍來伐鎮守北平（今北京）的燕王朱棣。老朱家自家人內訌起來，今天你打過去，明天我打過來，在北平、河南、山東數省間反覆鏖戰。天天交兵，莊稼地裡已容不下農夫耕作的腳步，全被馬蹄踐踏得稀爛，人民生活陷入極端的痛苦之中。

昔日鎮守北邊雄鎮的燕王，如今已成了朝廷集重兵討伐、必欲繩之誅之的叛逆。在朝廷的詔書裡，燕王已不再是燕王，他被削去王爵，成了百官口誅筆伐的「燕庶人」。

但燕王朱棣並不甘心束手就擒，而是假借「祖制」，打出「靖難」的旗號，在險惡的環境下，頑強地為生存而戰。燕王領導的「靖難軍」（或稱燕軍、北軍）像哪吒一樣，越長越大，生出三頭六臂，硬是把緊緊纏裹住他的蟬蛹捅出幾個大窟窿。

建文元年到二年（西元一三九九年～西元一四〇〇年），朝廷官軍（或稱南軍）在真定、白溝河等地（均在今河北北部一帶）接連慘敗，損失了數十萬人馬，輜重的損失更是不計其數。但是瘦死的駱駝比馬大，朝廷畢竟擁有萬里的版圖，人口眾多，物力充沛，在經歷了最初的敗績後，漸漸從頹勢中復蘇。建文二年末，盛庸在山東東昌重創來犯的燕軍，斬其大將張玉，燕軍敗回北平。

這是用兵兩年來，朝廷難得的一次完勝。為此，建文帝朱允炆在建文三年正月祭享太廟時，特將東昌之捷焚黃告於祖先（稱「告廟」）。太廟是帝室的宗祠，裡頭供奉著太祖皇帝朱元璋的神主，不知這位大明的開國之君在獲悉朝廷討逆大勝的消息後做何感想，是該為孫皇帝朱允炆快慰呢，還是替四皇子燕王朱棣擔憂？

朝廷借東昌大捷，振作士氣，試圖重新凝聚對北平的鐵壁合圍。七月間，平燕副將軍平安由真定（今河北正定）進攻北平，這是自建文二年夏曹國公李景隆白溝河大敗後，官軍首次如此近地接近燕軍老巢北平。

北平城裡，焦躁不安的情緒隨著大批難民與敗兵的湧進而蔓延，許多人對燕王能否繼續扛住朝廷的打擊開始持悲觀的態度。這兩年，仗打得實在太苦，雖然燕軍鐵騎縱橫華北，看起來銳不可當，但也只能像北虜流寇一樣四處劫掠，所占城池，往往是今日占領，明日即丟失，始終無法穩定一條鞏固的戰線，更別說擴大了。便宜沒占到多少，還損折了張玉、譚淵等數位重要將領。

燕軍方面在保持兵力上還不成問題，大量失業的流民可以隨時補充所缺兵員，但其饟道時刻面臨著官軍的威脅，糧食供應發生了嚴重的困難。北平城內，各種流言隨著高漲的物價、迅速擴大的糧荒而加速傳播，簡直到了一日三驚的地步。

軍中已發生好幾起小規模的譁變。燕王朱棣最為擔心的，就是內部出現反抗他的分裂勢力。為此朱棣密令親信內侍劉通，暗中組織一支祕密的「偵緝隊」，專門刺察市井坊巷及文武將吏的各種情報，直接向他匯報。這支小型的特別偵緝隊，即是後來東廠的前身。

明代第一位宦官特務頭子劉通，其實早已出了茅廬。據其墓誌所載，早在洪武二十九年（西元一三九六年）時，劉通即奉燕王令旨，在開平、大寧等處修築城堡，那時他年僅十六歲。

劉通不是漢人，而是女真人，父名阿哈，世居東北，為「三萬戶大族」。他生於洪武十四年（西元一三八一年），大概是明軍在經略遼東時，將還是兒童的劉通兄弟（弟名劉順）俘虜，閹為內臣，令其侍奉燕王於北平府邸。

劉通保存了騎射民族的彪悍性格，他的墓誌稱其「性剛毅，及長，勇略過人」。這從劉通參加靖難之役，及多次從駕北征、屢建戰功上，可以得到證明。但他最重要的品質，還是「忠謹」，即對上忠誠，為人謹慎，不好虛飾夸詐，很令主子放心，所以燕王才「委以腹心，俾察外情」，成為燕王府「軍統局」的特務頭子。

其實，使用宦官來刺探外情，在洪武時代已有先例。

朱元璋除了從到外地出差的宦官那裡了解地方事務及輿情，還差遣宦官到地方與軍中，充當自己的耳目，搜集各種情報，並對官民進行監視。

有這樣一個例子：在明朝建國以前，有人告發鎮守和州（今安徽和縣）的大都督府參軍郭景祥，說他的公子仗著其父的權勢，為所欲為。朱元璋很重視這件事，派按察司書吏唐原嘉前去探察。回報確有其事，還說郭景祥因為兒子實在不像話，十分生氣，打算攆他走，結果這逆子竟然抄起一支長矛，欲刺殺父親。朱元璋聞奏大怒，下令將郭公子抓起來，回宮後對馬皇后表示：「我一定要宰了那小子！」馬皇后卻有些擔心：「猾吏所言恐不實。況且老郭只有一個兒子，殺之若不實，豈不冤枉？還絕了老郭之後。」殺老朋友的親兒，這事可得慎重。朱元璋想想也是，於是改派心腹宦官佛保再去探察。佛保回報說，郭氏父子的確發生過衝突，但並無兒子持矛殺父之事。這個事實非常關鍵，因為以子弒父，屬於大逆不道，罪在十惡不赦之條。朱元璋聽說沒這回事，便釋放了郭公子，而將奏報不實的書吏狠狠打了一頓屁股。

可見朱元璋兩口子不信外臣（稱之為「猾吏」）而信閹奴，是久有其心理基礎的。

明朝建國後，宦官組織迅速擴張，內府「二十四衙門」的格局，在洪武時期大抵形成。朱元璋甚至還開始嘗試建立以宦官為頭領的情報機構，成立於洪武九年（西元一三七六年）八月的一個名叫「繩頑司」的機構，值得注意。

「繩頑」之義甚明，「繩」是繩之以法的意思，「頑」指「奸頑」。繩頑司的職掌，《皇明祖訓錄．內官》記云：「掌治內官、內使[1]之犯罪者。」就是管理宦官犯罪的專門機構。

《明太祖實錄》記載了繩頑司行事的一件實例：洪武十年六月的一天，有一名「圬者」，即粉刷牆壁的工匠，帶著家小上京服役，不幸病死了。圬者地位低下，如韓愈《圬者王承福傳》所說：「圬之為技，賤且勞者也。」一個小工匠的死，芝麻綠豆大一點兒小事，竟然被繩頑司「上達天聽」，奏給皇上知道了。朱元璋覺得此人可憐，賜給他一口薄皮棺材，還資助路費，送其家小還鄉。

繩頑司幹了一件「包打聽」的事。由此事來看，該司的職掌，可能並不像祖訓文本記載得那樣單純，只負責懲治犯罪的內官、內使。

想來也是，好比今天政法機關辦案，首先不得偵查嗎？繩頑司辦案，也得先派出幹探，四下緝訪，才能掌握內臣「犯罪」的事實。

朱元璋設立這樣一個機構，明裡是加強對日益龐大的宦官隊伍的監察，對外掛這樣一塊牌子，而事實上該司的職掌，卻可能包括訪查京城內外官民之事（稱「緝事」，或「行事」），事無大小巨細，

---

1 「內官」，是指有職務的宦官，「內使」則是職務較低者，而一般宦官，稱為「火者」。另外，宦官又被稱為內臣。與內官相應的是外官，與內臣相應的是外臣，後者則是指外廷官員了。

都必須向朱元璋奏報。皇帝放的眼線多，耳聰目明，才聰明嘛！

繩頑司後來併入司禮監。至於它什麼時候取消的，史籍並無記載。這也好解釋，祕密戰線工作嘛，自然不會那麼張揚。

幫皇帝打聽臣民隱情，不是一般外人都能做的，必為皇帝的親信。所以劉通對自己領導「地下工作」的經歷非常得意，在自己的墓誌裡曝了光。還不忘添寫一筆，稱他接受「俾察外情」的「心腹」之任後，「廣詢博採，悉得其實以聞」，忠實地履行了自己的職責，將他探聽來的情報，如實地向燕王做了匯報。

建文三年（西元一四〇一年）七月，正是朝廷大軍再次兵臨城下、戰局遽然而危之時，一個人夾在逃難的人群中混入北平城。此人姓張名安，說話是北方口音，人卻來自南京，真實身份是錦衣衛千戶。

錦衣衛與永樂年間設立的東廠，合稱「廠衛」，都被認為是明代的特務機關。其實錦衣衛的職權範圍非常廣，將錦衣衛官校等同於特務，實在是以偏概全，需要說明的是，只有「行事校尉」才稱得上是特務。

張安此次脫去鮮豔的大紅官服，不騎高頭大馬（錦衣衛因這身豔麗的行頭和坐騎，又被稱為「緹騎」。緹，赤也。），微服易容，潛行至北平，確是承擔了一項重要的「特別任務」。說他是特務，他當得起！

在張安貼肉的衣服裡縫著一封密信，寫信人是建文皇帝的老師、著名學者方孝孺。而收信人不是別人，正是燕王世子朱高熾[2]。

敵對陣營的兩個對頭怎麼通起信來？定有大事！

劉通的情報工作果然極富成效，朝廷的密使進城後，只在燕王府前踅摸了兩圈，已陷入特務的嚴密監視之下，他本人尚惘然不覺。劉通很快摸清，張安打南軍中來，此行的目的是要面見世子朱高熾。

由於事關世子，劉通不敢馬虎，趕緊將此事上報。

此時燕王朱棣正率軍在外，與朝廷大將平安激戰，世子高熾照例被留在北平城中「居守」，全面主持城防及前方後勤保障工作。劉通當然不會把朝廷祕遣奸細北來、試圖與世子接觸的情報，報告給在根據地「總負責」的世子——那是找死！——他將這個重要情報呈遞給了燕王府承奉正[3]黃儼，請示是否收網逮捕張安。

過去一說起明代的大太監，總從正統年間的王振說起。其實大謬不然，明代拔頭籌的第一號權閹，應該從燕王手下查起，頭一分兒，非黃儼莫屬！

黃儼此時正坐在王府南門端禮門內右側的承奉司衙門裡，得報後，頓時像打了雞血，無比興奮起來。他叮囑劉通，暫時不要觸動張安，對其保持嚴密監控，勿使其漏網就好了。他特別告誡劉通，雖然此事牽涉到世子，你也不要有任何的疑慮和忌諱，探子有任何舉動，你都當速速如實來報。

在燕王府裡，黃儼是宦官中的前輩，極得王爺寵信，在燕王駕前說話，也是一口唾沫一顆釘，王

---

2 「世子」，是親王的法定繼承人，如同太子之於皇帝。朱高熾在永樂年間被立為皇太子，即後來的仁宗皇帝。

3 承奉司是親王府宦官機構，承奉正、副是其首領。

爺不在，他替王爺交代公事，也是作數的。劉通忙稱「是」，退出。

張安哪裡知道，他一到北平，就像落入玻璃瓶中，被一雙雙監視的眼睛透視著。他通過舊識的引見、祕密謁見世子朱高熾的情報，已第一時間擺在黃儼的案頭。

第二章　惑主的奴僕

黃儼五十上下的年紀，他以內臣的身份追隨燕王，已經二十多年了。四皇子燕王朱棣，已由意氣風發的少年王子成長為一位姿貌奇偉、不怒而威的雄邊「塞王」。他也老了，但老黃儼不是一隻皺了皮的老哈巴狗，他是一隻禿了毛而益發狠辣狡猾的老狐狸。

如今他已升做燕王府的承奉正，是燕藩大總管。平時燕王爺對府中事務管得不多，許多事情都托付給黃儼料理，只要是燕王不管，或一時管顧不到的地方，就是他的領地。從某種意義上可以說，黃儼是燕王府的「假主」，是影子王爺。

黃儼不會像野獸一樣，在領地四周撒尿，宣示主權。但人們只要聞到這隻老狐狸身上散發出來的濃烈「臊味」，無不恭敬趨附之。莫說府中宦官、宮人爭相巴結討好他，以成為他的義子、養兒為榮耀，就是王爺的妃和夫人們，也都高看他幾眼，拿他當府中老人看承，而不敢以奴僕睥視之。

此時，黃儼剛剛寫完一封信，墨是上好的黃山松墨，幾乎隨著落筆，點畫的墨汁已經凝固，絕不淋漓，但做事素來謹密的他，還是將信紙對著燈火烤了烤，才折好裝進一個信筒封好。他十分興奮，疏淡的眉骨映著油燈，閃閃發光。

「父親，我來啦。」

一個二十多歲，頭戴烏紗軟巾帽，身穿團領衫，烏角束帶的宦官走進來。

「狗兒，來。」黃儼呼著他的小名，將親筆信用小匣子封了，交給養子王彥，吩咐道：「你立刻動身，趕到軍前，將此信親手交給王爺。」

王彥彎腰，雙手過頂，鄭重地接過信。匣子上掛了把金澄澄的銅鎖，王彥知道，匣中所封是義父的密啟（臣下對親王稟事稱為啟，對皇上才稱為奏），鎖有兩把鑰匙，義父與燕王各持一把，他不敢馬虎。

「十萬火急，不可耽擱。」黃儼一邊交代，一邊順手將書案上的紙筆文具理了一下，這是他在太祖皇帝宮中學書時就已養成的習慣。他把愛好整潔、喜歡凡事條理清楚的習慣帶到燕王府，對下人要求很嚴。每次寫完字都會淨手，然後在公事房東壁的佛龕裡上一炷香，縹緲氤氳的香氣使人寧謐，那是他與佛共享的。

「我馬上到廄上挑一匹快馬。」王狗兒音聲清亮，一開口就知是快人快語。

王狗兒不是漢人，他與劉通一樣，都是女真人，屬於海西女真部落。與府中眾多女真族宦官一樣，王狗兒也是在很小的時候為明軍所擄，閹割進宮，分配到燕王府供事。王彥是王爺賜的名。

「城門快開了，」王狗兒將信匣放入懷中，瞥一眼窗外已稀釋許多的夜色，「午刻時分應該能見到王爺，您放心吧。」游牧民族的基因天生就融在他的血管裡，他對自己的騎術非常自信。

黃儼滿意地點點頭：「你到了軍前，就不要回來了。我跟王爺多次提起你，說你騎射都是好手，是可造的將才。如今正是用人的時節，你就留在軍前效力，也好歷練歷練。能不能出息，就看你自個兒造化了。」

「孩兒一定不負恩父的薦舉。」王彥歡喜道，鼻梁周圍的麻子彷佛也雀躍起來。

自從朝廷與燕軍在北方大戰，許多府中宦官都投軍從戎，隨燕王殿下帶兵打仗，而他卻一直在府執事，聽說馬和、王安等夥伴都已經做到大總兵，馬和還因為在鄭村壩一役中立功，得到「鄭」的賜姓，改名叫鄭和。王彥十分豔羨。現在有義父抬舉，總算有機會出人頭地了，他喜得跪到地上，磕了個響頭。

王彥並不知道密信的內容，但義父交辦的事，比天還大。城門一開，他即以追日的速度往南疾馳，剛剛過午，已頂著烈焰驕陽，人馬大汗淋漓地馳入北平南郊的燕軍大營。

朱棣為了鼓舞士氣，常常親自披掛上陣，為萬卒的表率。他這仗，旗桿上揭的是「靖難之役」，名義上是平朝家之難，其實誰都知道，他就是造反。大夥拼著身家性命，隨燕王造反，不為主義和理想，只為推倒朝廷，大家都好分功臣帽子。但說到底，還是燕王的帽子最大，據說大軍師道衍和尚（姚廣孝）說燕王有至尊的造化，要給「王」頭上加戴一頂白帽子，那就是要高升做「皇」了。所以這場鏖戰數年、死傷無數的戰爭，其實就是為了燕王做皇帝，燕王如果還不做些表率，怎麼好激勵士氣呢？

但這幾日的仗沒打頭。朝廷平燕副將軍平安的大營就紮在燕軍對面，但從不主動攻擊，燕軍挑戰，只是不理，燕軍來攻，簡單接戰後，即有秩序地往後撤退，燕軍也占不到什麼便宜。兩下裡就這麼熬著，形成纏鬥之勢。朱棣內心如焚，他最怕戰事陷入膠著，燕軍作為力量相對弱小的一方，必須通過不斷地主動出擊與一個接一個的勝利，才能勉強平衡雙方力量，不使天平倒向朝廷一方。

燕軍數萬人馬，耗不起啊！

這邊相持著，而朝廷大同守將房昭趁機從山西紫荊關進兵，占領易州西水寨，以此為基地，向南攻略保定。保定與永平二府（在今河北與遼寧的交接處），是北平一肩橫挑的兩個桶，分別保護著北平的南北兩翼。當房昭進攻保定之時，遼東總兵官楊文同時攻擊永平。燕軍腹背受敵，形勢極為不利。燕王欲救兩邊，可眼前被平安絆著，動彈不得，令他有手足無措、拳腳難施之感。他的壞脾氣時常發作。

當王狗兒在中軍大帳外候見時，老遠就聽到燕王在發怒。走進帳內，咆哮聲驟然增大，帳內兵器、排架嗡嗡作響，他嚇得不敢說話，縮身立在一個角落裡。

待眾將回完公事，魚貫退出，站在燕王身後的二郡王朱高煦發現了王彥。

朱高煦是燕王的二兒子，依朝廷制度，親王之子均封郡王，故此人稱二郡王，他的三弟朱高燧稱三郡王。

朱高煦是世子高熾的弟弟，剛剛二十歲的年紀，兩兄弟雖是一母同胞的親兄弟，但性格乃至外貌都有很大不同。世子體形肥碩異常，還跛了一隻腳，走起路來，仿佛一座肉山在艱難地移動，十分可笑。而眼前這位二郡王，卻是龍行虎步，腋下生風，膂力過人，含有一股英武奪人之氣。世子不善言語，較為木訥，二郡王謔笑如浪，十分風趣。二郡王上馬能戰，在這場生死之戰中，表現勇敢，經常率領兀良哈精銳騎兵充當破擊戰的前鋒，下馬還能作詩，與一幫文人唱和，時常贏得滿堂彩。大家拍他馬屁，都贊他「才兼文武」。

朱高煦對府中宦官都比較客氣，尤其對黃儼，從來不擺王子的架子。他明知黃儼與三弟高燧走得很近，常在父王面前說三弟的好話，但依然屈尊與黃儼套交情，走動也較勤。他認得狗兒是黃儼的義子，遂招手讓他上前回話。

「狗兒，你來做什麼？」高煦問。

「奴才叩見王爺、二郡王！」

王彥疾步走近燕王箕踞的短几，趴在地上，用頭頂著，呈上黃儼的親筆信匣。

燕王面無表情地接過信，取過鑰匙打開木匣，將密信讀罷，沒作聲，徑直遞給高煦。

黃儼的信寫得很簡單：據緝訪得知，朝廷祕密遣使北來，與世子祕密接觸，所談內容不詳，因事關重大，不得不報。信後附上劉通的報告，詳列了錦衣衛千戶張安在北平的活動軌跡及所接觸的人員名單。

狡猾而經驗豐富的黃儼深知，燕王性格狐疑多猜，世子背著他與朝廷接觸，對其世子的地位已足以構成自殺的效果。所以他在信中，沒有加進任何主觀的評論，以免造成對事實證據的不必要干擾。他只是把事實擺出來，讓王爺自己去猜測、判斷。他相信，素來豔羨大哥世子之位的二郡王，會做出他需要的評議。

果不其然，朱高煦擰著眉道：「大哥可是在城裡居守！他要真把老窩子賣給朝廷，那可好了！」

高煦帶著嘲諷的口吻，說話一驚一乍，但語氣肯定。

「你大哥會做出這樣悖逆的事？」燕王的臉色十分難看。

「要說不可能，孩兒也不敢保證。」高煦趁機給大哥下簽子，「記得當年太祖皇帝在世時，召各府長孫進京，親自教習，那時建文皇帝還是皇太孫，與世子的關係好得很。這可是世子的大本錢，如今仗打成這樣，說不得大哥生出抱粗腿的心？」

朱棣聽著，兩頰歧出的兩綹長鬚翹起來，這是龍要發威、電閃雷鳴前的預兆。

燕王朱棣雖是個狐疑之人，但若在平日，有人說他的親生子會出賣自己，他絕不會信。可是在這當口，用兵不利，戰局出現自起兵以來前所未有的動搖之勢，假若留在後方居守的世子發生動搖，對他將是致命一擊，他不得不認真對待。

況且，這兒子在他樹旗造反時，還反對他這麼做。

那時，朝廷削藩的步伐，隨著愈來愈密的鼓聲，步步逼近。老二高煦那時還在南京，他害怕被朝廷當作人質扣押，擅自逃回，途中卻因為一點小故，在涿州捶死一名驛丞，從而引發了更大聲勢的倒燕浪潮。

朱棣得到情報，說朝廷已派太監北來，將入王府逮捕「左右不法之徒」。北平文武守臣也接奉密旨，要求他們配合欽使太監，嚴密監視燕王的行動。事態再明白不過了，建文帝已決定削除燕藩，當下只有兩種選擇：束手被擒或孤注一擲反抗。

朱棣召集兒子與少數親信將領，祕密會議討論此事——其實他已決計起兵了。

密室裡，氣氛熱烈而緊張，大家都很亢奮，但沒人主動說話。朱棣眼望長子高熾：「你是世子，你先說說，該怎麼辦？」

朱高熾像平時一樣，動作不急不慢，像一個恭謹的書生，未回話，先舉手：「父王，朝廷對我們實在不公。」朱棣點點頭，聽他繼續說下去。下面高熾講了許多燕王尊奉朝廷、遵守禮法、並無逾越法度的情況，他講得很慢，還時常停頓，似在仔細整理思路。他始終耷著眼皮，似乎怯於與父親目光相接，所以沒能發現父王眼裡閃爍著不快。

「大哥，你在唸經嗎？」高煦不耐煩，催促迂腐的世子，「反不反，不就一句話的事兒！」

「孩兒以為，當上疏奏辯……。」高熾終於提出自己的意見。

「那要朝廷聽得進去才行！」高煦按捺不住，雙手往膝蓋上一拍，從座椅上彈射起來，打斷世子的話，「難道被削爵的那幾位皇叔，都是大逆不道嗎？欲加之罪，何患無辭。朝廷拿我們當眼中之刺，必欲除之而後快，你辯不辯，不都一回事兒！」

「你聽世子說完。」朱棣制止住急躁的二王子，「你說下去，世子，朝廷削藩，你我父子就當束手就擒嗎？」

朱高熾已覺察到他的話與密室中的氣氛難以融和，但一時之間，卻難把話頭收轉回來，他有些結舌了：「白的黑不了，黑的白不了……父王以至誠事上，朝廷豈可……不以公道還我？」

朱棣明白了，他的長子是要逆來順受，接受不管何種之命運。盡管世子的話很快被眾將劍拔弩張、憤憤不平的喧鬧所淹沒，他最終也決意起兵，用武力反抗朝廷。但世子的態度令他十分不悅，他認為，作為長子兼繼承人，世子沒有在最應該效忠的時候表現出忠誠。

如今用兵危急，他竟然又和朝廷的密使勾搭上了！

這是朱棣看完黃儼情報後的第一反應。記憶和現實瞬間聯成一條線索，驅使他相信，世子表現軟弱，很有可能背叛自己。他怒火中燒，有那麼一刻，甚至動了殺心。

幸而不久，世子派人將朝廷密使張安連同他所投的書信，一並押送來了。

自從在決意起兵的密會上講了錯話，朱高熾一直懊喪不已，他本是個敏感的人，而這種性格無形中加劇了他對父王冷淡的感知，令他兩年多來痛苦不堪，拼命表現，力圖挽回嚴重損耗的印象分。當錦衣衛千戶張安被領到他面前，當著他的面從衣角縫裡取出書信呈上時，他驚得幾乎昏厥過去，仿佛每一個窗櫺裡都射進父親嚴厲的目光。父親在外苦戰，而他卻坐在書房裡一杯香茶地接見朝廷密使，這要傳出去，跳進黃河都洗不清了。

「來人！」

他全身的肉被緊繃的神經勒得直哆嗦，一聲令下，將張安以及引見人一索捆了，即刻押送到父王軍前，聽候父王處置。他是一個字不要聽，一個字不敢看的！

那封由翰林學士方孝孺以建文帝的名義書寫、已經皺皺巴巴的密信，被原封不動地送到燕王手中。

「好險詐的奸計！」朱棣拆開信，一邊讀，一邊感嘆。

信中以忠義二字做題，希望以此激勵燕王世子朱高熾，促使他改旗易幟，歸順朝廷。建文帝向當年的小朋友保證，事平之後，即封他為燕王。方孝孺本為道學大家，此信探討的又是他拿手的忠孝問題，是以行文慷慨，文氣沛然，連石人都能感動得落淚。朱棣此時還不知道，他將來求方先生代筆寫一紙登基詔書而不可得，為此大開殺戒，滅了方氏全族。此刻他並無心漫品文字，朝廷這枚重磅炸彈變成一發臭彈，被他捏在指間把玩。

「我父子至親至愛，奸人尚且讒間，」他晃著書信，向兩旁人道，「何況我與建文皇帝，分為叔侄君臣，奸人還不極力構陷嗎？」

朱棣做出判斷：這是朝廷的離間計，世子仍是我至親無二的好兒子。

其實他不知道，這是一個雙重的離間計，它為朝廷所發，而為老閹黃儼所利用，都試圖達到離間燕王與世子的目的。只是建文帝、方孝孺與宦官黃儼，他們各自的出發點和目的都是不同的。

世子朱高熾幸運地挽回了父親對他的信任，可是他卻沒法擺脫那些嗡嗡追逐他、中傷他、危害他、蜇他的胡蜂們。

第三章 「清宮」突擊隊

就在朝廷離間計失敗的第二年六月，朱棣親率大軍，向南實施「蛙跳式」突擊，勁擊千里，驟然兵臨長江之北，南望便是帝都南京。

朱棣此舉實是冒了極大的風險，他率領一支人數並不太多的勁旅，離巢南下，背後一路硬釘子未拔，如兵部尚書鐵鉉（本任山東布政使，因多次擊敗燕軍而升授尚書銜）固守的山東會城濟南、駙馬都尉梅殷堅守的淮上重鎮淮安。他這麼做完全是孤擲一注，狼行而不顧後。

精於謀略、意志堅強的燕王並非忍耐不住三年戰爭的煎熬，決心拿命一搏，魚死網破，或者犯了「左傾冒險主義」的錯誤，盲目制訂飲馬長江的狂妄計畫。他做出這樣的決策，基於兩個重要的理由。

首先，是「朝廷空虛」的情報。

燕軍情報來源非常廣泛，除了大批探子像流星一樣在南北穿梭，搜集各地糧米供應、軍事調動、天災地變等信息，俘獲的官軍、州縣官員也是重要的情報來源；還有一些更具戰略價值的情報，從朝廷內部洩漏出來，主要來自兩類人——燕王的同情者和政治投機客。

同情燕王的，以一部分宗室成員以及勛貴戚臣為代表，他們因為利益關係牽涉很深，對建文帝的削藩之策持有極大的保留或反對意見。幾乎從燕王樹起「靖難」大旗的那一刻起，這個與朝廷最親的親貴集團，即已發生分裂。

其中最典型的便是大明的頭號功臣兼皇親魏國公徐家。徐達的三個女兒都嫁給了朱元璋的兒子，其長女便是燕王妃。然而徐達的嫡長子，即第二代魏國公徐輝祖，卻是建文帝的忠實擁護者，他甚至不避嫌疑，直接領兵與其姐夫燕王大軍作戰。他的弟弟都督徐增壽則傾心於燕王，當初建文帝對是否向北用兵舉棋不定，是徐增壽向建文帝力保燕王不反，使朝廷低估了北平對削藩的可能反應。

長安道上從來不乏終南捷徑上下來的投機客。這些人除了操兵而執兩端的勛戚貴臣，再有就是一些較有權勢的宦官。

從洪武初年以來，在太祖朱元璋的一手操持下，大明王朝建立起龐大的宦官之廈。得到皇帝特殊信任的閹人，不僅全面掌握皇城內的各項事務，還充當皇帝的耳目和使者，直接干預京城千里之外的地方政務乃至軍事。

建文帝即位後，繼承了太祖留下的政治遺產，其中就包括對內府「二十四衙門」的全盤接收及對宦官的廣泛任使。由於建文初年政治動蕩，建文帝對閹宦的倚信還有了一定程度的擴大。建文元年（西元一三九九年）八月，奉朝命來到北平，入燕王府逮捕王府護衛官屬的，就是朝廷內官。他們連同北平三司主官，一齊被燕王全殲，成為朝廷征燕戰爭的第一批殉難者。

當靖難兵興時，幾乎所有北方重鎮，即便是親王轄區，也都派有內官監軍，或有作為欽使的內官來往於軍前與南京之間。作為皇帝本人代表的各類欽差太監，承擔著監視藩鎮、傳遞朝廷使命的重大責任。

建文帝任用宦官，甚至成為叛王的口實。燕王在造反的宣言書中就指責朝廷「遣宦者四出，選擇女子，充滿後宮」；建文帝「倚信閹宦，與決大事，凡進退大臣，參掌兵馬，皆得專之，凌辱衣冠，虐害良善，御史皆被捶撻」。這並非盡為燕王的誣詞。

隨著討燕戰爭日趨頹勢，朝廷布設在北方的內官紛紛逃回。

我們可以舉出具體的人名，例如遼東就有一個叫趙琮的內官，此人是永平府灤州人，洪武中選入內府，因為「小心縝密」，得到長隨的官職。他被派到遼東，曾隨總兵官都督劉真，參加過對他家鄉永平的進攻，失敗後乘船從海上逃回南京，復入內府供職[4]。

朝廷所控制的一些重要的大城深堡裡，也有內官作為朝廷的使者，監視地方守臣作戰，甚至直接參與到軍事行動中。他們之中的一些人忠於朝廷，如在山東的內官胡伯顏，同鐵鉉一道堅持抗燕，即便在燕王進京稱帝之後，他仍然在兗州等地展開游擊戰，阻截南北來往的使者，後為朱棣所擒殺——不要說太監一定都是「奸」的！

建文三年（西元一四〇一年）正月，燕軍在真定擊敗馬步官軍三萬餘人，俘獲監軍（太祖用宦官監軍）內官長壽。隨著燕軍在廣大範圍內攻城略地，俘獲了大批「監軍內侍」和「守城內官」。第二年四月，朱棣親率大軍向南展開長途奔襲，攻破了朝廷深溝高壘、極力固守的靈璧城（今安徽靈璧），所俘內官竟達四名之多！

朝廷征燕之戰，頹勢難挽，燕軍愈戰愈近，這使得眾多的出使宦官被推到輿論的風口浪尖，特別是其中一些肆意妄為、具有劣行的宦官，被認為要對戰敗承擔責任，從而掀起明朝建國以來第一次反閹的高潮。

建文帝迫於無奈，在建文三年十二月下詔，命「內官出使放縱」者，許地方有司械送到京處置。建文帝是被迫這麼做的，然而這件事卻被普遍視作建文帝「嚴馭」閹宦的主要證據，其實是本末倒置。

4 見《明故神宮監太監趙公（琮）墓誌銘》。

宦官出使暴橫，由來已久。洪武中，一名姓魯的宦官出差回京，經過江西弋陽縣，他不知哪根筋抽了，忽然縱馬於田，任意糟踐莊稼。佃戶不知他的身份，拿起鋤鎬，打傷了馬腿。這個姓魯的是個大奸之徒，他挨了打，並不發作，問明田主是富戶周氏，就派人把所乘之馬受傷的事告訴他，問他怎麼辦。周富戶一聽打了宦官，知道惹了大禍，只好花錢消災，不僅賠了一匹馬，更奉送了許多銀錢。不料魯閹飽掠而歸後，還是把佃戶擊馬的事，添油加醋地奏報了。朱元璋大怒，不分青紅皂白，竟將周富戶一家謫戍貴州銅鼓衛。

顯然，沒主子撐腰，閹人是沒有那麼大膽氣敢如此胡作非為的。

閹人是驕縱慣了的。如今危如累卵的朝廷居然下詔地方官員，但遇內官奉使暴橫、虐害士民者，即許擒縛送京問罪。這不等於太歲爺頭上動土嘛！宦官們雖一時「奪氣」，但不滿之心遂生。俗話說，此處不留爺，自有留爺處，許多人開始「密謀推戴」挾戰勝之威而來的燕王。於是有宦官密言於燕王，約為內應，請燕軍直搗南京，天下可定。這是朱棣在建文四年突然不顧一切地向南衝擊的重要原因，他執行的是搗巢戰略，必在一擊中的。

其實，經過多年的消耗戰，「朝廷空虛」的狀況並不待宦官洩漏而後朱棣始知之。況且，朝廷不盡然為空虛，此時南京還有二十萬的部隊呢！《明史》等書那麼說，過分誇大了宦官的作用。事實上，真正導致建文朝廷傾覆，不是宦官「密謀推戴」，而是掌握軍權的勛戚將領的背叛。

朱棣雖然長期盤踞北方，但他不可能不知道，燕軍所長者，在騎射與野戰，一旦軍鋒進抵長江，這道天塹他將如何克服？難不成插了翅膀飛過去？自古北朝滅南朝的典故甚多，詩云「一片降幡出石頭」，前一句是什麼？「王濬樓船下益州」也！簡單說，就是必須掌握長江的「制江權」。

對此，朱棣心中有底。他之所以敢冒這麼大的風險，是因為他與負責江防、相當於朝廷水軍司令的都督僉事陳瑄取得祕密聯絡。陳瑄答應，只要燕軍鐵騎一出現在長江江灘上，他立刻率所部水師反水，載運大軍過江。

在朝廷危難之際，越來越多的投機客開始將注轉投燕王一方。陳瑄這一注下得妙，他後來得到世襲平江伯的回報。賣一主，得二百年的富貴，這買賣划算不划算？

朱棣放眼南望，從北平直鋪向帝都南京的高速公路已經開通，所以他抓住時機，在大雁北飛的季節，率領全部精銳，傾巢而出，兇猛地向南撲來。

北騎有了渡船，全軍從瓜洲起航，擊敗老對頭歷城侯盛庸倉促拼湊的、由運糧船和漁船組成的「聯合艦隊」，渡過大江，占領鎮江。只用五天時間，燕軍前鋒已進抵南京城北的龍潭。

在這裡，朱棣接見了建文帝派來求和的親王、大臣，極盡能事地嘲諷了建文帝提出的「割地」條件，拒絕了任何退兵的提議。

又一個五天之後，朱棣的乘輿在千軍萬馬的護衛下，出現在南京北門金川門。雖然燕軍並無攻城的大型戰具，京城高大的城牆卻是一呼而墮：負責該門防守的谷王朱橞、曹國公李景隆未發一矢，即開門投降。

南京就這樣輕易陷落了。

朱棣揮師進城，先在城樓上接受降臣的叩拜。朱棣往下一看，座下那一張張虔誠惶恐的面孔，大多認得，有些不久前還在討伐他呢！好比那位昔日的征燕大將軍李景隆——他是追封隴西王李文忠的兒子，論輩分是燕王的表侄——此刻正跪在第一排，緊挨著谷王，把頭在城磚上磕得嘭嘭響。

朱棣對所有人都笑臉相接，一副不計前嫌的姿態。他先撫手慰問了十九弟谷王朱橞。這位同父異母的弟弟比他小二十歲，在四哥面前誠惶誠恐，一句話都說不出。李景隆與燕王年紀相仿，在朝做尊官多年，口詞方面頗為捷迅，遠比打仗有能耐。他見燕王與谷王握完手，向他轉過身來，連忙俯身告罪，稱過去興兵犯駕，實為死罪，又恭維說，燕王進京，實為朝廷之福。作為曾經征燕的主帥，措辭非易，尤其是燕王此來，到底是將學周公輔政，還是取成王而代之，他也拿不準，這番話他已打好腹稿，留有很大的餘地。

「大家都是親戚，不打不相識，我們也算相識一回。」朱棣的話像是打哈哈，不等對方咂摸出滋味，他已拋下還打算繼續致辭的曹國公，兀自順降臣的隊伍往下去了。

下列是幾位武將，都光著頭，把摘了纓的盔夾在腋下。他們與燕王面生，地位又懸殊，不敢多吱一聲，只把手叉了，盡量俯身垂首，顯示無盡的恭謹。

朱棣走到一個下巴光溜溜的年輕宦官前，此人面貌年輕，身材高大。「你叫什麼？」朱棣問時，將他上捧朝天的雙手往下一按，示意他抬頭。

「奴婢叫姚鐸。」宦官答道，嫩皮的臉上泛著油光，一看就是個活泛之人。

「你是什麼官？」朱棣問。

「奴婢只做得一個長隨。」姚鐸道。

「多大年紀？」

「奴婢洪武十九年生人，洪武二十五年進宮，侍奉太祖皇爺爺，從來小心謹慎，不敢有過……。」姚鐸語速極快，這一套唸詞像快板書一樣蹦躂出來。

「你小子才十七歲！」朱棣笑著打斷他的話，「你在城上做什麼，也是來守城，打我的嗎？」

「萬死不敢！」姚鐸篤地跪倒，觳觫著說。他年紀雖然不大，但自六歲入宮，在洪武皇帝的後宮裡，也算久經風雨，況且還替朝廷辦過不少差使，他很懂得說話。

「王駕來了，朝廷命文武臣僕都上城候……候駕，奴婢在此，替王爺把著城門哩。」他語聲低微，氣若游絲，生怕燕王優容親王、貴戚和大將，拿他一個小宦官出氣。

「建文皇帝用些孩兒來抵擋我大軍，能不敗乎？」朱棣笑道，「你小子會說話，如此說來，你替本王守城還有功哩！本王升你一官，請你當奉御。」

姚鐸大喜過望，連連叩首謝恩。

「謝什麼！」朱棣大笑起來，長鬚被一口龍氣吹得向兩邊飛撩起來，「有過者罰，有功者賞，這是你自個兒掙來的。」

兩廂降臣聽在耳朵裡，知道燕王是借給小宦官加官，傳話給大夥呢，個個心裡五味雜陳，說不出的滋味。《都知監太監姚（鐸）墓表》云：「洪武三十五年（即建文四年），守金陵城，益盡勤勞，升奉御。」

燕王在親信將領的護衛下，匆匆進入臨時指揮部——金川門高大的三層箭樓裡，隨即傳出令旨，讓降幡下的官員們各歸私邸，等待新朝的任用。城頭上只留下谷王朱橞一人。

當姚鐸雜在降官隊伍裡，從馬道上走下去時，看見一名頂盔擐甲、征袍束帶的將軍在一群鐵甲武士的簇擁下，快步走上城牆。此人年紀不大，雖然全副盔甲，腰挎長刀，但一眼可看出來，他也是一名閹官——「與我為同類也」。

姚鐸早聽說，燕王部下有許多宦官擔任大將，想必此人便是其中之一吧。他不禁感到眼熱心羨，對於未來，突然增加了許多信心——改朝換代了，好日子正長咧！

姚鐸不知道，與他擦肩而過的，正是燕王心腹戰將、特務頭子劉通。

在靖難之役的最後一年裡，劉通多數時間都隨軍作戰，參加了東阿、汶上、小河、齊眉山、靈璧、泗州等戰役，有勝有敗，皆與燕王共之。五月裡，他隨駕渡過淮河，參與了盱眙、揚州、儀真等地的作戰。過江後，復應燕王之召，參加了對南京的進攻。

燕王召他來，是有一項極其重要的使命要交給他，唯有交給他，才能令燕王放心。

當劉通走進金川門城樓時，燕王正從樓內的箭孔往南張望，見遠方層疊烏蒙的灰色瓦脊後一道濃煙勁升到半空，那裡顯然有一片很大的火場。劉通在登城時已注意到了，他預感燕王急召他來，應與此事有關，心中頓時感到沉甸甸的。

「那是皇城，看來皇帝老子要把自己燒死了。」

劉通步伐雖快，落腳卻輕，他首先聽見二郡王朱高煦在說話，還笑了一聲。這位王子喜歡開玩笑，戲謔的口吻裡經常滲出殘酷。

昏暗的室內無人附和高煦的笑，劉通發現燕王臉色沉鬱，不知他在想些什麼。

「都準備好啦？」朱棣看見他，馬上問。

「點齊了，一千馬隊，全在門洞裡候命。人不下馬，馬不卸鞍。」劉通道。

朱棣點頭，對諸將說：「你們立刻按布置，分頭占領京城各門，對出入者嚴加盤問，不許一名奸臣逃脫。」諸將齊聲諾道：「遵旨！」朱棣拿眉眼一掃，眾將會意，雁行退了出去，唯有二郡王留下來。他抱著手，臉上掛著意味深長的笑意，對劉通說：「你要做大事了。」

劉通不敢接話，只把頭低著，手心捏一把汗。

「你立刻率一千騎兵，去占領宮城。」燕王道。

劉通腦袋裡重重一震，他所料沒錯，果然是這件事！

聽燕王接著道：「你把四個門的防務接過來。我已經傳旨，別部人馬禁止一人一騎進入大內，逃出來的都給我抓住，不許放跑一個。」

「是，王爺。」劉通道。

「你進宮之後有兩件事要你辦，」燕王繼續傳令，「第一，把囚在西內的五王爺和七王爺[5]救出來，一定要保證兩位殿下的安全。第二……。」

不知是否因為緊張，朱棣在下達第二道指令時，忽然咳嗽了一下。劉通額角的筋同時一跳，他知道，棘手的任務正向他頭頂砸來。

這件任務，必然是關於建文皇帝的！

不管王爺做出怎樣的安排，劉通知道，他必須忠實地、毫無疑義地去執行；他同時也明白，不管他忠誠與否，都可能送掉性命。劉通深知宮廷政治遊戲的規則，沒有什麼事是不需要付出代價的，他很可能成為「靖難之役」這場華麗的造反盛宴的最後獻祭——一隻遭萬人唾棄的替罪羊。

「第二，你的任務是清宮。」朱棣鄭重地吐出這幾個字，平日渾厚的中音竟然變得混濁。

「清宮？」劉通重復了一遍，他希望燕王的指示更明確些。

「清理宮禁。」朱棣道，「現在宮裡亂得很，你不要在別的事上耽擱，直接進宮，把後宮給圍上，沒有本王的親筆，不許任何人進出。」

劉通渾身都在顫抖：「如果皇……。」

「皇上一定死在宮火裡了！」朱棣斷然道。他肅然陰鬱的聲音，似乎讓樓內光線變得更暗了，就

5 分指建文中被廢黜囚禁的周王朱橚和齊王朱榑。

連二郡王都沒有作聲。

劉通希望朱棣的命令更明白一點。對這道命令，他不敢理解有誤或隨意想象。

「建文帝上誤宗社，下誤蒼生，本王進京輔政，他沒臉覥顏來見，只好到地下向列祖列宗請罪去了。」朱棣一指箭窗之外，「那一把宮火，便是他自焚的烈火。」

光亮從銳角的箭窗裡透進來，映照在燕王臉上，將他堅定的面容銳化擦亮。

「周、齊兩位王爺一到，我即刻退出城，到龍江紮營。」朱棣交代道，「這道命令，我只向你一人下達，你有任何情況，也只許親自向本王報告。」

劉通全明白了，燕王的任務很簡單：上交皇帝的屍體！這任務簡單，又異常艱難。如果皇帝不如燕王所預料的自戕或投身烈火，怎麼辦？那麼還得回歸簡單——他仍然必須上交一具焦屍。也就是說，建文皇帝必須死，不死也必須弄死他，然後扔回火裡去！

「奴才領旨。」劉通聲音嘶啞地承旨，隨即轉身去執行命令。他的雙腳平穩，可他卻感覺踉蹌得厲害。畢竟他才十九歲，這副擔子實在是太重了。

當他走出城樓時，只見弟弟劉順正站在門前遊廊裡向他招手。

劉順比他小三歲，今年才十六歲。哥兒倆都是女真人，雙雙得到燕王的寵幸，並同時得到「劉」的賜姓。劉順在十三歲時就因為「精騎射，以武力著聞」而為燕王親自選拔，充任近侍宦官，並參加過鄭村壩、白溝河、東昌、靈璧等多次大戰，這回他也隨駕渡江，占領金川門。

劉通重任在身，不敢接話，衝弟弟搖了搖手，疾步走下城牆。

他率領騎兵，縱馬而行，頭腦中一片空白，彷彿世界只存在騎士們的呼嘯、千匹戰馬的轟鳴，以及天街上漫起的一道黃塵。一切都機械地進行著。他不敢想象，當他率領突擊隊攻到乾清門，建文帝一身朝服，手捧祭天的大圭出現在他面前，他將怎麼做？一刀砍死皇帝嗎？他狠狠閉了一下眼，不敢繼續往下想。

然而他不懷疑，他定會毫不遲疑地那樣做，即便他將終生背負弒君的罪惡感。或許，燕王根本不消他多慮，他，連同所有的弒君見證人，都將一起被除掉。而燕王這麼做，也許僅僅只是為了抹去他本人的罪念。

無論是何種結局，劉通都不敢想象，他兩頰的麻子發白，心想伸頭是一刀，縮頭也是一刀，管他三七二十一，只好咬牙硬做啦！

從紫禁城的北門玄武門進入大內，到處是驚亂的呼叫聲和奔走的人群，一大塊黑雲低垂在燃燒的宮殿上，仿佛就壓在人的頭頂，空中落下的粉灰塗烏了本就灰暗的人臉。

當劉通率領幾百名親兵直衝到乾清門（乾清宮外的大門，入內便是後宮）時，宮殿的烈焰還在騰騰怒怒地往上衝，洞開的大門裡不斷有宮人逃出來，驚慌失措，就像火場裡亂竄的老鼠。劉通下令將他們抓起來，經訊問得知：京城失陷後，建文帝異常絕望，命人送出皇子，隨後與皇后一起在宮裡引火自焚了，同時投火的還有幾名妃嬪和宮人。

劉通頓時長長舒了一口氣，立即下令救火，並將所有被捕的宮人嚴密看管起來，仔細查驗，以免建文帝和他的皇子化裝逃出。

火勢很快得到控制，後三宮主要是乾清宮燒塌了半截，由於及時地拆除了大部分穿廊、遊廊和倒廈，阻絕了過火通道，使得大火沒有繼續蔓延。待大火稍熄，劉通立刻組織士卒，冒著飛濺的火星，進入火場尋找帝后的遺體。

倒塌的屋架橫七豎八，昔日尊貴之人，被鉤子扒拉出來時，都成了漆黑的一塊焦炭。

乾清宮內外一共找到二十餘具遺骸，只有幾具還能辨出男女，多數已被燒得只有嬰孩大小，僅僅看得出人形，許多屍體緊緊交纏在一起，堆成一堆兒。有人在一具焦屍的腰下發現一塊鑲金鏤雕的玉佩，馬上哭號起來，說這就是皇帝——

「萬歲爺駕崩啦！」

建文帝的死訊被以最快的速度呈報給燕王，並立刻哄傳開來。燕王得了確信，立馬不做周公了，接受百官「勸進」，開始緊鑼密鼓地準備登基大典。

一日一夜，大內的秩序已經穩定。劉通在重新檢查了前朝三大殿的安保，並親自安排了燕王在武英殿的臨時居所後，便快馬飛奔，趕赴城北的孝陵，去見燕王。

朱棣正在太祖皇帝的陵寢舉行祭祀大典，這是他接替侄兒建文帝大位前，必須履行的一道「孝」的手續。劉通一到，他立刻在更換禮服的齋宮裡宣詔接見。朱棣對建文帝之死感到滿意，但對那具焦屍是否屬於建文帝本人，略感不安。

新皇帝在好幾名近侍和宮女的幫助下，穿好全套祭服。他擰緊眉毛想了想，還是覺得不放心，擔心建文帝弄了具屍體丟在火裡，自己金蟬脫殼。他低聲叮囑劉通，要外鬆內緊地追查建文帝的下落，尤其是加強對建文帝身邊親信宮人的審訊。

交代完，他把這件髒活兒扔給劉通，自己則在百官的簇擁下，冠冕堂皇地上太祖墳行禮去了。然後他坐上群臣備好的法駕，捧著天子寶璽，在震天的高呼萬歲聲中，進入京城，於奉天殿登上皇帝之位。

劉通在朱棣登基後，被授予尚膳監左監丞的官職，以後多次隨皇帝北征，一直做到直殿監太監。他的祕密功績，朱棣沒有忘記，特在北京賜了他一所宅邸，還賞給他一個姓王的女人，幫助他處理家政，奉養老母。有了老婆的劉通感激涕零地說：「恩至厚也！」

這件隱祕而動人心魄的任務，劉通生前不敢對人言。在永樂皇帝死去十一年後，也就是宣德十年，當「隨駕肅清內難」的靖難功臣劉通去世時，他叮囑後人，在他的墓誌裡一定要記下八個字：「平定金陵，肅清宮禁。」他不希望後人忘記這件揪心扯肺的傳奇往事。

第四章　宦官的選擇

建文宮中的舊人，在燕王入京後，有如邪神壓頂、灰飛煙滅的，也有如福神降臨、歡天喜地的。各自迎來不同的命運。

劉通奉密旨「清宮」，建文帝生前親信無不遭到嚴刑拷打，打得渾身血肉淋漓，好逼出建文帝下落的「真相」（關於建文帝生死的真相，請見拙作《大明王朝家裡事兒》第四卷《建文帝的生與死》）。畢竟那時沒有ＤＮＡ檢測技術，乾清宮裡那幾具焦得不成人形的屍體難以驗明正身，新皇帝肚皮裡的嘀咕鬼未免騷動難安，生怕那其中並沒有侄皇帝，而是他的「龍蛻」——中了親親侄兒的金蟬脫殼之計。

朱棣全盤接收了建文帝的後宮，除了「先帝」的親信宮人必在鏟除之列，其餘的還是給出路，鼓勵他們好好表現，在改造中求得新生。朱棣在後宮進行了嚴格的政治甄別和審查，將宦官分為如下兩種類型：

第一類，是居於金字塔底、人數最多的廣大閹人群眾們。他們被稱為「小火者」，多在內廷執賤役，做些灑掃、搬抬、端屎盆子的低賤活計，或者剛剛戴上帽子，懸帶烏木牌（頭戴帽、腰掛牌，是小火者們稍稍出人頭地、當差管事的基本待遇），擔任一些小小的職事，被稱為「內使」（還沒有進入官兒，即「內官」的序列）。他們是宮裡的基層群眾，離「天」太遠，與前朝瓜葛甚少，不必接受審查，隨便填幾張表格，在集會上喊幾聲萬歲萬歲萬萬歲的口號，表示一下效忠，就可以過關，該幹嘛幹嘛，領薪吃糧。

第二類，是各監、局、司、庫管事內官，包括各監太監、少監、監丞、奉御、長隨及各局正副使、各門門官等。他們在建文宮裡原各管著一檔子事，或者經常領差外出辦事，屬於「握印把子」的角色，不是風生水起，就是有些風色的人。對他們的考核要嚴得多，其要害在於，是否與建文帝發生某種關係。如是，皆屬政治上的汙點，當記入檔案，其人不可再用，或者退閑，或者貶斥到陵寢和冷局當差。

這一類人中的大多數，其實都是循例升轉，與皇帝本人的喜惡並無干係。即便如此，也需要經過政審，在審查期間，本人或退居外宅，或暫時回家，但仍保留他們作為內臣應得的政治、經濟待遇。那時誰家供養出一個宦官，其家庭對國家所承擔的徭役負擔即可免除。一旦審查合格，內官監蓋了大印，重新獲得委任狀，就表明過關了，可以繼續在內府供職。

比如在建文時曾參加過遼軍對永平的進攻、失敗後脫離軍隊從海路逃回南京的長隨趙琮，他在審查期間被停了職，被迫離開南京，回家鄉永平府灤州「省視」（省親），其實是一種「休假式療養」：不過關，不准結束休假！

所幸審查很快結束，趙琮順利過關，他以往的「勞績」（當然是侍奉太祖朱元璋，而非建文帝）得到承認，「復奉敕取回京」，並升任奉御，專掌御酒房，不久又升作尚膳監右監丞，在永樂皇帝北征時，還隨駕供應酒醴飲食等。顯然，他獲得了新主人的完全信任。

這樣的人還不少。比如內官監太監沐敬，他在永樂末年已是太監中的頭面人物。我們簡單講一下他的故事——

永樂年間，朱棣數次興兵征胡，然而御駕親征，名譽好聽，皇纛好看，可是戰績並不可觀。而兵馬未動糧草先行，調動十數萬的部隊，供應糧餉器械的民夫以及騾馬驢車往往要數十百萬，均從民間強行征調。朝廷搜刮聚斂起來的、山積一般的資財，一次用兵就能消耗精光。動一次大兵，已然不堪，何況朱棣樂此不疲，頻頻北征，還同時進行了下西洋、營建北京等一系列開支浩大的工程，給國家財政和百姓生活造成沉重的負擔。

朱棣不是個從諫如流的人，他性格偏狹，剛愎自用，特別是晚年多病，又服食丹藥，性情暴躁，不可捉摸。對他的好大喜功、窮兵黷武，即便是親近的臣子，都不敢置一言相勸，否則將有性命之虞。

永樂末年，朱棣的身體已經很不好，仍堅持親自統軍出塞。老臣戶部尚書夏原吉僅僅因為表示了對糧餉供應的憂慮，就遭到暴雷一般的打擊，被關到牢裡。朱棣還恨恨地說：「待我凱旋再處置你。」

然而這次草原行軍，同前幾次一樣，大軍在廣漠搜索久之，四十餘天都沒看到虜騎的影子，將士已相當困怠，糧草更是接濟不上。可朱棣堅持繼續進軍，隨駕大臣稍示不安，即遭到鎖項的懲罰。隨駕在軍的沐敬，見皇帝在接見眾將時勉強裝出強直的樣子，可一退回寢帳，就忍不住劇烈咳嗽，渾身顫抖，顯出不能久持的餒態，內心十分焦急。

沐敬和太監馬雲（他是內官監排名第一的太監）、御馬監少監海壽等人商議，說：「大學士楊榮、金幼孜都不敢諫，我等是內臣，扈駕從征，不可不諫。不諫非親臣忠誠之義。」——瞧，這可是太監說的話，凜然正氣，直壓名臣，有沒有？

馬雲和海壽都是朱棣潛邸[6]出身，與之相比，沐敬是個「外人」。原來，沐敬是建文後宮的人，到永樂年間才發的跡。顯然，論與皇上的關係，馬、海二人更親近，但他們都很猶豫，生怕多嘴，惹

---

6 「潛邸」，是指皇帝登基前的府邸，「潛邸出身」一般用來指皇帝的舊人。朱棣的潛邸，自然是燕王府了。永樂時代的大太監，多是潛邸出身、從小侍奉燕王的宦官。

動聖怒。海壽就說：「萬歲爺聖明，自有主張，何須我等置喙。況且，聖意難測啊！」

沐敬見他們都不敢說話，就一個人跑到御帳，跪求皇上退兵。朱棣果然聽不得意見，罵道：「反蠻敢爾！」孰知沐太監竟是一位強項令，他居然仰起臉，徐徐應道：「不知誰是反蠻？」

朱棣罵沐敬「反蠻」，別人不諫，你來諫，你是要造反嗎？不料這閹官吃了熊心豹子膽，居然敢頂嘴，對「造反大王」起家的皇上說：「不知道誰才是反蠻？」——這不是找死的節奏嗎？

朱棣大怒，即命左右，速將沐敬綁了，推出轅門砍頭。沐敬被捆作一顆大號的粽子，仍然呶呶不休，說退兵的好處。

沐敬言語不遜，碰到瘋狂的病虎，還不「齏粉萬死難贖」嗎？可朱棣竟然被他苦諫之態打動，回心轉意了，叫人給他解縛鬆綁，還感嘆道：「若我家養人皆如此，何憂不治！」

沐敬罵皇帝是反賊，居然得以不死，這是何故呢？明人姜清在《姜氏祕史》中說：「（沐）敬亦與謀者也。」揭祕說，沐敬是當初建文宮裡給朱棣透露情報的「無間道」，朱棣因憶起他的功勞，才饒了他一命。

明末焦竑編的《國朝獻徵錄》裡收有沐敬小傳，講的就是這個故事。傳記說沐敬「建文時入禁中，貌魁偉，敢慷慨直言」。沐太監對篡逆者敢直言、真慷慨，我們已領教了，然則他在建文時，是不是也一般無二地「慷慨直言」呢？

第五章　太監使團

建文四年（西元一四〇二年）六月，燕王朱棣披上龍袍，登上了魂牽已久的金鑾寶殿。燕藩闔府搬到南京，原王府承奉司承奉正黃儼，也隨主子升了一級，坐上了司禮監太監的寶座。

要說寶座，此時的司禮監還算不上「第一寶座」。雖然司禮監掌管著御前奏札文檔，在皇帝處理政務時，幫辦一些筆墨文書，算是「近御」的「閣秀才」，但若論洪武、永樂年間的內府第一大署（衙署之署），內官監仍是當仁不讓。

或者這麼說，宣德以前的內府「二十四衙門」，權力最重的，還是全面掌管內府庶政的內官監，宦官中權位最重的是內官監太監，相當於外朝的中書省；而司禮監由於在御前行走辦事，幫助皇上處理機密文書，並掌管對內監督的職責，相當於在大內當值的祕書省和內御史臺。

黃儼出任司禮監太監，顯示了他作為皇帝最為親近的內臣的地位。

皇帝的親信，往往都有一個別號：佞幸！黃儼的身份，在本質上正是一個佞幸。不幸的是，古人一說起佞幸，還有一頂帽子的添頭：小人！

「佞幸」等於「小人」。

這是一個簡單的公式。在中國的古代和現代，這類異常簡單而好用的公式，多得很！其運算的結果就是歷史人物的粗放式歸類：紅的紅，黑的黑，界限分明，永遠摻和不到一起——所謂「眼裡不揉沙子」，還都是終身制。譬如好漢楊子榮，就是落在匪窩裡，也是風紀扣緊扣、胸脯子挺拔，二十四響盒子炮打得都比座山雕響亮！

此話長矣，且先打住，還說那黃儼黃太監，若謂此人是永樂朝的佞幸兼小人，倒不冤枉他。佞幸既然是皇帝耳鬢廝磨、兩小無猜的好朋友，經常促膝長談，同榻而眠，他們與皇帝最交心了，差不多等於皇帝的男性閨蜜（可不一定是基友）。自然皇帝有什麼不可告人的心事，就要托好朋友來辦。看官試想，你與親密好友歡聚快談時，滿桌佳肴，香煙繚繞，觥籌相錯之際，會談家國之事嗎？快播與快談，都不可太正經的。噴著酒氣的嘴裡，最好的話題就是女人。孔子道：「食色，性也。」——兩樣兒算是湊齊了。

朱棣在後宮煉完丹，一股陽氣上升，無論怎麼推拿，都回不到丹田裡去，自然而然地，便「陽舉」了。黃儼侍奉在旁，見龍褲突然隆起一大塊，嘿嘿笑道：「萬歲爺在想一個叫春的地方了吧？」君臣相得，只在意會，朱棣大笑起來。

黃儼就跟朱棣講：「想前代元朝時，後宮佳麗，多為三韓女子，最得元帝之寵。就是太祖爺爺，滅了元朝，也頗喜韓風，後宮庶妃中，高麗女孩不少，多是國色天香，與中原女子相比，別有一番風味。」

「別有風味？」朱棣笑得更厲害了，「老黃，你倒知味了！」

「奴才打個比方。」黃儼在朱棣面前說話，並無太多顧忌，向來是古代忠臣的直言派頭，區別是他越「直」，皇帝越喜。「好比宮裡吃肉，都是尚膳監供應，上林苑裡豬羊遍野，京郊民戶代養的也多。萬歲爺為何還要親自出獵，打幾頭野味？難道是因為宮裡的肉不夠吃嗎？」

「他媽的，刁奴才！」朱棣一抬手，把黃儼頭上戴的真青縐紗圓帽打歪到一邊，「你敢把妃主子比作豬羊？」

「話糙理不糙。」老黃儼嘿嘿笑著，將帽兒扶正，「萬歲爺您說野味好吃不好吃？」

「好吃！你娘的讓我去朝鮮打野味？」朱棣和黃儼說話，三句話必帶一髒字，這是他倆的親熱勁兒。

「萬聖至尊，豈可行此等之事？朝鮮那下國，又豈是天子重足所能輕踐的？」黃儼諂笑道，「奴才願做皇上行獵之犬，皇上只管——射，奴才替皇上去把野味叼回來。」

「娘的，老子現在就拉滿了弓，急得要射不行！」朱棣把襠間山峰一指。他的毒氣上來了，一時是難下去了，非得找個地兒噴出來不可。

「那您家味先吃著，奴才立馬起身，幫您去找野味。」黃儼說時，把所穿曳撒前擺一撩，他感覺那底下很空虛，自從他幼時失去了它，從此以後，就是地球一萬年劇烈的造山運動，也無法再拱起一座新的雄丘。這令他沮喪，卻不妨礙他以此間樂事取幸於陽氣升騰的皇帝。

好了，看官！以上文字純屬在下的戲筆與想象，總之朱棣想嘗三韓的「野味」，必然派心腹太監去給他辦，兩人私下密議，大概也就是這麼回事吧。看官鑒之！

黃儼已經去朝鮮實地考察過一次了。

不過永樂元年（西元一四〇三年）春天的那次，因為皇上登基未久，正在招徠萬方，一心向屬國示好，希望朝鮮不嫌其篡逆，盡快來朝，暫時還不便提及女孩子的事。

永樂元年春節剛過，黃儼就接奉上旨，命他為正使，出使朝鮮。與他同行的，還有武臣都指揮高得、文臣通政司左通政趙居任，以及曹天寶、朱允端、韓帖木兒三個宦官，其中姓朱的和姓韓的都是朝鮮籍，是在洪武中進入明宮的。閹人在元代及明初，即朝鮮（高麗）[7]、安南等藩屬孝敬天朝上國的一

7 朝鮮王國，由李成桂建立於洪武二十五年（西元一三九二年）。之前是陳氏高麗國。

種特殊貢品，最後一批小閹童來華，是在宣德年間。其後，大明王朝就不再向屬國徵索這種「人貢」了。

朱、韓二人聽說朝廷要遣使朝鮮，花錢營求，得到隨使臣返國省親的機會。

看官不要以為這兩個無根之人想念家鄉的爹媽，是以亟亟。其實不然，他們既肯花錢買到這次機會，就把歸省當生意來做了，不得到高額的利潤回報，絕不罷休！

四月初，太監黃儼一行人攜帶賜給朝鮮國王的誥命、印章及敕書，抵達朝鮮王京漢城（今名首爾）。在屬國君臣的心目中，大明是「天朝」，大明的使者不是一般的使節，而是「天使」。朝鮮接待天使的規格很高，太宗大王親自駕臨太平館宴請天朝使臣。

一頓「國宴」吃完，太宗大王面帶微笑，與黃天使等揖別，然而回到宮裡，忍不住把一肚皮不滿宣洩到日記裡，寫道：「天朝宦官黃儼等舉止無禮，吾意實不愜，促宴而罷。」

吃完飯，黃儼還想活動一下，遂向太宗大王提出，要「觀獵於南郊」。名為觀獵，實為考察朝鮮軍隊的戰鬥力。國王有心顯示一下國威，便命義安大君[8]李和等，率軍千騎，在王京的南郊，雲卷雲舒，潮起潮落，幾番縱來橫去，獵獲許多獐子麂子、兔子雞子。黃儼坐在議政府（相當於宰相府）在漢城南門外布設的帳幕中，拊掌大笑道：「驍勇哉，朝鮮武士！」

次日，國王在宮城內的無逸殿，再次宴請使臣。黃儼與曹、朱、韓幾個宦官先到，提出來要謁見王妃。因為他們都是內臣，國王不便拒絕，便問妃子當如何答禮。朱允端為討好國王，搶著道：「使臣拜謁時，妃子將手舉起，身子稍微彎曲即可。」國王道：「妃子不習此禮，予欲行本國之禮。」黃

8 大君是國王嫡子的稱號，庶子則稱君。

儼馬上稱「好」！於是在謁見朝鮮王妃時，興致勃勃地觀賞了朝鮮宮廷的答拜禮儀。

朝鮮人曾偷笑中國禮儀又蹦又跳，像是多人舞蹈，而在天朝「觀眾」眼裡，朝鮮禮儀也渾似一種怪異的戲劇舞蹈。黃儼瞧著新鮮，竟當著國王和王妃的面，嘻嘻哈哈笑起來。這是非常失禮的，太宗大王滿腹不高興，但是沒有表現出來，仍依朝鮮之俗，給黃儼等人行了「茶禮」，並設宴款待。

但國王的不快，還是在席間不經意表現出來，他舉箸端杯，都只望文官趙居任，根本不拿正眼掃一下正使黃儼，還有那個同樣舉止倨傲的宦官曹天寶。四個宦官裡，唯有朝鮮籍的朱允端和韓帖木兒較為恭順，對國王百般討好。

黃太監是多麼精明一個人啊，他見國王對他冷淡，心中不爽利，臉上便露出不平之色。恰好這時進「拋球樂」，席中氣氛稍微和緩了些。

這拋球樂既是禮儀，也是宴飲中的娛樂，大致來說，將座中賓主分為兩隊，由侍宴的伎者投球，看誰中的多，誰便取勝，輸者罰酒。朱、韓二人馬上鬧哄哄地表示，要跟國王一隊。太宗大王笑道：「小王並不入場拋球。天使請看，我們席分東西，皆有歌伎侍酒，請她們代為拋球決勝，你我賓主只需旁觀喝彩則可。」朱、韓二人略覺失望，只好拼命鼓掌。

說話間，伎者已決出勝負，東邊一隊投中四球，西邊無一中者。黃儼開心極了，對國王道：「我這邊都中了，國王那邊為何一個都不中？」太宗大王笑而不答。黃儼心情忽然轉好，他本是豪飲的量，吃著異國的美酒，嚼著令人胃寒的冷食，頻頻舉杯，邀國王同飲。

太宗大王接連飲了幾大觥，有些不勝酒力，滿面通紅。另外幾位天使也都殷勤上壽，勸國王多飲，唯獨左通政趙居任自己飲得少，酒只略略沾唇，也不勸酒。黃儼促他：「趙大人，你來到朝鮮寶地，為何不敬主人一杯？」

趙居任是一個鬚鬢皆白的長者，他聽了黃儼的話，面無表情，淡淡地道：「己所不欲，勿施於人。」

黃儼不快，但不便發作，便將酒杯一蹴，滿臉寫滿「不高興」三個字。

太宗大王怕使臣間鬧出不愉快，忙打圓場：「聖天子即位，命大人馳驛萬里，來錫誥命印章，我子孫當與皇孫共享富貴於千萬世矣。雖不勸酒，我何敢辭！」舉起杯來，與趙居任遙碰了一下——今日戲稱「打電話」——然後先乾為敬。

趙居任高擎玉露，對國王道：「願大王常存此心。」亦滿飲了一杯。

當天晚上，太宗大王在日記中寫了與謙謙君子趙居任飲酒的快感：「極歡而罷。」而對朝廷派宦官來充任使臣，頗為不滿。

其實宦官出使外國，自洪武時即為慣例，不過建文中朝廷不再差派閹人。不想永樂皇帝一即位，又派閹使來了。朝鮮君臣對永樂的篡逆，在本心上是不齒和惡評，但迫於形勢，不敢有任何的違言，對於倨傲的使臣黃儼、曹天寶，也是勉為應付，不敢觸發其怒。相形之下，在閹官與文、武搭配的使團中，只有文官趙居任顯出天朝使臣應有的本色。

過了一天，黃儼派朱允端來問安：「我等前日大醉困甚，不知國王可安否？」太宗大王派人答禮道：「我亦困甚，未能出見，殊失禮意。」並贈送使臣衣帽及靴子等物。黃儼等人歡喜地受了。

但黃儼還嫌衣帽不夠鮮美，對通事（翻譯）道：「國王御廏裡好馬成群，何不送我一、二匹？」那時朝鮮有三位王，除了現任國王太宗大王，還有一位「老王」，即國王的父親、朝鮮開國之君太祖李成桂，以及「病王」，即國王之兄，因病退位的定宗李芳果。黃儼知道這些情況，故意道：「老王與病王要是各贈我好馬一匹，湊起來，就有四匹了，多好！」他假意囑咐通事官，教他不要把這些話告訴國王。趙居任在旁聽了，嘆息不已，覺得這些宦官在屬國的所為，極盡醜態，太有損國體！

但太宗大王對黃儼的要求卻別有一番心思。原來太宗名叫李芳遠，是太祖李成桂的庶第五子，無論按倫序，還是依嫡庶，皆與王位無緣，但他通過兩次「王子之變」，先後脅迫其父太祖、其兄定宗退位，才得以登位。所謂老王與病王，都被他軟禁在宮裡。這些李芳遠自然都瞞過了朝廷，只說兩位大王都是主動退位讓賢，才順利得到大明的冊封。如今篡位登基的永樂皇帝，第一次差人來出使，竟問起老王、病王，其意何在？

李芳遠召親近大臣密議，眾人一致認為，黃儼索馬是假，借兩王為題，警告、威脅大王為真！如果大王對新朝稍示不遜，永樂帝恐怕就要追究他擅自廢立的責任了，那時，恐怕國難就要來了！

李芳遠深以為然，幸好宦官尚利，他決定以利餌之，先堵住黃儼之口。於是親自來到太平館，給每位使臣送上良馬二匹，以後又多次贈送馬匹，以及朝鮮土產黑麻布、白苧布、人參、花席等物。

國王的慷慨激發了宦官更為強烈的物欲。黃儼得隴望蜀，竟然嫌所得之馬中有一匹不屬於上馬，要求更換。李芳遠慨然應允，下令替他換了一匹。

而不管朝鮮所贈何物，使臣中唯趙居任始終一物不受。他向國王解釋道：「過去奉使貴國者，皆年少之輩，沉湎酒色，以辱朝廷，故今使老臣來也。」趙居任講的是「老臣」的好處，卻沒講朝廷以宦官為使的壞處。其實趙居任所惢亦不在「年少之輩」，而在人格卑汙、狐假虎威，卻乃充朝廷正大之使的閹奴。

趙居任對太監黃儼等人的舉動非常不滿，但因為他們都是御前紅人，他也不敢多言招禍，只能一方面努力自持，以顯一己之節操，一方面隨事以理勸喻。譬如黃儼、曹天寶、高得向國王提出，要去朝鮮著名景點金剛山遊玩，趙居任便問黃儼：「君輩為何一定要看此山？」黃儼道：「金剛山形如佛像，故欲見之。」趙居任道：「山成於天地開辟之初，那時佛還沒生呢，說山生來似佛，豈不荒唐？」

此言極有理，可對於一心溺佛的黃儼，絲毫起不到棒喝頓悟之功，他們幾個還是樂顛顛地出遊去了。趙居任唯有嘆息而已。

而宦官之間，為了朝鮮贈物不均，還大起齟齬，公然在外國鬧出不愉快。

事情的起因，還因為國王替黃儼換了一匹馬，引起曹天寶的不平。曹天寶是什麼來路，不是很清楚，但他能夠擔任副使，想來也非泛泛之輩。他因為嫉妒黃儼，心裡早憋著一口氣。從金剛山回來後，國王設宴為他們接風，席間黃儼的情緒非常好，還亮出包紮過的左手食指，晃給國王看，面帶得意地說，他在金剛山「燃指供佛」了！

黃儼這回出使外國充任正使很是快活，逢酒必飲，飲則大醉，焦黃的老臉總是紅撲撲的，彷彿返老還童了。此刻他見曹天寶攥緊酒杯，眉頭深鎖，似有不快，就勸他多飲。誰知曹天寶竟當著國王的面道：「滿案七十二器，無一可食者。」黃儼明白他是衝自己來的，登時大怒，也不顧禮體，斥責道：「國王誠心饋汝，汝言如此，與犬馬無異！」大罵曹副使豬狗不如。曹天寶當眾受到羞辱，雖然內心對黃儼不無畏懼，但酒氣一衝，火氣還是冒出來，當即喧口回罵，並說：「我也是承皇帝之命而來，你憑什麼敢辱我！」說到極憤處，順手將帽兒摘下來，擲在黃儼腳下，彷彿說：我受夠你了，今兒一定要出口氣，大不了官不做了！——他這是在沉默中爆發了。

大明的兩位使臣，劍拔弩張，脖筋暴突，幾乎要在國宴上互毆起來。朝鮮君臣見狀，急忙勸解。黃儼惱羞成怒，連連頓足道：「此兒安足數哉！」

都指揮高得心知他倆實為分贓不均起哄，就對通事曹士德道：「看這樣如何，趙通政不是不要那些東西嘛，貴國又不好拿回去，不如就分給正、副兩位天使，讓他們消消氣吧。」又道，「皇帝派我們來，是因為我們都是近臣，讓我們借這次出使受貴國些好東西。貴國就是再多賜惠，也是不拒的。」

曹士德問：「趙通政為何不受？」高得道：「趙通政他是個儒者，當然不受啦。他不要的，送給我們算了。」

瞧，閹人與武臣，皆是這般無恥，被朝鮮人一筆一筆記在《李朝實錄》裡。

五月初，天使要回國了，李芳遠在迎賓館為他們餞行，他心知黃儼等人性貪，乃盡力賄以金帛財物，送給黃、曹二人馬各一匹，細白苧布、黑麻布各十匹，同時以「太上王」李成桂和「上王」李芳果的名義，分別贈給使臣黑白布五匹和二匹——這便是屬國的篡逆者對天朝的篡逆之君耍的小心眼了。

趙居任仍是堅辭不受。就是左政丞河崙以私人名義贈送人參等物，他也拒而不納，道：「我不受殿下之贈，反受國卿之贈嗎？」趙居任此行，僅僅「收獲」了紙張數刀。他是文人，對國內十分難得的高麗紙十分寶愛，後來他用這些精美的好紙印製了自己的詩集。

大明使團歸國了，但朱允端和韓帖木兒並未同行。他倆得到國王的特許，回鄉訪親問友，拜謁先人之墳，此時還未回京。等他們回來時，李芳遠不惜屈尊，親自到崇仁門外「迎慰」，又從朱允端之請，給他親族六十餘人都封了官，並且特事特辦，命司憲府、司諫院、吏曹、兵曹等部門聯合辦公，將朱太監親族應得的「告身」（官員身份的證明文件），以最快的速度署印落實；還應二人之請，將他們的故鄉林州和金堤的長官，在官品上皆高配一階（做這種人情，無非是請地方官多看承照顧他們的鄉黨族人），以表彰其鄉梓為天朝培養了一位如此優秀的太監。

李芳遠如此給「本國之閹」面子，除了朱、韓二人如今都是明朝後宮的宦官，在天子身邊效勞，還因為他二人此次出使，對國王非常恭謹，很給國王面子，李芳遠當然得對他們的恭敬孝順大加賞賜啦！

永樂皇帝向朝鮮派出的第一個外交使團，以宦官為主，在朝鮮可算是大飽欲壑。以後再遣使朝鮮，任用宦官擔任使臣，便為慣例了。

第六章 「採花」天使

朱棣即位後，加強了對東西兩邊（遼東與甘肅）的經略，在永樂初年，先後派出太監劉順（劉通之弟）和王彥（王狗兒，黃儼義子）出鎮遼東，並差出大批宦官，到關外活動。在北方大鎮的經營與開發上，宦官漸居於主導地位，其中最為典型的例子，便是都知監太監亦失哈率領船隊和大批軍士，直抵松花江和黑龍江流域，在東北的極邊建立奴兒干都司。

與明朝遼東接壤的朝鮮，頓時感到前所未有的壓力。

對於大明的屬國朝鮮來說，最主要的敵人是北邊的女真人與南邊的倭寇，稱之為「北虜南倭」。但如何處理與大明的關係，也是一件錯綜復雜的事情。雖然自朝鮮立國，即確定了尊大明為宗主的國策，但由於兩國壤土相接，在部分地區還存在領土糾紛，所以朝鮮既對大明表示尊重，在對明關係上主張「至誠事大」，但同時也保持著一定的防範心理。

當昔日鎮守北平的燕王即位後，立刻升北平為北京，對東北地區的軍事滲透和控制明顯加強。對此將如何應對？朝鮮感到頗為棘手。

這時太監黃儼奉誥命來了，一些大臣向太宗大王李芳遠進言：「黃儼，是皇帝寵幸的宦官，如果請他代為奏請，使我國世子能娶到大明公主，則將為我國之幸。」

在元代，高麗王室與元帝長期聯姻，元朝皇帝有一半的高麗血統，這使兩國保持了非常緊密的聯繫。典故是現成的，李芳遠一數，便覺得這是個不錯的選項。於是在接見黃儼時，將這個想法告訴了他。

黃儼立刻道：「何幸、何幸！」表示將奏明皇帝，成此好事。

可黃儼奉使再來時，一個字也沒提及此事。李芳遠不便打聽，想來不會是黃儼健忘，一定是永樂皇帝不同意，將此議否決了，黃儼只好閉了嘴兒，回避這個話題。

李芳遠想此事是自己主動提起來，卻不想熱臉貼個冷屁股，太沒面子，很後悔當時舉動倉促，便也不再理會此事，為世子擇定了前總制金漢老家的女兒。

永樂五年（西元一四〇七年）六月，黃儼又來了。李芳遠想，當初是他親口向黃儼提的婚，雖然沒有得到回應，但如今世子已經訂婚，卻不可不知會他。可是話怎麼說，必要動些腦筋。最後李芳遠派右軍同知總制李玄給黃儼帶話：「皇帝待臣（李芳遠）甚厚，臣欲親自上京朝謝，但不敢委棄國事而不顧。世子年已稍長，且已娶親，欲令世子代臣朝見。」在奏請派世子上京陛見時，捎帶著把世子訂婚的事說了出來。等於向黃儼通報，先前聯姻帝室的請求不再作數了。黃儼也沒別的表示，只是道：「甚善。」——好得很！

此事被檢校漢城府尹，即王京漢城的地方長官孔俯知道了，他祕密地對李玄道：「世子今將入中國朝見，若先行吉禮（指婚禮），似為未便。我聽說帝女公主未嫁者有二、三人，倘若我朝能夠聯姻帝室，雖北有建州之逼，西有王狗兒之戍，何足畏哉！」他仍建議推動兩國聯姻，使朝鮮從中獲得實際好處。

李玄認為孔俯之議有理，遂一同去找王妃的父親，也是世子的外祖父驪興府院君閔霽，希望取得他的支持。閔霽態度模棱兩可，推說：「這不是我該知道的事情。」

孔俯只好去找參贊議政府事趙璞、刑曹參議安魯生商議，這兩位都表示贊同。李玄道：「我們去找黃天使，這麼對他說，曩因多事，誤傳殿下之言，世子實尚未訂婚。」這明顯是欺騙天使。雖然眾人覺得，世子如果能娶一位明朝公主，對朝鮮最有利，但一則世子實已訂婚，再則國王也放棄了結婚帝室的想法，還是應該先做通國王的工作。於是他們再去找老國丈閔霽，希望能走后妃路線，說服國王。可是閔霽不同意，而國王身邊的近臣無咎、無疾也道：「此事未敢啟達。」認為此事太過敏感，不敢過問。

可孔俯等人反復相勸，言之不已，閔霽沒辦法，只好把球傳出去，他讓趙璞去聽聽老臣左政丞河崙怎麼說。沒想到河崙對此大加贊賞，對閔霽道：「若得大國之援，同姓異姓，誰敢作亂？亂臣賊子，何由作乎！前朝大元公主釐降我國，百年之間，內外無虞。世子能娶一位公主，那是再好不過了。」

河崙讓趙璞與參知議政府事鄭矩，去找領議政石璘和右政丞趙英茂商議。可是宰相石璘打起太極，他道：「我老了，不再參議國家大政，今於此事，何敢獨斷！」趙英茂則稱：「上意已定，何敢復有他議？」這兩位雖然都表示不願參與，可也沒認真反對，更沒有將此事告訴國王。可見在廷大臣對於和明朝聯姻，多是樂見其成的。

正當一些大臣背著國王私下活動而議論未決時，他們的密謀被國王知道了。

世子如果能娶到一位明朝公主，將極大改善和鞏固與大明的關係。這在天朝經歷一場嚴酷的戰爭、改朝換代之後，尤顯重要。

為什麼太宗大王李芳遠對太監黃儼提及「老王」與「病王」那麼敏感？只因朝鮮對「征燕」戰爭是出了力的，該國多次應建文帝的要求，採取以物換物的形式，向朝廷一方輸送了大量的戰馬和耕牛等物資。

朝鮮沒想到，戰爭竟以「改天換日」那樣一種方式結局。昔日的燕王、今日的永樂皇帝，會不會記仇？黃儼提起被李芳遠強行逼迫退位的太祖李成桂、定宗李芳果，是否是永樂帝報復朝鮮的先聲？

李芳遠為此頗為憂懼。

朝鮮君臣都明白，朝鮮與大明之間的不信任，需要通過某種方式加以修復。在這樣的背景下，兩國聯姻，顯然具有積極意義，對朝鮮非常有利。所以李芳遠很爽快地接受大臣的建議，當面向黃儼提出，請下降一位公主為本國世子妃。

然而黃儼嘴上雖然同意了，但從此沒了下文。驕傲的李芳遠也不願巴巴地追問，就放棄了原先的計畫。可是臣子不甘心，所以在宰臣趙璞以及漢城府尹孔俯等人的積極運動下，一些大臣開始背著國王，試圖私底下促成此事。

但這樣一件符合朝鮮國家利益的大事，卻不符合一個人，或一個家族的利益。未來王妃的父親金漢老以為已穩穩當當做上了國丈，卻突然起了變數，他在探知大臣的密謀後，非常恐慌，連忙向國王做了報告。

李芳遠得訊，勃然大怒。大臣們的行動，無疑是對國王權威的挑戰，通過宮廷政變上臺的李芳遠對此不能容忍。「世子已經訂婚，已經明明白白告訴了天使黃儼，怎好又改口不承認呢？國體何在！這是兒戲嗎？」他立刻下令，將趙璞、孔俯等人抓起來鞫問。與大明聯姻的計畫至此正式擱置。

「結婚中國，予所願也。」李芳遠表示他並非反對「結婚上國」，只是有著更為深切的擔心。

首先，「尚慮夫婦相得，人情所難」。民間夫婦，情投意合、舉案齊眉者尚且不多，何況是作為政治利益交換的政治聯姻？當然，世子或公主幸不幸福，屬於「人情」的範疇，而人情、人道、人性等，與政治利益相比，不足掛齒。所以李芳遠雖然以「人情」開題，但他還需要更充分的理由。

他道，如果兩國締結婚約，則「必中國使者往來絡繹，反擾吾民矣」。自古東道主難當，與朝廷沾了親的東道主，尤其難當！是親戚，就得走動，但走動頻繁了，必然勞民。這是李芳遠表示不能與明朝結親的第二個理由。「人民的福祉」又被拈來做了擋箭牌。與明朝聯姻，是否就能保障朝鮮的利益呢？李芳遠對此也無法認同。他說，元朝末年，元順帝娶了朝鮮奇氏為后，奇氏滿門貴盛，最後仍不免「一門殺戮無遺」。有奇氏的悲慘樣板在那裡，攀高枝，與帝室締婚，「安足保乎」——真的就有保障嗎？李芳遠連連道：不！不！不！

其實，李芳遠引元順帝奇皇后的故事，屬於強說。那奇氏因為自家女兒在元朝做皇后，志得意滿，驕奢淫逸，又遭到高麗國王的猜忌，從而造下滅族大禍。這和朝鮮王室與明朝皇室聯姻，怎麼可以相提並論呢？

李芳遠最後才點出問題的關鍵，他道，朝鮮真正的自存、自保之道，不在於通過聯姻、更深地依托大明這樣的外在條件，而在內部「君臣一體」，唯其如此，「國乃治安」。可是趙璞等人是怎麼做的呢？他們背著主上，私相聚會，圖謀大事，卻故意瞞著本王，我孤家寡人一個，將和誰一起「為治」呢？

李芳遠明確告訴大臣，此事不可再提。為此，所有預事者都遭到了懲罰——雖然只是意思一下的薄懲，但包括老臣河崙在內的一些人還是丟了官。太宗大王借此案剪除了那些對他個人缺乏忠誠的臣子。其實李芳遠真正擔心的，是他篡逆來的權力是否穩固。朝鮮太宗大王行事婉曲柔和，與明朝永樂皇帝作風之強硬粗暴雖然所彈者為「異曲」，卻有「同工」之妙。

「尚」明朝公主之爭平息十個月後，永樂六年（西元一四〇八年）四月，太監黃儼又來了，這已是他第五次出使朝鮮。朝鮮他走得最勤，基本上是一年一次。

與黃儼同來的，還有宦官田嘉禾、海壽和韓帖木兒。海壽是燕府舊閹，此時任御馬監監丞。此人出身潛邸，與皇太子朱高熾的關係較為密切，在皇上北巡期間，他經常奉旨，來往於北京行在與南京監國之間，充任朱棣父子的信使。

田嘉禾，是浙江溫州平陽縣人，如果單看他的籍貫，似乎是一個漢人，可是此人原名哈剌帖木，是個蒙古名字，因此可能是所謂「韃靼人」，即蒙元勢力退出關外後，留在內地的蒙古人。

田嘉禾在幼年即入燕府供事，據王府術學顧問袁忠徹說，他「達時務，善機變，寵遇過隆」，在靖難之役中，多立奇功，仕至尚寶監太監。袁忠徹是相學大師，在他的相學名著《古今識鑒》一書中為田嘉禾留下一筆，形容他的相貌「形貌修耀，言語清亮，面潔白而鼻隆齒露，目視眄，刀鳴鶴形也」。用白話來說，就是田嘉禾身材瘦長，仿佛一隻仙鶴；音吐清亮，猶如刀鳴；面皮長得白，大鼻子，有點齙牙；愛用眼白瞧人，這並非因為他自負清高，瞧不起人，而是眼睛有點斜視。

田嘉禾在《明太宗實錄》中沒有隻言片語提到，而在朝鮮《太宗大王實錄》裡保留了一些活動的記載，這是因為田嘉禾在永樂初年曾多次出使朝鮮，並在永樂八年擔任正使。但田嘉禾的記事至此亦告終結，很可能他在此後不久就去世了。

考慮到黃儼、田嘉禾和海壽三人身份的共性，則朝鮮籍宦官韓帖木兒很可能也是朱棣潛邸出身的宦官，否則出使外國這等好事，怎會落到他頭上？幾年前韓公公曾出訪故國，撈到不少好處，這一次，還鄉團又回來了！其興奮之態，絕對比惡霸胡漢三有過之而無不及。

這是一個標準的宦官使團，其正使、副使都是宦官。隨團的還有一個小文官，名叫奇原，做著尚寶司的尚寶。此人姓奇，不知與元順帝奇皇后之族有沒有關係。如是，則他也是來走親戚的。

自永樂皇帝即位，遣使朝鮮者頻繁，往來於鴨綠江、遼東、山海關與北京一線的使者，不絕於路。太宗大王李芳遠聽說此次來的天使，幾乎都是宦官，心裡咯噔一下。他有不好的預感，但他沒法猜出這支閹人使團的目的。但「天使」來了，不管是帶把兒還是不帶把兒的，作為屬國，都不得不盡心接待。李芳遠率領百官，在大明使團駐地慕華館親自迎接，並組織了熱烈的歡迎儀式，讓多次光臨的太監黃儼再次感受到那熟悉的，令他舒服、愉悅的賓至如歸的氛圍。他指著道路兩旁穿著盛裝，載歌載舞，高呼「歡迎、歡迎，熱烈歡迎」的群眾（「結山棚，陳儺禮百戲」），對初來乍到的田嘉禾道：「國王對天朝之至誠，於此可見了。」

田嘉禾嘴裡「嗯、吶」地應著，一對大斜眼轉個不停，賊亮的眼光，專門往穿著抹胸韓服、梳著大髻的朝鮮女子臉上、身上掃描。黃儼見了，嘿嘿笑道：「田老弟，你真是盡心王事啊！」

天使黃儼一行由太宗大王李芳遠陪同，進入宮城景福宮，在此宣讀敕書。黃儼站在相當於明朝奉天殿（即今太和殿）的正殿勤政殿的丹墀之上，高聲朗讀敕書，國王及群臣跪在廷下敬聽。

敕書對不久前朝鮮向明朝出口三千匹馬表示感謝，賜國王花銀四十個，每個重二十五兩，總計一千兩；另外還有紵絲、素線羅各五十匹，熟絹一百匹。

李芳遠拜敕罷，循西階走上殿前露臺，在使臣前跪下，聽黃儼口宣聖旨：「恁（你們）去朝鮮國，和國王說，有生得好的女子，選揀幾名將來。」

李芳遠聽罷，吃驚地「啊」了一聲。因為聖旨沒有文字，出自黃太監的口宣，他聽不懂漢語，直到一旁的翻譯重復了一遍，他才把頭垂下，滿臉訝異的神情。

原來以黃儼為團長的外交使團，不遠千里，偽裝來嘉獎朝鮮國王，其實是來徵索美女的！黃儼前幾次來，除了永樂元年那次是賫送冕服，另外兩次，一次是求銅佛像，一次是求佛舍利，都是替皇帝行私，沒想到這回竟然求起美女來啦！

這是泱泱上國應為之事嗎？

這是英明偉大、睿智神聖的天朝皇帝應為之事嗎？

天子為滿足雄根處的欲望而提出無理要求，作為臣僕之國，朝鮮不敢拒絕。可是，進獻美女在儒家倫理上說不過去，自古以來，向諸侯索取美女，從來都是那些昏君做的混帳事。

永樂皇帝這麼做，是要將自己等同於桀紂、周幽和隋煬嗎？

一時間李芳遠的腦海裡，暴君、亡國之君、昏君等詞盤旋而出，可是倉促之際，他不敢質問皇帝此舉的道德正義性何在，也不敢質疑黃儼口傳聖旨的真實性，只好叩頭道：「敢不盡心承命！」算是應下了。

隨即朝鮮全國性的選美工作緊鑼密鼓地展開。這期間，開國之王、國王的父親太祖李成桂於六月去世，舉國服喪，使選美工作一度停頓。黃儼等人頓在朝鮮無事，便同田嘉禾、海壽、奇原等人去遊金剛山，直到七月下旬才回來，然後聯袂去見國王。還在服喪的李芳遠很厭煩這幾個選美節目的大評委，托以得了「瘇氣」（瘇通腫），不見他們。

九月裡，明朝派來祭弔「老王」的使臣來了，正使是都知監左少監祁保，仍是一名宦官，副使為禮部郎中林觀。監丞海壽聞訊前往豐海道迎接，大概他閒久了，都憋出病來了，脾氣大得很，在碧蹄驛[9]因為地方官供應不如意，竟然鞭打了京畿都事曹由仁、程驛察訪柳善揚州府使李揚、高峰監務郭廷府等官員。朝鮮舉朝震驚，卻是敢怒不敢言。

因為「迎天子之命」，不可穿兇服（即喪服），李芳遠換上冕服，率領群臣在漢城西門外新建的慕華樓迎接天使，然後釋去冕服，改著素服，戴烏帽，手執白扇，在使臣所居太平館宴請祁保、林觀二人。總之又是一番饋贈和勞煩，不必多言。

9 此地因萬歷征倭之役中明朝大將李如松兵敗於此而知名，在漢城之北約三十里，又名碧蹄館。

到十月份，「處女」終於選齊了，李芳遠親自陪同太監黃儼、田嘉禾，在景福宮對進入總決賽的選手進行複選。最後的入圍者一共五名，由黃儼親自評定等次，以已故典書權執中之女權氏為「年度總冠軍」，其亞、季軍及以下依次是任氏（前典書任添年之女）、李氏（前知永州事李文命女）、呂氏（司直呂貴真女）、崔氏（水原記官崔得霏之女）。

這幾個十來歲的女孩，馬上就要送到大明的後宮，供皇帝享用，不同凡「享」了。李芳遠除了賜給酒果等食物，還給她們每人縫製了一套明朝樣式的彩緞服裝。

回到宮裡，李芳遠嘆著氣，對大臣們道：「黃儼之選定高下等第誤矣。任氏直如觀音像，而無情態，呂氏唇闊額狹，是何物耶？」

黃儼是一個老太監，哪裡懂得女人的好處？他選的這五個美人兒，李芳遠作為「觀眾」，已經表示不敢苟同，未知受用者皇帝是否喜歡？對此，李芳遠並不關心，他只希望黃太監領了這幾個女孩快走，不要再回來。

可這一撥天使才走了半年，第二年（永樂七年）五月又來了。這回來的有太監黃儼、監丞海壽，都是「老朋友」，還有一位新朋友，是奉御尹鳳。

尹鳳也是一位「歸國鮮僑」，他本是朝鮮豐海道瑞星縣人，洪武年間進入明宮。去年使臣回去，給他帶信兒，說他媽死了，他一聽，生意來啦！連忙跑到皇帝跟前哭訴，請求回國奔喪。永樂帝對宦官一向慷慨，尹鳳甩了兩條鼻涕，他就應了。於是尹鳳跟隨黃儼使團一塊兒來了。

尹鳳到漢城的第三天，就要回家理喪，國王率領百官在慕華樓為之餞行，並且派漢城尹金謙為伴送使，陪他回鄉，並命豐海道的最高長官都觀察使厚葬其母，一切費用都由官辦，可謂極盡哀榮了。誰說「故國不堪回首月明中」，到天朝做了太監月亮就是明！

尹鳳在鄉盤桓很久，笑納了不少禮金和諛辭，才回到漢城，在拜謝國王後，就拿出一份他「昆季伯叔」的名單，請求國王照顧。前些年朱允端來使時，國王已慷慨地給他家親戚封了官，尹鳳舉出前例，李芳遠不好拒絕，只得將老尹家親戚十餘人，全部除為西班司直司正。——要我是國王，乾脆將他一族全閹了，都送到明朝當太監去。

尹鳳一直活到正統年間，此間多次充任正使出使朝鮮，此話不提。還說黃儼等人此番再來，李芳遠還沒有出他父王三年的喪期，他穿著淡彩服色，率領百官出迎於慕華樓，將使臣迎至昌德宮宣敕。敕書是公開的文字，但沒有說明朝廷遣使的目的是什麼，只說派太監黃儼等人來，「特賜王及王妃禮物，至可領也」。這回的賜物比上次要重，國王是銀一千兩，紵絲、彩絹各一百匹，馬十五匹，鞍兩副；王妃是紵絲、線羅、銀絲紗各十匹，彩絹二十匹。

李芳遠聽著這豐厚得沒來由的賜物，突然想起去年黃儼來使，也是打著賜他禮物的幌子，不禁心裡一動：難道皇帝又派這幾隻閹狗來選美？

果不其然，宣完敕書，黃儼又學著皇帝的口吻，口傳聖旨道：「去年爾這裡進將去的女子每（們），胖的胖，麻的麻，矮的矮，都不甚好。只看爾國王敬心重的上頭，封妃的封妃，封美人的封美人，封昭容的封昭容，都封了也。王如今有尋下的女子，多便兩個，少只一個，更將來。」

已經送去五個，永樂皇帝照單全收了，還嫌美女不夠美，又讓黃儼來傳話，教朝鮮再選美女。永樂爺，容在下說句公道話，既然朝鮮美女不是胖就是麻，你為何糾纏不放？不好吃，就該放下嘛！您萬歲爺是否忘了，朝鮮還在國喪期間，您如此不顧禮體，急色之心未免太不可救藥了！看官，這是在下的話，大概朝鮮太宗大王心裡也是這幾句。

黃儼辦事，在其他方面或許皆能中萬歲之心，可是他襠間少了個吊墜——這不是裝飾之物——對美色這東西，一輩子看得見、吃不上，故讓他去選美，確實有點趕鴨子上架的意思，實難符「聖心」。但朱棣要在國內裝「聖天子」的幌兒，不敢放手在自家鍋裡舀飯，只好把朝鮮這只小碗扳住，吃個沒完；他又不敢令翰林院詞臣撰寫旨意，因為朝廷公文程序繁複，經手人多，是沒法保密的，只好派他最親密的宦官，帶著他的口信，直接到朝鮮來幹這老鴇子的活兒。

但永樂七年（西元一四〇九年）五月的這次來使，黃儼、海壽行色匆匆，把話撂下就走，並不像上次那樣，在朝鮮坐等美色。

原來這一年春節後，朱棣即位後第一次北巡，三月間已到北京，對漠北的戰事即將發動。七月，命淇國公丘福為征虜大將軍，征討北元韃靼部。但出乎意料的是，丘福大軍在臚朐河全軍覆沒，主將及副將一公四侯全部喪命，明軍損失慘重。而就在此時，平定未久的交趾行省（原安南國）也騷動起來，多虧英國公張輔四處撲火，形勢才沒有進一步惡化。所以，當黃儼在九月份再次來到朝鮮時，已顧不得督問美女之事，而是責令朝鮮盡快輸送軍用馬匹，因為臚朐河的慘敗，令朱棣惱羞成怒，他已決計親征朔漠。

此時朱棣以北征為大事，無暇在大明的後花園朝鮮徵獵美色，只好暫時把「性」熬住。

第七章 挑撥慘殺

皇帝親自出馬，畢竟不同，丘福敗亡了，朱棣偏能勝之。永樂八年四月到七月，朱棣冒暑深入草原，親征韃靼部首領本雅失里，「大敗之，追北數百里」。

打了勝仗，朱棣揚揚得意，旋駕南京。他的老婆徐皇后已死，就埋在北京西郊天壽山新建的長陵裡，現在陪侍在他左右的，是來自朝鮮的美人權氏，現已封為賢妃。

在朝鮮頭批進獻的五名處女中，朱棣不是嫌人胖，就是嫌人矮、嫌人麻，如果對號入座，一下就否掉了三個！又說「都不甚好」，結果全給否了。但從他異常寵愛權氏來看，他其實是嘗到滋味兒了，這才吃著碗裡，瞧著鍋裡，一邊嫌美女不美，一邊又巴巴地再去討。

鑾輿十月初起駕，緩緩地往南走，走走停停，這是為何呢？原來皇上的愛妃權氏生病了。

正應了一句古話：病來如山倒。權妃這病來勢兇猛，毫無徵兆，一病即不起。朱棣很著急，但行間又無名醫奇藥，他想急速趕回南京，可病人又經不起折騰。正在焦躁彷徨、左右為難，權妃死了！

這位權妃，據朱棣自己說，可能是麻的、胖的或矮的，而據國內野史傳說，卻是「姿質穠粹，善吹玉簫」，整個一個多才善病的佳人，所以尤得帝之「愛憐」。

一個天降的美人忽然香消玉殞，朱棣大起悲愴，謚權氏為「恭獻賢妃」。但他面臨一個疑難：權妃葬在何處？此刻鑾駕正往南行，已到山東臨城，而他的陵寢長陵卻在北京，他沒法下令全隊「立正、向後轉」，為了葬他的美人又回到北京，況且天壽山空蕩蕩的，也沒為妃子們預建園寢。朱棣思前想後，最後決定將權妃就地下葬，經過堪輿先生相看，權妃的葬地擇定在山東嶧縣白茅山。該墓今存，當地人稱「娘娘墳」。

朱棣愴悲之餘，愈發惦記朝鮮的美女，權妃可還有姐妹？馬上派黃儼再去朝鮮，按權妃的模子，去給朕搜羅替補的來！

其實替補的早有啦！

當永樂七年（西元一四〇九年）五月，朱棣派黃儼去給朝鮮帶話，說你那裡獻的女子，又麻又醜，命該國再選時，太宗大王李芳遠當即「欽依」，「於本國在城及各道州府郡縣宗戚、文武兩班（兩班是朝鮮貴族階層）並軍民之家，盡情尋覓」，很快又選到兩名「處女」：鄭氏，年十八歲；宋氏，十三歲。照今天的年齡標準，一個剛上大學，一個才上初中。

看官，這「處女」二字可不是我說的，與本人的「處女情結」無關，明朝向朝鮮索取的，就是「處女」。這兩名「處女」以什麼名目送上京師呢？黃儼臨走前特地交代了：「必托他事以奏。」——貴國可隨便想個轍，就是不能說是「奉詔獻美」。

朝鮮也算善體「聖心」，很給色急急的永樂皇帝裝謊子，乃給明朝禮部發出一道咨文，假說國王的親兄、退位的「上王」定宗大王李芳果舊患風病，目下益加沉重，請求派人帶著藥單，到北京來採購藥材——順道把鄭氏帶過去，黃儼再悄悄送進宮，齊活兒！

可禮部的答覆還沒到，黃儼卻在當年十月又來了。

黃儼人還未到，亟亟的警報已如春天的野火一般，從鴨綠江那邊迅速橫掃過來，直傳到漢城。朝鮮獲悉明軍征北大敗後，毗鄰的遼東形勢異常緊張，各種傳言紛紛攘攘，有說「韃靼軍去京不遠，皇都危窘」的，有說「王師畏韃靼，盡入城堡」的。黃天使來做什麼？盛傳他此來，將「請兵十萬、將帥二人」，從東北面配合明軍，「夾攻韃靼」。

這是很嚴重的事態，關係到朝鮮的國運，太宗大王惴惴不安地等候黃太監的到來。

永樂七年十月二十一日，黃儼奉敕書到了，李芳遠率領百官迎於慕華樓，至昌德宮受敕。聽了敕書，李芳遠才略略鬆了口氣，原來皇帝並沒要求朝鮮動兵支援，而是讓「王處有馬，隨進多少，以資國用」，並且申明「當酬以直」。黃儼還傳皇帝口諭：「今朕將平元帝子孫之不順天命者，朝鮮之馬，形體雖小，亦可資急用，國王應盡力輸送。」

李芳遠當即表示：「敢不盡力！」

黃儼問，能進馬幾何？

李芳遠說：「國小力薄，亦當進馬萬匹。」

黃儼道：「唯國王勉力供辦。」

遂入住太平館。李芳遠親率百官來館，設宴款待。

老太監黃儼真乃不負使命，席間又問起選女之事。當聽說還有備選「處女」，他馬上表示要親自挑選，於是連續兩天在景福宮親閱「處女」。

沒幾天，都知監左少監祁保又來了，李芳遠沒有出迎，而是命世子率百官在慕華樓相迎。祁保直入太平館，屏開旁人，與黃儼兩人密談良久，不知所談何事。

李芳遠駕臨太平館宴請祁保，祁保這是第二次來了（上一次是作為祭弔使來朝鮮祭祀太祖李成桂），李芳遠本想敘闊幾句，不料祁保覿面即責問：「本使之來，國王為何不親自出迎？」李芳遠道：

「祁天使此來未奉詔書，亦未奉敕書，依制，無詔、敕者不郊迎。」[10]

黃儼在旁代為解釋，道朝鮮非比他邦，是慕義知禮之國，國王所言，正合《洪武禮制》。李芳遠見祁保怒色未消，忙贈以鞍馬等禮物，又問他此來何事？祁保道：「本使此來，為求處女事也。」

李芳遠察言觀色，明顯感覺到兩位天使「色厲」之下的「內荏」，他很快通過在館舍密設的情報人員打聽到，祁保此來，實為催督朝鮮獻馬，而佯作是來求處女的。

明朝天使有求於朝鮮，且急如星火，顯然是因為臚朐河之敗，人力物力損折非常大。然而天使卻不明言，還要裝作鎮靜，李芳遠知道，這除了硬撐天朝的體面，也是對朝鮮的不信任。

黃儼、祁保二人在朝鮮督辦獻馬事，停留了二十多天，即押著第一批馬回國，他們打算帶著先選的處女鄭氏一起走。李芳遠在太平館為他們餞行，黃儼摸著禿楞楞的眉骨，大話道：「鄭氏非美色，宜更求以待。」李芳遠又好氣又好笑，但不便面駁之，乃道：「國小力薄，今所進馬，僅及萬匹耳，至若美色，則敢不更求！」意思是說，朝鮮是小國，貢馬萬匹，已經盡力了，如果還嫌處女不美，我們可以再選。

實際上，李芳遠已經識破了，這是兩隻紙老虎，他對侍臣道：「中國兵興，採女豈其時乎？二使不過佯為舒泰耳，必於中途還矣。」

果不其然，黃儼出發沒幾天，就碰到奉使渡江而來的海壽。黃儼見過海壽，讀了他帶來的密敕，即對朝鮮陪伴使道：「如今天氣極寒，不可以處女行，且待春和，再來迎娶，宜善自梳洗。」還不忘

10 郊迎即出都城門迎接。

叮囑，「處女，宜再加選擇。」說罷，留下鄭氏，徑去了。這正在李芳遠之料中。

陪同黃儼的通事從遼東返回漢城後，向李芳遠報告，說聽遼東人密言，朝廷聽到朝鮮起兵助韃靼進攻大明的流言，派內官海壽前來覘視，海壽入境後，表現得特別狂恣，動輒動怒，鞭撻朝鮮官員，其實是佯怒，不過借此刺探朝鮮之順逆罷了。

李芳遠聽了，登時想到祁保之怒，不禁啞然失笑，這一齣又一齣的，作的什麼戲嘛！待到朱棣得勝還朝，已經翻過年了，突然侍寢的權妃死了，朱棣才想起，朝鮮還留著一口鮮兒沒嘗呢！

永樂九年八月十五日，也就是中秋節那天，黃儼為了圓皇帝的佳人之夢，又到朝鮮來了。這已是他第七次出使朝鮮。

黃儼被迎入景福宮，拿出禮部咨文。咨文說的是舊事，稱：「去年國王移咨，請求差人上京收買藥材，本部節奉欽依：『藥材不要他買，等有時著人送將去。』今打點完備，欽差太監黃儼送去，一共有藥材二十九味。」

不知內情的人，一定為永樂皇帝體恤下國之心所感動，然而對「天恩」降臨，太宗大王李芳遠並沒有絲毫的情感波瀾，因為去年移咨明朝禮部，請求派人上京，為「上王」購藥，本就是一個幌子，真實目的是送處女鄭氏上京。事情過了一年，永樂皇帝派黃儼來送藥，他這是要假戲真做啊！

果然，黃儼在國王讀完咨文後，馬上傳諭：「皇上更求有姿容處女。」

黃儼此來，還有一個任務：永樂七年首批赴明的五名處女中，有一位呂氏，她的父親呂貴真被朱棣封為光祿寺少卿，不久前病故，朱棣命黃儼一並到「老泰山」墳上祭掃祭掃。

過了兩天，黃儼帶著豬一口、羊一腔、鵝二隻，來到呂貴真墓前，高聲朗誦祭文道：

「維大明永樂九年，歲次辛卯，八月朔，越某日，皇帝遣太監黃儼，諭祭於光祿少卿呂貴真之靈曰：爾溫厚醇實，樂善有素，貴為內戚，愈執謙慎。以爾所履，宜膺壽考，遽殞於疾，良用傷悼。靈其有知，服斯諭祭。」

天子諭祭，是臣子莫大的榮耀。呂貴真若靈下有知，當知祭文稱贊他溫良醇厚，樂善好施，雖然貴為「內戚」（皇親），卻無驕奢淫逸之習，反而愈加謙恭謹慎。

這些評語其實都是些陳腔濫調的虛詞套話，撰文的翰林官兒哪裡去考察朝鮮人呂貴真的品行？祭文說，老呂啊，照你所為，你本應享有高壽，怎料到突然就病歿了，實在令人悲傷啊。若此言成理，則要嘛是呂貴真善行未得善報，要嘛是他修善的功夫還欠火候，故此無報。

總之「諛墓」之詞，不足為信。

祭文的宣讀人黃儼就毫無悲傷，他對朝鮮國王所贈之馬，横挑鼻子豎挑眼，就是嫌不夠檔次，一定要國王送給他「齒少而善步」的千里駒。

而呂貴真在陰司若和牛頭馬面套交情，當知一場巨大的災難將降臨到他女兒頭上，幾年之後，他的家族將遭受滅頂之災。聽著墳頭那些口不應心的美麗詞彙，他才不會開心呢！

呂貴真的女兒呂氏，是黃儼（依照他的眼光）從二百多名處女中拔出的絕色，在最終入選的五名處女中，排名第四。太宗大王李芳遠並不認為呂氏是美女，他的評語很像當代選秀節目中的毒舌評委，說「呂氏唇闊額狹，是何物耶」。「是何物耶」，等於說，這是「什麼」東西、什麼玩意兒嘛！難道呂氏真那麼醜？可惜她沒留下寫真，故此在下沒法在黃儼和李芳遠二人審美觀的高低上做出評判。

呂氏入明時年僅十六歲，與她同時入明而最得皇帝寵愛的權氏，比她大兩歲，時年一十有八。朝鮮使臣注意到，皇帝一見權氏，立刻在臉上笑開了花。果不其然，權氏很快步入寵妃的行列，不僅被封為賢妃，還讓她「管六宮的事」，地位一下子躥升為不居皇后之名的皇后。而其他幾名朝鮮處女是否又麻又胖，不得而知，至少她們的封號都不高。呂氏得到的是「美人」的封號，朝鮮國史裡稱之為「呂美人」。當然，美人未見得美，如同「尚書」並不管書，那只是一個銜頭。

古話說，自古紅顏多薄命。權妃長得美，恩寵又厚，卻沒長命享受，入明宮僅僅一年多，就在鑾駕南歸的路上突然暴亡。朱棣哀痛不已，但人之壽夭，是老天爺的旨意，閻王殿裡傳票要收人，那也是沒得法子的事。朱棣盡管百般不情願，也只好將冰冷的美人葬了，另圖新歡。這一篇似乎就揭過去了。

可是樹欲靜而風不止，三年之後，權妃之死竟然掀起一場慘殺，受害者正是呂美人。

話說在權妃死後的第二年，朱棣命黃儼出使朝鮮，讓他「諭祭」（即以天子的名義祭祀）呂氏之父呂貴真。這不是一般的優遇，由此可見，呂美人此時所邀的帝眷，雖然尚不能與權妃相提並論，應該也不甚薄。

呂美人得寵，引發了原權妃侍婢的不平。這些婢子都是隨權妃從朝鮮來的舊人，眼見權妃受寵直如曇花一現，人一走，茶就涼，「萬千寵愛」即流轉到別的妃嬪宮裡去了。她們成了沒主子的奴才，被七零八落地拆散，打發到別的宮裡奉職，從此再難有出頭之日。其怨懟之情，難以抒發，便對準了「本是同根生」的呂美人。原權妃的侍婢與呂美人的宮人，兩方面明爭暗鬥，矛盾很深。

權妃原有一個乳母，也姓權，人稱「權婆婆」。她因為是權妃的舊人，又與太監大佬黃儼關係很好，甚至還有一點搭夥過日子的意思，便在明宮裡很搖擺出一些風色。就連朝鮮都聽說這位權婆婆，每回使臣上京，都要想辦法見一面，好走一走內人路線。而每次權婆婆出來相見，都是由黃儼陪同，他們的關係非同一般。

隨著權婆婆在宮中地位越來越高，開始成為權妃遺眾的頭目。權老婆子與黃太監深相比附，與後世的客氏與魏忠賢好有一比，這兩個厲害角色盤結在一起，在永樂朝的後宮裡攫取了「專主宮壺」的地位。

朱棣在徐皇后於永樂五年（西元一四〇七年）去世後，再沒有立過皇后，這使得六宮長期無主，也給了黃儼和權婆婆趁機跳梁恣亂的機會。呂氏一旦被他倆盯上，還會有好下場嗎？

漸漸地，就有一種風聲傳出，說權妃是被呂氏所害。

有一次，兩家奴婢因為什麼事再次「肆罵」時，權妃舊日的奴婢乾脆挑明了對呂家奴婢說：「爾的使長（即宮中主子，又稱『侍長』），藥殺我的妃子！」

如此驚爆內幕！頓時聽者大嘩，悚然失色。

怎麼在權妃初死時沒有這聲氣兒，權妃死亡快三年了，卻突然冒出這樣的傳言，明宮風聲驟然緊張！

原來，此說出自一個叫賈呂的朝鮮奴婢的揭發。

這個姓呂的婢子，也是永樂七年隨「處女」來華的，她出身商賈之家，故稱「賈呂」。

商人在朝鮮社會地位很低，而古代朝鮮等級森嚴，尊卑界限分明，賈呂是絕無資格與出身官宦之家的「處女」們相提並論的，她只能做一名卑微的奴僕。但賈呂這妮子年紀雖小，心氣卻高，一肚子心思，跟腸子一樣曲裡拐彎。她想在明宮混出點聲色，先是攀附最為得寵的權妃，權妃死後，她又靠攏呂氏。

賈呂想啊，一筆寫不出兩個呂，呂美人總該對她有親切感吧。可是她料錯了，呂氏門第觀念很重，因為賈呂出身低，又知她是個用心深刻之人，便對賈呂貼上來的熱臉報之以冷屁股，對其非常冷漠。為此賈呂既慚且恨，尋思報復。

正所謂寧得罪君子，勿得罪小人。歷來小人欲掇奇福，必先造一場奇禍，才好借他人之血來澆自家的紅頂子。賈呂見永樂皇帝為人多疑好殺，搞得後宮整日風雨飄搖，人心惶惶，遂動了謀害呂美人之心。賈呂主意一定，便開始四處造謠，說呂氏妒忌權妃，尤其是權妃入宮不久就掌六宮之事，令她醋意大發，曾當面對權妃說：「有子孫的皇后也死了，爾管得幾個月？」

「這是什麼話？」當權婆婆聽到賈呂的投隙之言後，勃然動色，挑眉厲聲問。

那時又沒錄音機、錄音筆，更沒有手機錄音，呂氏到底說還沒說？即便說了，語境如何？賈呂可不管這許多，她鼓起如簧的巧舌，加油添醋，如此分析道：

皇后（指先皇后徐氏）是當今皇太子朱高熾與二王子高煦、三王子高燧的生身之母。可徐皇后才活了不到五十歲就死了，當今皇帝暴虐嗜殺，皇后是他糟糠之妻，還不是給他嚇死了。你一個小女子，在此有多大的根基，不要以為今日蒙寵，就從此太平登仙啦！小心別得意忘形，跌到先皇后的坑裡去！如此等等。

權婆婆一邊聽，一邊撫著額角哼哼：「如此無禮！如此無禮！」

這個驚人的內幕，權婆婆告訴了黃儼，對他道：「權妃娘娘是萬歲爺最可心的人兒，又是你親自去朝鮮請回來的，不明不白死了，你管是不管？」黃太監當即道：「此事須奏明聖上。」於是二人聯袂到朱棣駕前哭訴，以權婆婆一哭二鬧三上吊為主演，黃儼在旁尋機遞話挑撥。偏偏「聖天子」又是個經不起撩撥的暴躁漢子，驟聽此言，頓時龍鬚亂飛，暴跳如雷，賈呂的無根之言遂化作一場虐殺的由頭。

隨即一道嚴旨下來，將呂氏宮中的近侍宦官與宮人悉數逮捕，施之以毒刑，以索取皇帝需要的口詞。司禮監負責犯罪內官、宮人的處罰，而司禮監正由黃儼負責，這件大案落到黃太監手裡，還愁「打」不出鐵案？

嚴刑之下，很快審出「情由」，稱呂美人宮裡有兩個內官（佚名），與隨侍呂氏來華的兩名朝鮮籍內官金得、金良，主要是這四個人，「做實兄弟」，在呂氏主使下，一起謀劃加害權妃。他們從一個北京銀匠家裡借來砒霜，私藏在宮中。永樂八年（西元一四一〇年）聖駕回南京，才走到良鄉縣（在北京西南約四十里），他們趁機把砒霜研成末子，摻在胡桃茶裡，獻給權妃喝，結果將她「吃殺」了。

這就是賈呂提供的呂氏謀害權妃的「事實」，而黃儼據此打出呂氏及其宮人謀殺權妃的路線圖！

胡桃茶是入了古醫書的內科茶療方子，胡桃為滋養強壯果品，可以配以川芎、山楂或人參等，各具調理及食療的效果，主要治療婦科炎癥，有補肝腎、安胎等療效。我懷疑權妃入明後，身子一直很弱，甚至懷了孩子而發生流產，所以經常服用一些滋補固本的食物和藥品。也許在她突然發病時，恰好吃了呂氏派人送來的胡桃茶。

可是權妃已死快三年了，這一杯害人的「物證」早沒有了，所以最終給呂氏定罪入刑的，還是單憑犯人的口供材料。呂氏當年或出於同鄉情誼，或出於場面上的人情，而給予權妃的一點關懷，如今成為她下毒的鐵證！

朱棣接到奏報，立刻對逼供而來的材料予以採信，現代稱之為「逼供信」——逼供，不就是為了「信」嗎？

這只病虎翻臉不認人，大發雷霆，決計替自己的寵妃報仇。先把呂氏宮裡的四個內官連同那銀匠都殺了，然後拿「禍首」呂美人出氣，要慢慢消磨死她。

關於呂氏之死，在朝鮮史籍裡有兩種說法，一是轉述朱棣的自供敕諭，說「呂家便著烙鐵，烙一個月殺了」，如此慘刑，簡直就是明代版的炮烙之刑。朱棣還不知羞，「將這個緣故備細說的（給朝鮮）知道」，竟不怕屬國之人疑他是商紂王復生再世！

另一說出自前文提到的朝鮮籍太監尹鳳之口，據他透露：「呂氏毒殺權氏，而被凌遲之刑。」稱呂氏是挨了千刀萬剮，碎身而亡的。

尹鳳是呂氏投毒案的親歷者，是當時之人，本身又是朝鮮人，對此案肯定十分關注，所記不應有誤。兩說其實是可以合並的，也就是呂美人在被處決前，遭受了長達一個月的殘害肢體髮膚的炮烙之刑，全身糜爛，成了一個半死的人，然後才被零割碎剮而死。嗚呼哀哉！

朱棣對自己臨幸過的女人，一旦變臉，便如此狼戾狠噬，似已失去人性，故我甚疑，他的老婆徐皇后之死，說不定真是被他害死的。這一段宮闈諱史，恐怕只好等長陵發掘時，再詳加考證了。

呂美人生也苦，死亦苦，主觀上皆因她冷傲的性格，在帝制的宮廷裡，不善「事上」是極端危險的，不善於與下人搞好和諧，有時候也是致命的。客觀上，則是心如毒蠍的壞女人賈呂的挾私妄造之言，以及奸佞黃儼和權婆婆的操弄傾軋。

因為事涉本國「處女」，朝鮮對呂案非常關心，認為「呂氏之死，實本國之恥」，所以事後太監尹鳳來使時，向他打聽到這樣一些祕聞。

尹鳳這家伙長著一張碎嘴兒，他到朝鮮出差，最喜歡賣弄嚼舌頭，說帝室的是非。不過話說回來，還多虧了他，我們才能多看到一些明宮的內幕材料。

尹鳳不認為呂氏有投毒謀害權妃的行為，他說，呂氏之死，「然非其罪也，（黃）儼訴之也」，指出此案背後的黑手，其實是大太監黃儼。朝鮮史官遂根據他的介紹，在國史中寫道：「（黃）儼當太宗皇帝（朱棣）之時，專主宮壺，誣陷呂氏之失，灼灼明顯！」黃儼死後，其罪行暴露，朝鮮人才喘了口氣，說呂氏無辜就死，「而今稍雪」矣！

呂氏被迫害致死，朱棣仍不肯放過她的家人。永樂十二年（西元一四一四年）夏末，朱棣再次親統大軍北征，八月初從塞外奏凱，回到北京。他隨即將擊敗蒙古瓦剌部的消息製成詔書，由隨朝鮮使臣來京的通事元閔生帶回國，並親自口述了這次宮廷大案的始末，令他向國王李芳遠通報。

朱棣敕令李芳遠將權妃死亡的「真相」轉告權家，並送權氏之兄權永均到北京來，他特地交代：「呂家親的，再後休著他來！」——「呂家親的」，就是「逆妃」呂氏的家族，但朱棣沒有就如何處置呂氏一族做出具體指示，僅要求國王不要再送呂氏親族上京來了。

呂氏本人都慘死了，她的親族還上京幹什麼？莫非收一具殘缺不全的屍體不成！他們也不敢呀。朱棣做這樣完全不必要的附言，顯然是要求李芳遠對呂氏族人予以處置，只不過不明言罷了。

李芳遠不敢怠慢，經過與議政府、六曹[11]商議，決定在接奉明旨之前，先將呂氏之母張氏及其親族暫時監禁於義禁府[12]。

沒過幾天，朝鮮派往北京「行在」（指聖駕所在之處）的「欽問起居使」尹子當回來了，李芳遠立刻召見於便殿，同時參加接見的還有宰相河崙、南在、李稷等人以及六曹判書等官。李芳遠希望得到更多的關於呂案的報告，特別是了解皇帝對於處理呂氏親族的真實態度——他本人對施刑於本國人是抱著謹慎和回護態度的。

李芳遠驚訝地得知，呂氏進毒案事發後，皇帝竟然將她闔宮之人全部殺死，沒留一個活口。

「皇帝之意，對呂氏親黨，似亦應如此。」尹子當奏道。

---

11 「議政府」是朝鮮的宰相府。「六曹」相當於明朝的六部，下文的「六曹判書」，即等於六部尚書。

12 義禁府隸屬於兵曹（相當於明朝的兵部），長官為判義禁府事，從二品。這個機構兼具調查、審判等多種職能，但其對象主要是朝廷交辦或關乎朝廷穩定的大案要案，與明朝的錦衣衛頗有相似。

「近日因通事元閔生傳旨，已將呂氏親黨囚禁起來，」李芳遠思忖著道，「然則皇帝欲盡殺呂氏親族，於法何據？權氏為妃子，呂氏是美人，雖有尊卑，但並非嫡妾之分。況且所謂鴆殺，本就曖昧難明，若將呂氏一族置之族誅，本國雖遠體皇帝之怒，亦有所不忍。」

李芳遠所見極是，就算呂氏謀害權妃屬實，到底權妃不是皇后，豈可遽然加呂氏滅族之刑？

「不如且先監著，」宰相南在和李稷見國王遲疑便提出建議，「尹子當亦不過猜測之言，莫如等權妃之兄從大明回來，明確了皇帝意旨所在，然後決之，亦不為遲晚。」

「皇帝說權氏管六宮之事，是否以皇后尊之？」李芳遠躊躇地問，「如果這果為皇帝之意，則當如何？」

「如果權氏尊為皇后，則呂氏進毒，則是弒君之罪。」右代言韓尚德道，「可權氏並不是皇后，豈可以『弒』論之，而夷滅其三族？但若論以『故謀殺人』，比律似輕。不如以『謀反大逆』論罪，將其族人沒官，殿下以為如何？」

如以謀反大逆定罪，只需將呂氏親族（主要是近屬和同居之人）沒為官奴，比夷滅其三族，便是從輕典了。

河崙抗辯道：「考諸律文，凡爭鬥於宮中者，亦是死罪，何況呂氏肆行如此之謀！呂氏上致天子之怒，下貽本國之羞，其親戚雖不與謀，然生此尤物，自是家禍。臣以為，聞如此之變，不可緩也，宜速正王誅，以答天意。」他要求立即將呂氏近屬處以死刑。

李芳遠思慮再三，做出決定：「如果不能不殺，亦不可濫殺，誅止一人可也。」

要殺的，自然是呂氏最親之人，那就是她的母親。呂氏之父呂貴真幾年前死時，永樂皇帝還派太監黃儼到他墳上弔唁，孰知滄海桑田，昔日之榮光，頓移作今日傾天大難！

李芳遠回到宮裡，反復思之，又覺不妥，他認為：「呂氏之罪，考之於律，則為大逆也。但大逆之罪，不可誅及其母。」

呂氏弒權妃，是皇帝欽定的案子，李芳遠無法違抗。但作為朝鮮國王，他不願輕易誅殺本國臣民。於是決定暫緩執行呂氏之母張氏的死刑，乃重新下教[13]：「以張氏定為官賤（即官奴），餘皆釋之。」

李芳遠將新的決定周知宰臣，河崙當即表示反對，他道：「殿下之至仁甚善，然呂氏之罪，是為弒逆之大者也。弒逆之罪，必及其父母，今其父已死，則必殺其母，以懲後人。」他建議，不僅要迅速處決呂氏之母，還應讓大明皇帝了解本國這種「善體聖心」的忠實態度。

河崙是德高望重的老臣，他主要從明、鮮關係的大局著眼，故拿呂氏之母做犧牲品。前文講過，河崙曾因私下推動與大明聯姻，而遭到貶黜，但很快就復了官。

其他宰相則順從國王的意見，贊頌國王不忍以律外之刑加諸呂氏，是為至仁，都表示只以元閔生之言而殺呂氏之母，未為穩便，還是等權永均回國，確知皇帝態度後再處置不遲。

呂氏之母在義禁府裡關了幾天，突然國王下教，將她也放了。從李芳遠對此事以軟抗為特徵的處理方式來看，他對永樂帝朱棣的暴虐狂躁是懷有極深的不滿與抗拒的。

十二月四日，權氏、任氏、崔氏、李氏等朝鮮處女的父兄權永均等從北京回國了。權妃之兄權永均在北京受到朱棣的隆重接待，盤桓五十四天之久，皇帝三天一小宴、五天一大宴地招待，還賞賜他大量的羊口、馬匹、白銀和彩緞，並讓他親自到天壽山祭祀權妃。其實權妃並沒葬在這座新建的皇家

13 朝鮮國王之令不稱「旨」，而稱「教」。

陵寢裡，朱棣之所以這麼做，不過為了凸顯權妃的地位，做給朝鮮人看的：權妃生前管六宮之事，死後榮葬陵寢，即便沒戴皇后的鳳冠，身份上也是皇后了！

權永均帶回皇帝的口諭，朱棣是這樣告訴權永均他妹妹死亡的「真相」的：「呂氏不義，與宦官金得謀買砒礵，和藥飲之，再下麵茶，以致死了。朕乃盡殺呂氏宮中之人。」據權永均了解，此案中被殺的宮人與宦官達數百人之多。

呂氏之母張氏在九月份已被釋放，此後朝鮮實錄再無記載，然而當年十二月底，通事元閔生再度從北京回國，卻報告李芳遠，說他向皇帝奏報，張氏已被處決，「帝然之」。顯然，張氏終未能逃脫死亡的宿命。河崙說呂家「生此尤物，自是家禍」，真沒說錯，呂氏因為「傲驕」，把遠在故國的老母都連累死了。然而，呂氏的命運，又豈是她自己所能把握的？

永樂年間，大明出使朝鮮的使團最多，多由黃儼擔任正使。

黃司禮雖然長於文字，心思縝密，但他畢竟只是個閹奴，自幼年入宮，侍奉家主，聖賢之書讀得多，卻毫無聖賢的胸懷與節操。他雖做著朝廷的高官，受著萬人的阿諛奉承，卻仍然不自信，行事亦難免粗鄙。

好比他來到朝鮮，身居朝廷的正使，被朝鮮人尊稱為「天使」，百般籠絡，可是他還要吹牛，對迎接他的朝鮮大官道：「今國王遣先生來迎接我，是歡喜我也。我呀，也是皇帝所親信的人，皇帝派我來出使貴國，也是看重殿下之意。」

朝鮮國王李芳遠曉得黃儼是皇帝潛邸的舊人、駕前的紅人，所以格外看重他，經常親自宴請，各色禮物更如流水不斷，黃儼嫌禮物不好時，還給他更換。

黃儼很受用，在一次酒中，又開動吹牛的火車，對李芳遠道：「別人有什麼事，都不可能奏達天聽，為皇帝陛下所知，我則不然。我是皇帝最親信的人，殿下事大之誠，我領受了，當一一為殿下面奏無餘。」其實黃儼「領受」的，是朝鮮孝敬的財物，而李芳遠奉承此閹，所為者不過希望買通他，好將本國的「誠意」轉致於皇帝。

朝鮮這麼做有其很深的用意：雖然自立國之始，朝鮮就與明朝確立了宗主與臣僕的國家關係，兩國關係緊密，但並非沒有矛盾，比如在一些領土的歸屬上就存在分歧，特別是在處理與女真的關係上，還存在較大的利益衝突。朝鮮一直試圖向北拓展疆土，女真各部是其主要的經略對象。朝鮮除了加強對本國境內女真部族的控制，還極力招攬生活在中國東北（當時在明朝遼東邊外）的女真人來朝，與之建立朝貢關係。而這些女真酋長基本上都受了明朝的官爵，向大明稱臣，如今又祕密地臣服於朝鮮，這是為明朝所不允許的。

對於那些拒絕順從的部落，即便他們做著明朝的都督、指揮等官，朝鮮也會予以無情的打擊，經常動兵圍剿。這些部落打不過朝鮮，只好向大明求援訴冤，尋求保護。

永樂帝朱棣即位後，加強了對遼東邊地以外蒙古、女真部族的經略，採取了積極進取的姿態，許多部落投降了明朝，明朝的羈縻衛所一直延伸到黑龍江、松花江流域（太監亦失哈建立「奴兒干都司」，都司是省一級的軍事組織），這讓朝鮮倍感壓力。好比對太監王彥鎮守遼東的疑懼，促發了該國與明朝聯姻的設想，就是試圖以締婚的方式，緩和兩國矛盾。這也表明，當國力較弱的朝鮮與強大的鄰國發生利益衝突時，主要採取柔性的方式加以處理，盡量避免發生實力衝突。

所以當大明的太監使團在朝鮮作威作福時，朝鮮都盡力忍讓，雖然表面看起來窩囊，其實是吃小虧賺大便宜，朝鮮不僅保持了與明朝的友好關係，還從自詡「天朝」的大明那裡獲得巨大的實際利益，最終，朝鮮王朝的邊境擴張到鴨綠江、圖們江一線，將大片女真人居住區納入版圖。

那麼朝鮮人對黃儼的真實評價如何呢？朝鮮君臣對黃太監是極為鄙視的，常在背後指責他「性本無常」、「貪婪狡獪」，是「天下之奢者也」，沒一句好話。

不過，我把《朝鮮實錄》翻來翻去，居然找到幾句好評，不過那已在黃儼身歿之後了。

宣德三年（西元一四二八年），才子兼聖君的宣德皇帝朱瞻基也派宦官到朝鮮選「處女」來了，來的是一個名叫昌盛的太監。昌盛是貴州都勻人，在東宮隨侍宣宗十四年，宣德中始進用，就獲得了出使朝鮮的美差。昌盛的墓誌銘裡說他「恭勤輔相，所為一出於正，並無詭偽驕矜之失」，真是個大好人。昌盛出使外國這件事，墓誌銘裡也沒落下，稱他「累使朝鮮，皆能宣布聖化，使夷人悅服，朝貢者接踵於道」[14]。見了這等諛墓之文，我噁心得幾乎吐出來。本來明朝國史對昌盛所為沒有太多的記載，墓誌內容的真實性無以考證，然而我們從朝鮮國史中看到的昌太監，其光景卻截然不同。

原來昌盛把出使朝鮮當作穩賺不賠、無本萬利的生意，在朝鮮「縱欲求情，人皆曰貪」，種種情弊，不勝於書，總之就是一個貪字，而且是極鄙之貪，就是不顧臉面，伸手要錢，縮手還是要錢。古話說，「不怕不識貨，就怕貨比貨」，朝鮮人拿黃儼與昌盛一比，才發現「天下巨貪」的黃儼尚還有可取之處。黃太監雖貪，但他面子還光，很少直接索賄，而是「因人諷曉」（即暗示），而新來的昌太監卻是死不要臉，「貪求無厭」，從皮張鷹犬到一碟一碗，什麼都要，甚至厚顏無恥到直接向國王（此時的國王是太宗之子、朝鮮史上著名的世宗大王）開口索取，甚是無禮！

而太監昌盛、尹鳳等人領著所選「處女」回國，也是「怠慢不敬」。處女在半路生了病，昌盛等

---

14 見《神宮監太監昌公（盛）墓誌銘》。

人都不下馬，騎在馬上，傾身撩開車轎窗簾探問，或與處女對坐，動手動腳，毫無顧忌。世宗大王聽說後，忍不住責道：「這些家伙雖是內官，這麼做，也太無禮了！」遂想起當年黃儼陪處女歸國時，對處女「敬畏之至，如對皇后妃嬪」，豈如今日之所為？朝鮮大臣都嘆息：「內官無禮者，莫甚於此輩！」還是老黃儼差強一籌。

這顯示，雖然永樂朝宦官肆意威福的情況比較嚴重，但他們懾於皇帝的威嚴，縱然放肆，還是有所顧忌。朱棣放手任用宦官，但對宦官不失控馭之術，即便像黃儼這樣的心腹太監，也不完全是偏聽偏信。好比黃儼與少監海壽一起出使，黃儼對海壽頗為防忌，每當另有「諷取」時，總不忘提醒朝鮮人：「慎勿令海壽所知。」殊不知海壽瞪大眼睛，黃儼索賄之舉全沒逃過他的眼睛，回國後立馬報告皇帝，並得到密旨，讓他提醒朝鮮國王：黃儼索賄之事已為陛下所知，切勿再有行賄之舉。顯然，閹使之間有互相監視的任務，朱棣對太監們在外國的作為，並非昧然無知。但是到了宣德朝，公子哥兒出身的宣宗，對宦官倚賴有加，對其控制力卻明顯下降，這使得他們胡作非為起來更加放誕不拘了。

第八章 乘隙投石

自呂氏之案後，朱棣消停了幾年，沒再衝朝鮮招搖他的雄性荷爾蒙。這幾年，正是大明皇朝的多事之秋，國家內憂外患日亟，而朝廷內部圍繞「國本」（即儲君之位），黨爭激烈。雖然朱棣在北巡期間，總是委托皇太子朱高熾在南京監國，代為處理日常朝政，但他其實並不喜歡這個身體肥胖、反應遲鈍的長子。太子又稱東朝、東駕，隨著朱高熾在儲君的寶座上越坐越久，東宮逐漸成為皇朝的另一個中心。作為一個權力欲極為強烈的專制君主，朱棣對圍聚東宮而形成的政治勢力懷有天然的疑懼，為此他不斷「琢磨」太子及其黨徒（東宮官僚集團）。太子經常為一些小事得罪，受到過於嚴厲的處罰。這是皇帝（朝廷）與太子（東朝）的矛盾，也是當時的主要矛盾。

由於皇帝與儲君之間裂痕難平，故太子之弟漢王高煦始終難以割捨對儲位的非分之想，在永樂朝的大部分時間裡，他從不停歇地攻擊東宮，試圖推倒兄長這堵危牆，重砌屬於他的王朝未來。這是當朝政治的次要矛盾，它從屬於皇帝與東宮這一對主要矛盾。

而皇太子居於這兩大矛盾的中心，一方面遭到父皇的無情打擊和壓制，一方面又承受著漢王黨的持續圍攻，長時間內危如累卵，其地位始終處於風雨飄搖之中。

這是永樂十五年（西元一四一七年）前永樂朝政治的基本格局（詳見《大明王朝家裡事兒》第五卷《三雄爭嗣》）。

永樂十四年十一月，朱棣依靠他強大的專制權力，不顧群臣的強烈反對，硬行通過遷都決策，決定營建北京城。

朝臣的反對是有道理的：此時北邊形勢並不那麼嚴峻，蒙元勢力已經分裂，對明朝的威脅大為削弱。自永樂七年以來，朝廷頻頻發動對漠北的戰爭，又下西洋、通西番，耗費了大量的人力物力，如今正是國力虛弱、民生疲敝、正望休息之時。若在此時又大興土木，建設新都，必然加劇百姓的痛苦，很可能使國內出現新的動蕩。況且，此時最大的軍事危機，不在北而在南——納入疆土不到十年的交趾行省（原安南國），動亂日熾。就在離京北行前，朱棣不得不派豐城侯李彬率重兵赴交趾鎮守，對全境的騷亂進行武力彈壓。車駕如能坐鎮南京，不是更有利於調動南方諸省兵力，處理棘手的交趾危機嗎？

可是，朱棣對所有的不同意見均採取置之不理的強硬態度。唉！有權就是這麼任性，結果一個人的任性，就改變了歷史的走向。

對於父皇一人推動的遷都計畫，皇太子朱高熾一點都不認同，但他接受東宮輔臣的建議，違心地對營建北京表示了附議與贊同。

永樂十五年（西元一四一七年）二月，大規模的新京營建工程啟動。隨即朱棣再度北行巡視，這是他平生最後一次北巡，從此再沒回過南京，帝都南京已注定成為一座「廢都」。

朱棣在出發前，做出一些必要的政治安排，首先將不安分的十九弟谷王朱橞廢為庶人，之前他已廢掉七弟齊王朱榑。這兩位王子被削爵監禁後，宗室中再無人有能力對第四房燕王這一系攘奪來的皇位發起挑戰了。在起駕時，朱棣公開宣布第二子漢王高煦的罪行，將他改封於山東樂安州。這等於向群臣表明，覬覦皇位、野心勃勃的二皇子已經失寵，在政治上一敗塗地了。

跟前幾次一樣，太子朱高熾在父皇離京後，受命於南京監國。但與過去不同的是，父皇在臨行前拔掉了他在政治上的勁敵，其太子之位從未如此穩固過。

擁戴皇太子的群臣（主要是文臣）大大鬆了一口氣。他們希望從此之後，詭譎多變的朝政也能穩定，他們更希望在政治上得到皇帝信任的皇太子能夠在時局上發揮更大的影響力。

但與朝官的感受完全不同，司禮監太監黃儼對日益明朗的朝政發展方向感到深深的憂懼和不安。他知道，他是皇太子深惡痛絕的人物，將來太子即位，他的命運如何，或乾脆說，他的下場如何，將不敢想象。

他的寶押錯了，這是一個賭徒從輪盤開始旋轉之時就已注定的悲劇。

永樂十五年初，黃儼扈從鑾輿去了北京。部分由於他的極力遊說，皇三子趙王朱高燧也一起隨駕北上。

趙王高燧與他二兄漢王高煦同年封王，兩人都是年長的親王，按照洪武舊例，皆不應繼續留在京師。他們的父皇和皇叔們，都是在十幾歲上就已就藩。漢王高煦一心奪嫡，所以不想遠離京城。先封他到雲南，他抱怨說：「我無罪而受貶。」改封山東青州，他還是賴著不走。而他父皇寵慣著他，也不強迫他「之國」。高煦遂利用他在京的便利，拉幫結派，將許多勛戚武臣拉入旗下，為他爭奪儲君之位站腳助威；同時用盡心思，巧詆長兄皇太子，使永樂中前期政爭激烈，很多大臣被牽連進去，遭到罷官貶謫的下場，甚至枉丟了性命。

一切都在永樂十五年（西元一四一七年）決策遷都之後塵埃落定。朱棣終於將跳樑跋扈的漢王攆出京，打發他到新的封地。不知道朱棣擇「樂安之州」為第二子的封地，是否有這樣的暗示：汝好生在此樂居吧，切勿再存妄想！但樂安州本名棣州，因為沖犯了朱棣的御諱，才改的新名。朱棣將「棣州」封給心愛的二兒子，是否別有用意？這真說不清楚。總之，樂安州居於南北兩京之間，如果要造反做巢，這裡絕非善地。

朱棣在北行時，逼令高煦一起動身，幾乎是押解著他到封地去的。在明眼人看來，一直自詡為秦王李世民的漢王在政治上是澈底沒戲了。

親王在朝，不利於朝廷的穩定，已有漢王的前車之鑑。可皇上這回北巡新都，卻將趙王帶在身邊，這就不能不令人又起猜想。

所有人都知道，三皇子趙王高燧最得帝寵，莫非皇上在對漢王失望後，如京師官場所盛傳的，又復屬望於三兒子？如此，則太子高熾仍無法擺脫危殆困窘的境地。官民議論紛紛，可是無人敢諫。

趙王高燧在靖難之役時，輔佐兄長守衛北平，永樂初封王後，長期在北京「居守」，獨當一面。他的地位開始凸顯出來。但永樂中期前，朝政的主要矛盾集中在朝廷與東宮、太子與漢王上，趙王還隱在幕後，頗為低調，不為百官關注。

其實高燧也不是一個安分的人，但他將三隻筷子（籌策）在桌案上撥來撥去，發現自己實力薄弱，根本無力與長兄太子與二兄漢王逐鹿。況且兩位兄長爭奪正烈，雙虎相鬥之時，他何必入山搏虎呢？不妨暫作壁上之觀。這一等就是十幾年。

高燧占了年幼的便宜，同時也吃了年紀小的虧。靖難之役時，他沒法像二哥那樣橫刀野戰，立下軍功，而後方守城調度之功則屬於他大哥。無論是在軍中，還是朝臣裡，他都缺乏人力班底，百官「站隊」時，誰也想不到還有一位不甘寂寞的三皇子！

趙王高燧多文善思，卻只能將滿腹才情消耗在吟詩作賦上。文藝之事，往往寄託兩種情懷，一為激奮，一為失意，我們的「非著名詩人」朱高燧的詩裡，正浸滿了無盡的哀怨和悲情，為了那終將逝去的帝位寶座。

當漢王高煦突然失意，被剝奪了皇位競爭權後，高燧忽然看到了新的希望。

有些地方把家裡最小的兒子稱為「老兒子」。「老」者本是不必勞作、安享晚年之人，最晚出生的兒子，討了年紀小的乖，總能得到父母的格外呵護，什麼家務農活，都讓兄姐去做，他只需在家高臥，如同退休老人一般，所以得稱「老兒子」——大概是這個意思吧。

永樂皇帝的老兒子高燧，也最得父親溺愛。而皇帝的偏愛，對臣子或皇子，都是重要的政治資本。正因為太子高熾這方面資本太薄，導致地位長期不穩。而漢王高煦正倚仗著父愛「本息」豐厚，才敢於向儲君挑戰。

但兩位兄長得到的父愛，均不及老兒子高燧。當二哥失敗後，高燧作為最得帝寵的皇子，其地位自然而然凸顯在聚光燈下。皇帝不把他打發出京，而是留在身邊，一如漢王高煦，自然讓人產生推想：皇帝是否對趙王存有新的期待？一些投機客便不失時機地向趙王示好、靠攏，分一部分賭注在趙王這邊，將來不管哪位皇子即位，都可以做到兩頭開花。

趙王高燧真正的擁躉，其實主要是宮廷裡的閹奴宦官，而他最為依靠之人，正是司禮太監黃儼。

黃儼還是燕王府承奉正的時候，就是朱高燧的老師。燕王即位後，開始出現繼承人的長期紛爭，黃儼希望自己的學生能夠成為最終的獲勝者。

長年的宮廷生活與血的洗禮，使黃儼深刻體會到，時間才是檢驗一切的真理。為此他不斷告誡自己，凡事須等待，慢三拍是舒緩厚重，快三拍則著急跳牆，急躁只會傾樓覆車，犯下致命的錯誤——這是他的生存之道。對要搏噬的獵物，他從不急於出擊，而是安靜地伺蹲在夜影中，等待撲出的最佳時機，一招鎖喉。

老鼠藉著暗夜的掩護在牆腳竊行時，哪裡看得見貓？但它們就是抑制不住恐懼。因為老鼠知道，貓就悄沒聲息地隱藏在某個看不見的角落裡，等著某個倒霉鬼撞到它的利齒之下。如果貓得意地在屋裡巡行，還能逮到老鼠嗎？

黃儼的老師就是他家養的一隻大黃貓，他經常像畫師一樣長久地觀察貓的舉動，從中揣摩政治場上決鬥的要訣。

黃儼一生唯謹慎，他「日近清光」，本可以門洞大開，招財進寶，財源廣進。可是不然，每日攆財千萬欲入其門者甚多，然而若與黃太監無深厚之私誼，雖認其門，卻不得入門之徑。

黃儼對常人，即便是高官貴戚，也多敬而遠之。他明白，保持與朝官的相對超脫，是他維持皇帝信任的不二法門。人家送他錢，還不是為了請他辦事？賄金就是他們投機博彩的本錢。他不糊塗！不義之財的錢串子，說不定哪天就會變成一根縛妖索，讓他作繭自縛，或化作一條絆馬索，不定在哪裡將他絆倒，再爬不起來。

京師居之不易，孰知宮廷生存，伴君如伴虎，更是危機四伏，尤其是在那樣一位「察察之君」的眼皮子底下！皇帝對他斂財並不在意，只要不太過分，不會拿貪贓之法來辦他，但對什麼人送他錢，卻是十分敏感。

皇帝鼻子發炎，近侍黃儼馬上要打巨響的噴嚏，噴嚏不止，更是全身紅腫發炎。宦官畢竟不同於外朝之官，他們作為政治生物的存在，其生命及力量的源泉，全在於皇帝的信任，一旦失去，將一文不名！黃儼深明此理，他不得不謹小慎微地處理與外朝文武將吏的關係，既要撥弄他們，又要保持至少外表上的距離。

但黃儼對自家孩兒——他眾多的義子乾孫兒的孝敬，卻是一概受納。所謂「不是一家人不進一家門」，自家孩子回家，提著籃籃筐筐，端著盆盆缽缽，再正常不過，皇帝老子也說不起。

每當此時，黃儼便成了一種著名的美食——「開口笑」。

自從黃儼在燕王府稍微掛個銜、任個職，就開始收養義子。他後來官運亨通，做到燕府承奉正，又做到司禮監首席大太監，膝下的孩兒們，個個得他抬舉，一些還趁著「靖難之役」的東風，直飛上天，成為烜赫一時的大太監，在永樂朝東征西伐，建功立業。好比那鎮守遼東，為朝鮮所恐懼的王狗兒王彥，對他乾爹的奉養，比一般民家子弟孝養父母更為盡心。不單年節都有大宗的孝敬與獻納，他還上體父親奉佛的心，自己也成為非常沉迷的佛教徒，在北京、遼東大建寺院，不僅自己討佛的歡心，還大掏腰包，幫助義父建立家廟。

這是一筆很大的開銷，廟裡聘來全國著名的高僧住持，由禮部給發度牒，命為僧官，還向朝廷請來「護敕」（由朝廷頒發的保護寺廟的敕諭）。黃太監的徒子徒孫們一齊來湊熱鬧，有錢出錢，有力出力，不僅營建費用解決了，廟的香火地也是田連阡陌，以數十百頃計。

黃儼撐起一把大傘，傘下棲息著眾多的猢猻兒。

黃儼是眾太監的養父乾爺，又稱「本官」、「本管官」，他的義子們做著內官、內使，是黃太監看顧的「名下官」（簡稱「名下」），義子之間互稱為「同官」，而稱與黃儼同輩之老太監為「老叔」。

這樣，宦官們在宮廷之內，爹、叔伯、兒子、孫子都有了，並各自承擔著相應的義務：上輩提攜下輩，下輩對上輩盡孝道，同輩之間相互扶持。於是以一位著名太監為核心，在明朝的內廷就形成了家族式的人脈網絡。這種現象又稱「拉名下」，從永樂朝就開了頭，後來愈演愈烈，要想在大明的後宮出人頭地，必須於入宮之初，投入一有力之太監大佬之門，方得照顧，然後充任差使，節次升遷，逐漸發達。有勢力的老公公，也借此開枝散葉，培植自己的超血緣勢力。

黃儼是一棵大樹，眾多的藤蘿攀附纏繞著他，而黃老太監則緊緊依附在參天大樹——永樂皇帝的樹幹之上。

皇帝的信任這些年明顯減弱了。果真減弱了嗎？黃儼盤腿坐在隨駕北行的暖車裡，倚靠廂壁，矚望前方，眼中空然無物，沉浸在冥想之中。

隨著年齡的增長，他的精力與敏銳性都在減退，即便在揣摩皇帝的心思這樣至關重要的問題上，他也難以做到持久興奮了。

厚厚的轎簾以及車轎內富麗繁複的裝飾消融了他富有穿透力的眼光，轔轔滾動的車輪，指尖緩慢轉動的佛珠，使他漸漸迷離，陷入一種半醒半睡的狀態。

近幾年來，皇帝的性情變得愈加暴躁，為人反覆無常，連黃儼都覺得難以跟上他的節奏。這才是他感覺到與皇帝疏遠、親密關係減弱的關鍵——他不再能準確把握皇帝的心思了！許多時候，他僅能任憑慣性將自己送到遠方，比如，對三皇子趙王高燧的鼎力支持。

想到這裡，黃儼在車廂裡仄了仄身，讓略感痠痛的脖頸舒服些，也為了擺脫陡然而生的煩躁。每當念及儲嗣之事，他都覺得前程充滿了未知，內心不禁焦慮恐懼。

誰都知道，他是趙王高燧最堅定的支持者和幕後軍師。建文三年（西元一四〇一年）夏天，黃儼將朝廷派來聯絡世子朱高熾的密使擒拿下，直接送到燕王軍前，從那時起，他已與世子，也就是當今皇太子決裂。雖然皇太子對他的態度並無異樣，但他深知，主奴之間已結下死梁子，只有血才能化開。

黃儼不怕得罪世子，卻怕得罪皇太子。因為世子即位，不過是親王，而他作為燕王府承奉正，做的是朝廷的官，任免之權在朝廷，世子承襲王爵之後頂多請旨罷了他的官。而皇太子則不然，太子一旦即位，就是皇帝，那時取仇人項上首級，豈不如寄？

在皇帝即位一年多的時間裡，對儲君的人選猶豫不決。黃儼深知，雖然皇上最疼愛老三高燧，但要跳過兩位兄長，直接立三子為嗣，無論從哪方面都說不過去。但他最不願意看到世子被立為太子。為此他採取了迂迴的戰略，不去為他的學生高燧殺出一條不可望的血路，卻去力挺那位野心勃勃、勢力正強的二皇子朱高煦。朱二皇子見黃太監主動加盟，大為高興，常忍不住誇口黃公公如何如何。但黃儼很謹慎地保持著與高煦一黨的距離，從不公開表明他的態度，只是按他的方式，暗地裡出手（或者說出言、進讒）相助。

然而，傳統的倫理力量最終戰勝了專制暴君的一意孤行，永樂皇帝最後沒能按照自己的心願，在儲君的備選名單裡勾除名分早定的長子，朱高熾順利保住了繼承人的地位，由世子升為太子。

黃儼大為驚恐，但他並不特別害怕，他告訴自己，皇帝春秋正盛，在位之日還長，只要時間還在繼續，大事就還沒到盡頭。在接下來漢王與太子的激烈角逐中，他繼續力捧高煦，他要做的，就是在一旁吹火，讓一星小火延燒成燎原的烈火。他在皇帝耳朵裡說了無數太子的壞話，而把二皇子捧上了天，同時，他告誡不安分的三皇子保持低調，等待時機。

可惜，時局的變化不由太監操縱，甚至都不完全由皇帝主宰。原先勢單力薄的皇太子自在東宮坐定之後，身邊集聚了大量人才，他們忠心耿耿地維護少主，即便拼出身家，坐十餘年的黑牢，亦在所不惜。太子還得到絕大多數朝臣的鼎力擁戴，他們拒絕接受朱高熾之外的任何新人。隨著時間的流逝，東宮的基石日趨堅固。而由「靖難」親貴組成的漢王黨，卻日漸凋零，繼淇國公丘福戰歿後，其他成員也由於各種原因或死或免，在兩雄的角逐中，高煦明顯趨於下風，直到永樂十五年（西元一四一七年）被驅逐出京，澈底喪失了奪嗣的可能。

耐人尋味的是，高煦一度下獄，他父皇將他關在西華門內，威脅要廢了他，先令其面壁思過。皇帝派來監守他的，不是別人，正是把他捧成天上獨一、世間無二的太監黃儼。皇帝此舉何意？黃儼惶恐毋寧，甚至懷疑自己也失寵了，亦將遭到貶黜的命運。

幸好漢王不久釋放，雖然保住了王爵，但從此被打發到山東封地，再不許回京。黃儼此時百般憂懼的是，他的好弟子趙王高燧可能也要被攆出京，那就注定皇太子將一帆風順地繼承皇位！這也是高燧最大的擔心，他找到黃儼密商此事，竟扯住師傅的衣袖，哭鼻子，抹眼淚，說父皇若趕他走，他一定要到宮裡去大鬧一場。

黃儼迫不得已，爹著膽子去見皇帝，提出趙王年紀尚小，最好隨駕北上，讓他多歷練歷練；況且他一直在北京居守，如今北方大興土木，庶事孔棘，皇上應該留一位皇子在身邊幫忙。

他講這件事時，朱棣半臥在御榻上，認真地讀一本書。黃儼一邊講，一邊翻著眼皮往上偷覷，發現皇上看的是福建方士手錄恭進的一部丹藥祕籍。這些年，萬歲爺越發迷戀道教那一套，用了大把時間在內廷齋醮修煉，服食丹藥，性情也愈發變得狂暴。此刻他卻很安靜，黃儼伏在地上說時，他手中的書一動不動，露出半邊臉，沒有任何表情。

黃儼在講了幾件公事後，把趙王之事當作一件小包袱塞進來，好像是不經意間講到的。然而皇帝始終一聲不吭，不接話，也無質詢，黃儼便無法在這件事上再進一些「補藥」，催出更明顯的「療效」，只好繼續講他的公事。

黃儼拿著幾份本章，一件件地講，惦著此次面奏的主要目的沒有達到，甚覺侷促，心中漾起無限的悵惘。

皇帝手裡的書始終沒有翻動，這一細節很快被他注意到：皇上雖然捧著書在讀，其實在很用心地聽他口奏。待公事奏畢，嘩啦一聲，書頁馬上翻過一頁，隨即皇上開口了。

「老黃你……啊！」一口氣從肺部提出來，在嗓子眼裡堵住，帶著混濁的痰音，朱棣用力清了一下。左右宦者忙遞上蜂蜜柚子茶，這是由朝鮮處女引入明宮的一種清熱化痰的茶品，朱棣經常服用性燥的丹藥，這種茶他非常喜歡喝。他坐起身，接過來，飲了一大口，用帕抹了嘴，然後吩咐道：

「你去傳旨，讓高燧府中準備，隨我北上。」

黃儼心中大喜，但隨即頭上冒出一圈冷汗。他奏了這麼些事，皇上一件不答，單只挑這一件來答覆，豈非窺破了他的心機和肺腑？而皇帝心裡對此應該早已有了定見。

「那……。」黃儼將手中黃袱包著的題奏本章一抖摟，他本欲再扯幾句別的話題，好沖淡一下內心的慌張與虛弱。可突然覺得這全屬多餘，欲蓋彌彰，遽然變詞說道：「奴才領旨。」

老狐狸帶著慌亂起身，從殿中辭出。回到值房，立刻叫來一名心腹宦官，讓他立刻將皇帝令趙王扈從北巡的喜訊報告三王爺。

永樂十五年（西元一四一七年）三月，朱棣帶著眾多的宗室、妃嬪、宦官、宮人，以及扈從文武、衛士，在大批軍馬的護衛下，向他的龍飛之地，也是皇朝未來的新都北京進發。

這是朱棣在決定將帝都北遷後的第一次大搬家，所以不僅隨行官吏為數眾多，裝滿了朝廷圖籍文冊以及後宮珠寶財貨的箱箱櫃櫃，更是不計其數。

這支龐大的隊伍沒有走運河漕路，而是選擇了旱路。

這兩年，正是北方人民異常痛苦的時期。上一年的春天，北京、河南、山東大饑，朝廷不得已，開倉發粟一百三十七萬石，賑濟之後，才沒有出現大規模流亡、餓殍遍野的慘劇。然而到了夏間，北方又遭遇數十年未見的蝗災，飛蝗蔽空，萬里赤地。當年七月，黃河又在開封決口，萬物凋敝的大地更是一洗而空。

災異迭至，民生痛苦。但就是在這節骨眼上，朱棣堅持派太監鄭和再使西洋，招攬各國來朝，並於永樂十四年九月，不顧京師地震，突然南下。一回到南京，即召群臣集議營建北京之事，並強行通過了大規模興建北京宮苑、廟壇、城牆的決策。大計已定，朱棣立即離京北上。

一年之計在於春，永樂十五年春，正是農忙之時，皇帝老兒打著傘蓋，率領大勢人馬向北席捲而來，其勢比蝗蟲更為洶洶。官府除了傾竭府庫承奉，還將無數農夫從農田裡強拉了去應差。而護駕軍馬騎著高頭大馬，在田間肆意橫行，將新播的種子與新插的秧苗踩得稀爛，沿途農作遭到極大的破壞。

黃儼陪伴著趙王高燧，心情格外開朗。雖然皇帝的心思難以猜測，但他覺得，只要趙王留在御前，奪嫡之事就還有希望。至於是何等之希望，他難以說清，至少在一片迷霧裡，隱約能看到一盞模糊的白燈。他按照一貫的哲學給自己打氣：只要還有時間，時間裡便蘊含著無限的機會和可能！

鑾駕走了兩個多月，五月才到北京，朱棣隨即入住在原燕王府舊址上展拓新建的西宮。西宮之東，大規模的土木工程隨即展開，這裡將是大明王朝新的皇城。

朱棣在西宮住下，陽氣隨著炎夏的到來而騰騰升起，頓感技癢難耐，便把權婆婆和黃儼找來，讓他們去給朝鮮使臣傳話：「俉回去，國王根底（跟前）說了，選一個得當的女兒，奏本上填她姓名、年紀來。」

為了皇帝雄根的享用，無根的老黃儼義不容辭地再度親赴朝鮮，幫皇帝拉皮條。而朝鮮所貢者，並不止「一個得當的女兒」，有黃氏、韓氏等多名處女及其侍婢，皆為絕色，尤其是韓氏，色冠群芳，入朝後也最邀帝寵。

不想朝鮮從兩班貴族官員之家「盡情選揀」到的處女黃氏，在家已有相好，而與她情愫暗生、私相授受的，不是別人，正是伴送她上京的姐夫金德章。情郎送情婦上京，這像什麼話啊！兩人在進京的路上即行為詭異，經常窗裡窗外，竊竊私語。黃儼發現後，嚴厲斥責了金德章，可他萬沒想到，黃氏與其姐夫偷情，已然珠胎暗結！

黃氏已有身孕，只是瞞著家人，當她被「天使」選中，成為本國獻納天朝的「處女」後，黃氏非常害怕，金德章主動要求陪小姨子兼情人來華，就是希望與她共渡此難，順便想辦法消解禍患。

情急之下，黃氏唯有努力將「禍胎」打掉。一路上她偷偷服食墮胎藥，對準漸漸隆起的肚腹，又是推揉，又是捶打，終於使可憐的胎兒抵不住連環拳加毒砂掌，在半路上流產了。黃氏的從婢不知所措，將大如茄子、皮裹的一個肉塊丟棄在廁所裡。但此事不密，馬上被人揭發，並在一行處女及眾婢中哄傳（足見朝鮮人內鬥非常嚴重，她們知曉呂氏之禍，而不知滅頂之災正等著她們呢）。

黃儼聞訊大驚，可是他帶著處女已進入遼東境內，無法打轉退貨了。而黃氏之名又是在朝鮮國的奏本上填了姓名、年紀的，做不得假帳，就是想來個偷樑換柱，一旦暴露，欺君之罪，孰敢當之？

黃儼一時沒了主意。當初黃氏入選時，她是千般不情，百般不願，一味耍賴；待到啟行之際，又稱有病，遲遲難以成行，耽誤了很長時間。黃儼還親臨黃府探過病，當時以為她是裝病，如今看來，嘿嘿，這位「家門兒」（指同姓），還真有「病」！

黃儼明知選了一位假處女，他難辭其咎，但事已至此，也只好捏著鼻子糊眼睛，希望僥倖矇混過關了。黃儼想，即便皇帝發現黃氏不是處女，也怪不到他頭上，有朝鮮國王頂罪呢！於是決定冒一次險。他命人將死嬰速速掩埋，並假稱黃氏得了怪病，陰中所出乃一異物，令眾人不可亂傳胡言。

「處女」就這樣糊裡糊塗地進了明宮。

然而永樂皇帝朱棣是風月場上的老狐狸，御女無數，經驗豐富，是不是處女探手便知。這位霸王一上弓，立馬發現黃氏不是原裝，已被人搶先開了封。堂堂天子，竟然戴了綠帽，豈不狂然而怒！且他早就風聞宮人間有淫亂之事，如告發朝鮮處女呂美人毒弒權妃的賈呂，便被人告發與宦官私通，事情敗露後，畏罪自殺。與她同時上吊的，還有朱棣正施寵愛的小可人兒魚氏。本來還未查到她頭上，竟也嚇得與賈呂對吊而亡，顯然也有與宦者偷腥的情弊。

聽到消息，朱棣怔怔然不解，彷彿無數頂綠帽子亂飛，紛紛向他頭頂摜來。一股衝天之怒，陡然而生，一定要把這「綠色桂冠」掀翻！掀翻！

朱棣怒不可遏，便老帳新帳一起算，把黃氏及其侍婢、宦官抓起來，嚴刑訊問，並由此輾轉攀扯，將無數人拉進來。帳本做成了，遂大開殺戒，對宮娃宦寺展開一場慘絕人寰的大慘殺。其結果導致幾乎所有來華的朝鮮女子，除了少數幾名倖存，盡皆遭到殺害。最為駭人的一種傳聞，說此役中被殺宮人達到三千餘人。事詳《大明後宮有戰事》，茲不贅述。

此事過後，永樂十七年（西元一四一九年）的春天和秋天，黃儼又去過朝鮮兩次。頭一次是因太宗大王李芳遠退位，其子世宗大王[15]繼位，他代表朝廷去給新國王頒賜誥命，並索求小火者[16]。另一次是當年八月，奉皇帝之命來求佛舍利。也是可笑，永樂皇帝一邊溺道，一邊崇佛，多次派老黃到朝鮮來搜求佛骨舍利，搬過去的少說也有百十來斤，在國內蒐羅者，當更難計數。那得有多少佛才行啊！

15 前文講到，朝鮮太宗曾計劃令世子娶一位大明公主，結果無果而終。這位世子在永樂十六年被廢，隨即太宗主動退位，將王位讓給第三子李祹，也就是世宗大王。這位國王在朝鮮歷史上非常有名，他最主要的功業有二：一是發動「己亥東征」，這是朝鮮王國對日本發動的唯一一次主動出擊，今日韓國最先進的一艘軍艦被命名為「世宗大王號」，並非無因；二是發明了現代朝鮮人使用的書面文字，即諺文，又稱韓文。不過古代朝鮮的官方文字仍是漢語，諺文只供下等階級的人使用。

16 火者，即閹人，與處女一樣，也是朝鮮經常進獻的人貢。故在明初時，有許多宦官都是朝鮮人。

朱棣也不想想，「佛骨」中就沒摻雜著什麼豬骨頭、雞骨頭和狗骨頭？否則，便是如樂山大佛一般偉然的一座佛，渾身都是鐵，又能打幾斤釘？哪能剩下如此多骨頭渣子做舍利！

這是黃儼最後一次赴朝，其後政治形勢大變，他再沒機會出使外國了。

自從漢王高煦衝擊儲位失敗，黃儼作為二皇子的喇叭筒，在政治上已失去皇帝的信任，除了幫皇帝幹一些獵色的勾當，基本上已失去對朝政的干預能力。尤其是經過永樂十五、十六年間的宮闈大殺戮，永樂皇帝朱棣的精神受到極大刺激，身體加速走下坡路，他為嚴重的疾病所折磨，多數時間都深居不出，就連司禮太監黃儼也不能時常見到他。

雄心勃勃的皇帝在晚年表現出強烈的倦態，他除了對遷都和對北用兵這兩件大事還能用心，其餘政務都懶得管了，統統交給皇太子打理。永樂十八年（西元一四二〇年），北京郊廟、宮殿建成，皇太子朱高熾攜皇太孫朱瞻基，領著南京所留監國班底全部來到北京，年底正式宣布遷都，大明王朝始定都於北京。[17]

當皇太子來到北京，「東朝」（東宮）遂與「行在」（鑾輿所在）兩套行政人馬合併，由於皇帝端拱九重靜養，托政於太子，朱高熾已為事實上之攝政王，全盤掌控朝廷庶政，其儲君地位已堅如磐石。

趙王朱高燧雖然一直待在父皇身邊，但在兄長愈來愈重的陰影裡，他除了蜷伏，似已無所作為。高燧有些心灰意冷，但爐火的餘燼裡，仍存一絲火苗，為此他始終賴在北京，不願離開。而微妙的是，

17 遷都之後，北京為京師，南京降為陪都。明代在南京仍保留了外朝院部衙門及內府二十四衙門，所有內外衙門及官銜前均加「南京」二字，如「南京兵部尚書」、「南京司禮監」等。

皇太子到北京後，皇帝竟然也不下旨，令禮部為三皇子擇一善地以封之，讓其離開京城。

一些政治上的失意者，以及反對太子的勢力，便攀住這一條縫，拚命往裡面叮。

在明代的正史以及明人筆記裡，仁宗朱高熾（即皇太子）在政治上的主要反對力量，被劃定為閹人，稱因為他「往往裁抑宦寺」，所以遭到宦官的強烈反彈；甚至有傳說，仁宗即位一年而亡，就是被宦官暗害了（詳見下文）。

事實上，朱高熾確實有一個以黃儼、江保等太監為首的對立面（江保此人出身及事蹟均不詳，他在正史中唯存一名）。長於守的朱高熾，在擊破二弟高煦的進攻後，還剩下一個看起來弱小得多的對手——三弟高燧。

黃儼等太監並不構成一個獨立的政治集團，由於歷史的原因，他們與皇太子不和，極不願意看到太子順利登基，所以力捧他的弟弟們。如今漢王高煦倒了，他們便如蠅逐臭般地圍聚在趙王高燧周圍。

這些近侍宦官是皇帝的心腹，他們屬於朝廷上頂厲害的一種力量——佞幸。在專制王朝時代，佞幸們比所有人都更親近皇帝，他們整天蹲在御榻之旁，雖然官多不大，但論其權勢及尾藏毒針的致命性，卻比外朝那些威武的大將軍、大司馬、大司徒還要厲害。

朱高熾不得不以極大的韌性與忍耐力，迎受他們的挑戰。但這種交鋒，本質上是他與得到父親偏愛的三弟高燧之間的博弈。黃儼等太監，只是高燧兵團的奇兵猛將。

可惜的是，高燧的這些兵團戰士，並非勇士，他們上馬不能騎，下馬不能戰，唯一厲害的，就是一張進讒的巧嘴兒。與當年太子、漢王相鬥時的風起雲湧比，趙王高燧奪嫡之役，更像一場不見風雲的暗戰。

朱棣晚年怠政，父子很少見面。黃儼、江保等人利用一切機會，抓住皇帝多疑的心理，於御前大嚼舌根，大潑汙水，不停地講太子的過失，離間其父子之情；同時利用在御前當差、接近天子，而內外隔絕、外朝難曉宮闈之事的條件，不斷向外放消息，說皇帝所屬意的繼承人，還是趙王高燧，太子已失愛於皇帝。

當朱高熾、朱瞻基父子來到北京後，「黃蜂」們感到時不我待，其蜇刺不僅沒有鬆緩，反而愈加密集。這讓朱高熾感到如芒在背，日夜不得安寧。

高熾對黃儼等閹奴恨得牙癢癢。有一天，他忍不住內心的孤寂徬徨，對東宮輔臣楊士奇說：「天可欺乎？非賴至尊聖明，尚得在此哉！」意思是，若非父皇聖明，我的地位早不保了。

史書慣常採用春秋筆法，記事講究曲裡拐彎，含糊朦朧，費人思量。我嚴重懷疑，這並非朱高熾的原話，他與楊士奇私下嘀咕，肯定是商量如何應對黃太監等人「數造危語，譖之於上」，並對朱棣的心態進行揣摩，相當於戰棋推演。

因為「至尊」若果然那樣「聖明」、不「可欺」，怎會繼續容忍奸佞留在身邊，離間其父子？不打「老鼠」的人，絕對是老鼠兄弟，不是貓。

而楊士奇給朱高熾出的主意是：「殿下益宜自處盡道。」提醒他（肯定是反覆、多次提醒），殿下您作為儲君與人子，只要盡孝道就行了，別的都不要管不要顧。

對此朱高熾深表贊同，他說道：「盡心子職而已，他有何道？」

可見，無論對於防守方的太子，還是進攻方的趙王黨，他們成敗的關鍵，都在於「父愛」。一旦某一方失去了，立刻將遭到失敗的下場。

從這個角度上來說，正因為朱棣在表示父愛上態度曖昧不明，才給了趙王、黃儼等人某種暗示與鼓勵，讓他們以為奪取儲位，仍然有機可乘。可見，朱棣在繼承人問題上，是完全談不上「聖明」的，而朱高熾之所以能夠在百難之中危而不倒，從根本上來說，在於他忠實地、無怨言地做好孝順兒子，對父親的種種不公絕無任何反抗，並且避免任何讓父皇發生猜忌的行為。父親是那樣剛猛，他作為兒子，則必須陰柔，這才是他在政治上立足的根本——想當年，只為一句錯話，他挨了二十多年的板子，教訓深刻啊！

在永樂時期，朱高熾儘管對黃儼恨之入骨，但在外表上仍與之虛與委蛇，親熱得好似金蘭兄弟一般，就是因為他若表示出真實的態度，很可能會使他滿腹的不滿與怨懟全部暴露。而作為皇太子的他，雖然看起來有些窩囊無能，但他至少是溫和、恭順和善於忍耐的，父皇將天下交給這個孝子，相信他會像古人一樣：三年不改其父之道。

然而，朱棣全看錯了，當朱高熾繼位之後，幾乎將他所有得意的大政都翻轉過來，全盤否定。眾人大吃一驚，這才發現，原來外表柔懦謙退的皇太子，竟然是一個敢作敢為的人！而這正是朱高熾以柔克剛的長技，是他的高明所在。

但是，就在朱高熾登基的前一年，突然發生了一件大事，使即將平穩過渡的政權差一點發生大翻盤。

第九章 身敗名裂

這是一次胎死腹中的宮廷政變。

其發起人是一名中級武官——指揮孟賢，隸屬於趙王高燧的常山中護衛[18]，他糾集的造反兄弟們，也多是一些中下級軍官。這些武瘋子的計畫，是先幹掉皇帝和皇太子，然後擁戴趙王即位。由此他們將繼「靖難功臣」之後，成為新一代的「開國」功臣。真是一場好夢！如果幹成了，那麼明代立國不過五十年，就產出三批「奉天輔運」的世家功臣了。

政變的參與者主要有三類人：一是孟賢、彭旭、馬恕、高正等一批基層衛所軍官，主要成員都屬於常山中及常山左、右三護衛，即趙王的隨侍親軍三衛。

常山三護衛並不是京衛（在京衛所），因為趙王沒有就藩，所以三衛軍馬也都隨他留在北京差操（即應差與操練）。其中彭旭是京衛羽林前衛的指揮，羽林衛掌管著皇城及宮城的防衛，屬於禁衛軍。其他所涉衛還包括通州右衛、興州後屯衛等。

第二類人，是內廷一些宦官，如此案中被殺的都知監太監楊慶的養子某（佚名）。

明代的太監，多收養義子乾孫，已如前文所述。但太監所撫養者，並不全是小閹，許多大太監在

18 親王統領之衛，稱為護衛，與一般的衛不同。

宮外都有私邸外宅，他們沒有兒子，往往將侄、甥等親男認作己子，作為傳宗承祀之人。例如黃儼就有一個養子，名叫黃貴，多次隨養父到朝鮮去發「洋財」。

至於楊慶的養子，我們從其墓誌中可見到一個叫楊仁的，在楊慶死後替他處理後事[19]。太監養子多憑藉老公公的恩蔭，得以在在京衛所，特別是錦衣衛等親軍衛寄名拿餉乾。錦衣衛愈到後世，人員愈猥濫，很大程度上就是因為該衛成了太監子弟的「托兒所」和「福利院」。

而牽涉到此案中的養子，很可能是一名宦官。因為根據政變的安排，首先須「連接貴近」（貴近在此特指御前近侍宦官），從宮中進毒於上，等永樂皇帝晏駕，即發兵劫奪內庫兵仗及符寶，同時分兵執拿公侯伯等勛臣及五府、六部大臣[20]。為此，造反派已請老軍高正（又作高以正）偽造了一份皇帝遺詔，交由楊慶養子，祕密收藏，就等皇帝斃命，即加蓋御寶，從大內頒出，廢皇太子高熾，立趙王高燧為皇帝。

可見，謀反路線圖是：毒死皇帝——頒降偽撰遺詔——廢皇太子——逮捕大臣——立趙王為帝。倒是嚴密，看起來有戲！

楊慶養子在其中的作用非常重要，在前兩個環節，即進毒和頒詔兩件事上，都離不開他。因此這個家伙應當是一名很「近御」的宦官，他養父太監楊慶則是他的後臺大老闆。

但楊慶本人對養子的狂肆行為，並不知情，所以當謀反以鬧劇收場後，他本人沒有受到太多的牽連。

---

19 見《大明故都知監太監楊公（慶）墓誌銘》。

20 五府指左、右、前、後、中五軍都督府，六部指吏、戶、禮、兵、刑、工六部，分別為武官與文官的最高衙門。需要指出的是，內閣不算是衙門，只是大學士們的辦事機構，雖然它在明中期以後被稱為「政府」。

司禮監太監黃儼，作為趙王高燧最大的政治支柱，並沒有直接參與逆謀，因為從後來審訊的情況來看，趙王對以擁立他為目標的政變似乎也毫無所知。這場謀反，只是民間「自發」的擁戴行為。

可趙王並無仁政，因何得人冒死推戴？黃儼、江保等人持續不斷地「吹風」，顯然起到了直接的催化作用。《明太宗實錄》就說：太宗（朱棣）、仁宗（朱高熾）父子親愛，雖然奸人之讒言終不能間（離間），但太子亦稀得覲見。黃儼因為素與趙王交厚，所以「常陰為之地，且詐造毀譽之言，傳播於外，謂上注意高燧，以誑誘外人。由是（孟）賢等遂萌邪志」。指出此案發生的根本原因，首先在於皇帝父子兩龍不相見，其次則是黃儼等人的煽動撥弄。

參與謀反的第三類人，以欽天監官王射成為代表。

自從西漢董仲舒拿陰陽五行之學重新包裝儒家學說，提出「天人感應」的觀點，祥瑞災異之說在中國就非常有市場，從某種程度上可以說比「仁義禮智信」更受歡迎，人們踐行更為自覺。

天人感應說將天地自然之變均視作上天對人事的啟示或警誡，故人間的得失，往往會從天象上得到微妙或顯著的徵兆。例如彗星的尾巴掃過紫微星，就是皇權面臨威脅的預警；而文曲星一動，則是要出狀元的意思，等等。

當時人很信這一套，（不能說現代人就不信了，現如今不還是各路「大師」輩出？）好比太祖朱元璋、仁宗朱高熾，皆精通「術學」，是富有經驗的「觀星」愛好者。正因為「天文」顯示的都是關乎國家穩定的絕密情報，不能讓普通人探察知曉，所以官府禁止民間人士私習天文，主要是害怕一些搗蛋鬼妄解星象，以此蠱惑百姓，危及其統治。合法的習學者都聚集在官府，替官方辦事，地方上當差的是陰陽生，在京師則有欽天監。

王射成雖然做著朝廷的官，但他本質上是一名術士。作為一種特種手藝人，術士們掌握著天庭的機密情報，因此常常成為朝臣、宦官的座上賓。這些人靠著在京城坐擁廣泛的人脈，信息靈且廣，又多是老江湖，鬼機靈特別多，活動能力強，所以能量不小。

這些術士多與宦官結成孿生共體的怪胎，宦官憑其言以固寵，術士則借宦官搭橋，得以接近皇帝。當某些術士成為皇帝的親信時，他們就被稱為佞幸，成為官職低微而權勢顯赫的大人物。這在成化、嘉靖兩朝特別明顯，後卷將予詳解。

且說回那位欽天監官王射成，他與造反司令孟賢是好朋友。孟賢邪志初萌，畢竟是殺頭的買賣，初始還有幾分猶豫，便找王射成密商此事。王射成一聽，馬上跑出簷外，看了好一會兒星星，然後回轉來篤定地對孟賢說：「觀天象，不久當有易主之變。」

由於得到天象的指示，孟賢等「邪謀益急」，差點把大事做成了。可以說，如果黃儼等人放出的消息是孟賢等人產生逆志的催生劑，那麼王射成之言則是其迅速蔓延的肥田糞壤。

通觀以上這三類政變大戲的舞蹈者，用如今的話來說，他們所代表的階級與階層非常狹窄，主要就是一些權力狂和喪心病狂的投機客，他們的成功，只能冀望於僥倖。

這一幫為了富貴湊在一起的亡命之徒，蠢蠢欲動，突然因為一個偶然的變故而遭到失敗。此非天乎？否則，那威風一世、以聖明自居的永樂皇帝將不免於隋煬帝一樣被弒的可悲下場。

永樂二十一年（西元一四二三年）五月，已經六十多歲的朱棣突感身體不豫，病情陡然沉重，有不起之勢。這促發了一個小人物關於「易主」的神思。造反頭子、護衛指揮孟賢與趙王關係如何，史書沒有記載。想來，此人拼得身家性命去力頂趙王爺，如果不是經常出入王府，與趙王較為熟悉，似難以想像。

趙王又不是大明星，怎麼可能有不認識的鐵桿粉絲，死也要「追」他呢？

當政變敗露之後才發現，還真有不少人加入了孟賢的謀反傳銷。這些人也不是鄉愚野老，笨乎乎地就被唬嚨上當了，他們多數都在京城做官。西市殺頭是京師一景，這些京油子（北京人的外號）們是看慣了的，怎麼也算見過一些世面，總不至顢頇到把滅族之禍當兒戲來耍吧。

而事實是，這些人一被孟賢說項，馬上心悅誠服地加入進來。好比興州後屯衛老軍高正，只是一名「資深列兵」，長於文字，偽造的遺詔就出自他的手筆。我懷疑此人並非軍戶出身，而是刀筆吏、落魄書生一類的人物，因為犯了重罪，被罰為世代為軍（即充軍，高正所屬的興州後屯衛在北直隸三河縣，屬北平行都司）。

他一聽說有這等好事，頓覺這門生意靠譜，雖然本錢大（失敗了要掉腦袋），但獲利也是巨萬，富貴如山不說，還可以世代傳家。

是好事就不能獨吞，要與家人分享，這是做人的基本準則，也為了多拉一些人手，高正將此事偷偷告訴了他外甥常山中護衛總旗王瑜。誰讓甥舅不是外人呢！

總旗是衛所低級武官，地位在百戶之下。王瑜也是趙王駕下護衛軍官，但他並不知道本衛指揮孟賢的造反企圖。可見孟賢雖為常山中護衛最高指揮官，但本衛下層軍官均未參與他的謀逆，也就是說，孟賢起事時能夠調動的兵馬應該非常有限。他起義成功的關鍵，全在於由宦官進毒，毒死皇帝，然後趁亂發出偽詔，廢太子，扶趙王。他盼著皇帝老兒一死，群龍無首，趙王再往金鑾殿上一坐，百官只好順從。這倒不是完全在發夢，二十多年後，內廷發生「奪門之變」，廢帝英宗復位，百官入朝，乍見寶座上坐著的不是景泰帝，居然換作了英宗，竟無一人抗爭，全都默默接受了。孟賢希望看到的，正是這一幕。

可見此案雖然要借助外朝兵馬，施加軍事壓力，但其真正的樞紐，亦即決定成敗的最關鍵因素，卻是內廷宦官。想殺死皇帝、廢掉太子、擁護趙王的，主要就是權勢駸駸而大的閹奴們。

這些年來，雖然永樂皇帝賦予了宦官很大的權力，但他對宦官的控馭也十分嚴厲，即便是潛邸出身的親信宦官，一旦得罪，以前的功勞全然作廢，難免化為齏粉的下場（詳見下章）；他還在宮中大開殺戒，血洗宮牆，殺死大批無辜，倖存者們雖然一時逃出生天，但終日恓惶，不知將死在何地。

在大明王朝的新宮裡，醞釀許久的反抗情緒，終於要爆發了。

參與密謀的宦官宮人期望殺死暴君，既為舒一口氣，給不計其數的蒙難者報仇，也為將來的日子好過一些。伴君如伴虎的苦頭，他們算是嘗夠啦！他們之所以計劃廢掉皇太子，並非太子對他們多麼不好。這與個人恩怨或人情無關，因為皇太子是法定繼承人，叛逆者殺死他老爸，則必須連帶處理掉他的繼承人，否則便沒法洗脫「謀大逆」的罪名。而只有擁立本與大位無緣的趙王，才能為他們的行為找到合法的依據，從而最終從弒逆中獲得巨大的利益。

所以，殺死朱棣，則必須殺死朱高熾。除非弒逆者有謀朝篡位之心，則必須從被弒者的子弟中重新扶立一位合法的繼任者。我們可以從無數的宮廷政變中找到相似的例子。

然而被串燒入夥的王瑜，他雖然也是趙王護衛的在編武官，與趙王殿下利益相關，但他並不願意拼了一家性命去保趙王登基。親娘舅跟他講入夥的好處時，他略略勸了一句：「娘舅哇，這可是滅族之計啊！」但見高正一副執迷不悟的樣子，便不再多言，而是沉住氣，細細地聽，掌握了造反者的全盤計畫，然後一轉身，就跑到宮裡「告變」去了。

朱棣在病榻之上驚悉這個政變陰謀，不由得七竅生煙，並且深覺恥辱。肯定是各種問候人家祖宗十八代地痛罵不已。因為政變之謀，不僅要他的命，還是對他聖明之君形象的公然蹂躪！自古以來，被政變推翻的，不是暴君，就是昏君，聖明仁德之君總是壽與天齊、安享天下的。他彷彿腿間的屁簾兒被人撩起，使他這麼多年來竭盡心力營造的盛世英主形象轟然倒塌。是可忍，孰不可忍！他當即下令，展開全宮、全城大搜捕，將那些「預備功臣」從夢中揪醒轉來。

盛宴頓時變為酷刑！

當黃儼聽到宮裡宮外聯合造反，欲輔趙王登基的消息，大吃一驚。他不相信趙王高燧會是主謀，依他對高燧的瞭解，他沒有這樣的氣魄——三皇子有的是氣，然而這些氣全化作怨懟之氣，通過發牢騷宣洩掉了，所餘底氣並不太多，而且，他如果真欲冒天下之大不韙，做出此等以子謀父之事，不可能不和自己商量。

想到這裡，黃儼把心定了定，他馬上想到，楊慶之子是案首主謀，還不知要牽累多少宮人無辜慘死。黃儼沒想錯，當王瑜告變的消息像朔風一般在宮中呼嘯而走時，全宮驚愕譁然，都覺得一場慘烈的搜捕與屠殺就在眼前！

歃血為盟的謀反者很快悉數就逮，無一漏網。

朱棣拖著病體，駕臨右順門（今故宮熙和門），他把皇太子、趙王及公侯伯、都督、尚書、內閣學士等朝廷重臣都召來，要親審逆犯。

我覺得此事十分可笑，當朱棣親自提審那些欲謀殺自己的人時，一定不停地在心裡問：我與爾等什麼仇什麼怨？！

然而，在御審的現場，門裡門外，鴉雀無聲，每個人都能聽見自己沉濁的呼吸，彷彿空氣也變得凝固，不再流動了。高正偽造的遺詔在皇帝手裡都捏皺了，可他仍看了又看，還不時冷笑。孟賢、王射成等十來個夢想家兼倒霉蛋身穿囚服，戴著重鐐，跪在門下，癱若爛泥，全沒了英雄氣概。朱棣嚴厲的目光如刀芒一般從他們頭上掃過。

這些人都是參與政變的軍官，而所有在內串通接應的宦官，包括楊慶養子在內，已經處決了。如果天子乘著暴怒，欲在內廷嚴究共犯同謀，勢必再次掀起屠殺的狂潮，不知多少人將被那張致命的巨網羅住，粉身碎骨。但這一次，那頭脾氣乖張、性情暴戾的霸王龍，居然沒有興起血潮，只是將逆案有名的宦官抓起來，經簡易程序審訊後，即迅速處死，沒有窮追「逆黨」。這大大出人意料。由於史料缺乏，我們尚無法判定黃儼是否在其中起到了積極作用。

此時，黃儼站在皇帝右側稍下的位置，皇太子與趙王分立於御座兩側，再下是勛戚及文武重臣。兩旁武士槍戟林立，在熾熱的陽光下反射著炫目的亮光。

「給趙王，」朱棣將偽詔遞給黃儼，厲聲道，「請他自己看！」

趙王高燧此刻正侍立在身邊，可父皇連瞟都不瞟他一眼，將那張紙甩給黃儼，就當他不存在似的。父皇何曾如此冷漠和嚴厲過！高燧又驚又怕，只好硬著頭皮接過偽詔，一行行讀下去。那上面字字如針尖，扎痛他的手指，尤其是當他讀到那些該死的家伙意圖廢掉太子，立他本人為帝時，不禁臉色煞白，雙腿上的筋好像被一股強力反向扭轉，抽搐不已。

高燧雖然並未與聞孟賢等人的逆謀，但他明白，參與政變的軍人都是他的護衛軍官，政變又以擁立他為目標，而且孟指揮還是他的相識，常往他府中走動。他平時言語不慎，經常議論朝政，講一些對朝廷、對太子不滿的話，這些沒深沒淺、大逆不道的話，他都記不得講過多少，對什麼人講過，現在想起來，怕得渾身顫抖。

這真是黃泥巴掉褲襠裡，不是屎，也是屎了。

高燧彷佛掉進黃河裡，濁浪滾滾，令他神志不清。他已是百口莫辯，連忙擠眉弄眼，向黃儼求救。

「這件事是你做的嗎？」父皇突然發問。

這一問恍如五雷轟頂，高燧像個充氣的假人，頓覺下氣洩漏，雙膝一軟，便癱倒下來，伏在地上，觳觫顫慄。黃儼沒想到趙王竟這般沒用，連一句自辯的話都說不出來。

其實黃儼內心也十分焦灼，但因事發突然，他也搞不清趙王到底牽涉此事有多深，又無暇親自找趙王求證。在拷打楊慶養子等內臣時，他反覆追問，雖然沒有口供直接指向趙王，但他卻有一個很不好的預感，因為他愈是問，愈不能無疑於趙王。他在心裡暗怪高燧太糊塗，怎麼摻和到這種爛事上！

他悚然警醒，假若趙王真是孟賢一夥的背後主謀，今日算休矣，自己還是與他保持些距離的好，莫要多言為貴。

黃儼與趙王這一對師徒各懷鬼胎，均無語以對，當下便冷了場。倒是皇太子朱高熾忽然開口了。太子一直靜靜地站在父皇身旁，這是一個前所未有的特殊情境——他與父皇同為這起謀逆案的謀害對象，他竟然與父皇共患難了！他作為皇太子的姿態從未如此雄傑突出過，他挺立於御座之旁，顯得那樣英姿颯爽，充滿自信。

顯然朱棣也切實感受到這一點，所以當太子照例未開口，先整衣清嗓——這在過去，被他視作迂腐遲緩——現在他卻覺得太子的舉止是那樣地舒緩凝重，充滿人君之體；相形之下，那個自小被他嬌慣過頭的三兒子，簡直就是一個不爭氣、無用的紈絝子弟。

當皇太子轉過身，舉袂朝上，將要發言時，老皇帝的眼睛裡竟充滿了柔情和期待。

「此下人所為，高燧必不與逆謀。」

所有人都聽清了，皇太子沒有落井下石，作為兄長，在弟弟身處危難時，他選擇了為之開脫求情。在場的所有人，包括黃儼在內，對於高燧是否為此案主謀，本不能無疑，即便高燧沒在幕後指使，至少他也做過鼓勵或暗示，否則孟賢等人憑什麼甘冒身家性命去捧他的角兒？沒有人相信心高氣傲的趙王是清白的。但事實歸事實，如果這時太子請求徹查此案，嚴究幕後指使，雖然這是再正常不過的要求，但人們將很自然地懷疑，太子是欲借大案以施報復之計，除掉自己的親弟弟——儘管這個弟弟從未尊重過他，這也是不符合道德標準的，特別是對於一位儲君。

然而，皇太子開口便為趙王辯解，他不是從皇太子、國家儲君或逆案受害者的立場，而是以長兄的身份，義無反顧、毫無懷疑地選擇相信和支持三弟。

皇太子的沉穩大度、寬闊的胸懷，以及儲君的大體，於此彰顯無遺。五月熾烈的陽光從右順門東斜射進來，在太子胖大的身軀上加染了一層絢麗的光暈，而那位漂亮小夥子趙王高燧，卻龜縮為一隻可憐的小老鼠。

朱棣對皇太子的姿態非常滿意，他假作沉吟，強忍住一陣從肺的深處直衝上來的劇咳，然後緩緩站起身，對黃儼道：「此乃十惡不赦的逆案，當由在廷文武重臣與三法司[21]會問，務必揪出主使與同黨。你且留在這兒監著。」

明代制度，凡大政事，多由群臣在內廷集議。謀反案的審理，也屬大政之一。皇帝下旨，令文武群臣與三法司主官一起鞫訊罪犯，司禮太監黃儼不參與審理，他的職責是「代聖」監審，即作為皇帝的耳目，對審訊的全過程進行監督，並向皇帝報告。

於是廷臣以英國公張輔領銜，會同內閣大學士楊榮、金幼孜等人，以及勛臣、都督等武官，各部院衙門尚書、都御史等文官，一起參與對案件的審理。其實，審案子是法司的事，講究的是專業，而

21　明清的「三法司」，指刑部、大理寺與都察院。

不是人多口雜的熱鬧，大臣集訊，不求他們提供專業性意見，主要是讓他們一起商量，就這個大案如何審，定出大的方向，至於「審訊作業」，不過走流程而已。畢竟這是謀逆大案，關係到皇帝與太子兄弟，非同小可，誰也不敢馬虎。

張輔爵位最高，眾人便公推他為召集人，一齊到午門外的棕棚下，先商量出一個章程。皇太子的態度事實上已經給審訊定下基調：此案為下人所為，與趙王無關——儘管趙王殿下是謀逆者擁戴的對象，如果謀反成功，他還將是最大的受益者。

商量已定，張輔客氣地詢問黃太監的意見。黃儼是高燧一黨，自然贊同，他把胸脯一挺，道：「先生們說的是，皆秉於公心，萬歲爺也正是此意。我敢拿全族老少作保，三爺絕不知情！」

皇帝派來的監審太監既然拿自家性命來為犯罪嫌疑人作保，那還說什麼呀！案子還沒審，先把最大的主謀嫌疑給排除了，眾人心知肚明，這就是個糊塗案，而且必須糊塗審。

案子很快審結，次日由張輔領銜進奏，稱孟賢、王射成等所犯大逆，證據確鑿，當並治極刑，並籍沒其家（抄沒家產）。

朱棣看了奏章，立即批示，將各犯家產即日查抄，王射成以天象誘人，先行誅之。但對孟賢等犯所供，他仍覺未盡，命錦衣衛再施重刑「窮鞫」、「研治」，他特地加了一筆：「毋令遽死。」不要教他就這麼死啦！既要撬開他的嘴，還要讓他供出更多的同謀。

大臣們脫了身，可事兒攤到錦衣衛，讓該衛堂官們犯難了：孟賢等人把該供的都供了，還要供出誰？犯人架不住嚴刑，肯定會發瘋地胡撕亂咬，如果再把趙王爺給供出來，那可怎麼好？錦衣衛的頭頭們只好去找黃儼討教，並探詢聖意何在。

不單錦衣衛，趙王坐在府中，也是如坐針氈，不停派人找黃儼，詢問案件的審理情況。

事實明擺著的，趙王此時是最大目標，如果一定要嚴究主使，將不可避免地把風暴的中心引向他那裡。

生性多疑的朱棣自經過「宮變」這一嚇後，對身邊人愈發不信任了，他懷疑身邊還隱藏、潛伏著隨時會進毒害他的壞蛋，欲把他們像米桶裡的蟲子一樣，一條條全給挑出來，這是他命錦衣衛「窮鞫」的本意。但他很快發現，窮問逆犯與保護趙王，這兩個目標不可能同時實現，遂決定迅速了結此案。所以當錦衣衛再次奏報讞詞（即審訊所得供狀），儘管仍沒撈出大魚，只是多了幾條小魚蟲時，他還是畫了硃批，下旨將逆犯全部處死。

當趙王的「粉絲」在北京西市掉了腦袋，趙王卻關起府門，連呼慶幸。俗話說，常在河邊走，哪能不濕鞋。他豈止濕鞋，他簡直是落進糞坑裡，一身臭漿，居然洗乾淨了，全身而退，沒有受到牽連。這當然全得仰拜父皇所賜，是老父保護了他，也賴長兄皇太子替他維持。不然削爵廢罷之禍，其可免乎？

經過這一番挫折，高燧從此「益斂戢」，不敢再對皇位存絲毫奢想了。

黃儼在這件大案中，為保護趙王、護佑其同類，立下了功勞。這場內外勾結、以謀害「聖躬」為主要目標的流產政變，沒有在內廷引發大殺戮，從一個側面表明，到了永樂晚年，經過多年的深耕，宦官勢力盤根錯節，相互借重、蔭護，已經達到一個相當穩固的程度，即便朱棣本人也無法摧枯拉朽，將其一擊搗毀了。好比趙王高燧，他之所以逃脫懲罰，畢竟他是皇子，皇帝、皇太子都要保他。然而此案中另一個陷得很深的人物——太監楊慶，也沒有因為他養子是謀逆案的主謀而受到太大的波及，只稍稍沉寂了一段時間，依舊風生水起，正是這一狀況的很好體現（楊慶事蹟，詳見下章）。

常山護衛指揮孟賢等很快被處決。

次月的第一天，天空出現了日食。

在古人看來，日食是上天對政事失宜的嚴重警告，尤其是在剛剛經歷一次政變危機之後。一般情況下，朝廷都要命百官「修省」，結合本職工作，認真檢討過失，好挽回天意。而在永樂末年，在群臣眼裡，最為不當的政治舉措，就是持續對朔北用兵。然而朱棣聽不進不同意見，即便是戶部尚書夏原吉這樣的老臣，稍有勸誡，都遭到毫不留情的打擊。日食這樣重大的災異，也僅僅讓朱棣在北京多待了一個月，七月初，他再一次冒著酷暑，率領大軍，親征漠北。

這又是一次勞師動眾、勞民傷財而得不償失的用兵。明軍在塞外艱苦遊行了一大圈，在十一月回到北京。朱棣對此並不滿意，在第二年夏天，再次不顧群臣的強烈反對，出兵塞外，這一回他在回師途中，死在一個叫榆木川的地方。

朱棣的遺體被運回關內，由皇太孫朱瞻基迎接至京。皇太子一邊安排大喪，一邊在靈前即位，他就是明朝的第四位皇帝仁宗朱高熾。

黃儼的末日到了，朱高熾此時不必再小心地隱藏自己的愛憎，他馬上下旨逮捕黃儼、江保等人，甚至沒經過審判，就將這兩個多年來折磨他的政治對手殺死了。

對於黃、江二人之死，明朝國史沒有記載，王世貞《中官考》載曰：「太子即位，儼、保皆伏誅。」但據朝鮮《世宗實錄》所記大明使團頭目黃哲告稱，說「黃儼死後，被斬棺之罪，妻與奴婢沒入為公賤」。若此說為真，則黃儼在朱高熾即位前已死（不排除是自殺），仁宗為了洩憤，將他的屍體從棺材裡拉出來再殺一遍，同時將他的老婆和家人都沒官為奴。

第二卷

這是一個「太監」繁榮的時代

關鍵人物

鄭和、王安、李謙、孟驥、雲祥、燕琦、福山、王景弘、洪保、楊慶、侯顯、亦失哈、首任東廠太監、倪忠、阮安

第一章　相面大師眼中的燕府群閹

我們首先得把「太監」這個詞說清楚。

太監一詞出現很早，大約在北魏時就有了。但北魏宮裡的太監，不是閹官，而是宮女，是宮中女官。後來這個官稱，斷斷續續被沿用著，直到元代。但元代的太監，等於說「大監」，是某監的長官，如祕書監有太監，還有少監、監丞等官，皆非宦官。

太監明確地與閹人掛鉤，還是從明代開始的。

明初的宦官機構統稱「內使監」，是內官監的前身，不久陸續增設許多監，如司禮監、御馬監、御用監等，一共十二監；另外還有司、局、門、庫等眾多衙門，從而形成內府「二十四衙門」的雛形。但監的頭頭，最初不叫太監，而叫監令，下面是監丞。直到洪武十七年，在重新更定宦官官制時，監的主官才改稱太監，副官為少監、監丞，遂為定制。

一個「太」字入官銜，真真了不得！看官您數數，掛「太」字銜的都是什麼官？往大了說，太上老君、太上皇、太子、太師、太傅、太子太保……往小了說，擱知府那兒，還叫太守，再往下，百里侯（知縣）就不敢以「太」字入銜了。而民間的狠角色、高手、大財主，下人都尊稱太爺、老太爺……可見宦官做到太監，不是白幹的！

太監，按官制，是正四品的內官，相當於地方上大郡的知府。至少在永樂時期，能做到太監，是很不容易的，許多人在內廷混了幾十年，還熬不到太監做。可打宣德開始，太監就多起來，許多宦官多年媳婦熬成婆，數年間超升太監，舉不勝舉。尤其是到了晚明，一方面是宦官越來越多，一方面是太監之官益發猥濫，一般人已搞不清楚內官官銜的差別，乃一概將內臣統稱為太監。這時，「太監」之義已發生變化：既是最高品級的內官，又是所有宦官的通稱。清代則在官制上接受了這種改變，不管宦官級別和地位的高低，全部稱為太監。至此，太監便與宦官同義了。

明代大規模地任用宦官，眾所周知，是從永樂時代開始的，之前雖然也用，但影響不那麼大，有點「隨風潛入夜，潤物細無聲」的意思，而到永樂之後，宦官之聲勢，則如驚雷霹靂了。

有一種為人熟知的說法，稱朱棣在建文四年（西元一四〇二年）「舉兵直赴南京，不復為歸計」，是因為得到建文宮宦官密洩的情報。大兵既入城，天下大定，「內官言功不已」，朱棣不知道該怎麼辦（「文廟[22]患之」），於是派其中有勇有謀者到邊藩鎮守，假以大權，賜公侯服，其地位甚至在侯、伯等勛臣之上（見姜清《姜氏祕史》）。

然而事實並非如此。

前文講到，朱棣入京後，許多建文朝舊閹經過重新甄別上崗，恢復了職位，有的還得到重用，我們舉出的例子有趙琮、沐敬、姚鐸等人。尤其是沐敬，做到內官監太監的高位，皇帝北征不還，昔日舊臣皆不敢諫，唯獨他敢諫諍，並且大捋虎鬚而不死，還得到「吾家養人皆如此，何憂不治」的高度評價。

然而朱棣是一個比曹操還多疑的人，他怎會將天下兵權交到那些本就缺乏忠誠的投降宦官手裡？

22　朱棣最先的廟號是太宗，至嘉靖年間方改為成祖。朱棣的廟號既稱「太宗文皇帝」，故又稱「文廟」。

真正在永樂朝掌握邊方大權的，是出身燕府、在靖難之役中立下大功，相當於朱棣「家生子」的親近閹奴們。

當朱棣登上天子之位，隨他打天下的造反信徒們個個攀上龍廷的大柱，這叫攀龍附鳳，也叫從龍登天，或稱一人得道、雞犬升天，又喻之為鯉魚躍龍門。總之，俗話裡，類似的詞彙非常多，夠得分，不患不均！

那麼到底朱棣潛邸裡都出息了哪些太監？我們且借一位相術大師的預言來做一個不完整介紹吧。

這位大師姓袁，雙名忠徹，是一位「相二代」：他本人做相面的生意，他父親也是靠相面發家。了不得的是，他父子皆為大師。

第一代大師，也就是袁忠徹的父親，名頭非常響亮。響亮到什麼程度呢？我都想為他專門著一部書！此公單名一個珙字，名叫袁珙。袁珙在相術界（不是相聲界），是與漢代的許負、唐代的李淳風與袁天罡等大師並駕齊驅的人物，人稱「袁神相」或「柳莊神相」。我在《大明王朝家裡事兒》一書中詳細介紹過二袁在洪武、永樂兩朝的活動，特別講到，袁氏父子曾在洪武末年，應燕王之邀，到北平給燕府眾將以及朝廷守臣分別看過相，並給出截然不同的吉兇判語，後來為事實所證明。

其實，家學淵源綿長的「相二代」袁忠徹不僅相過龍顏，還奉皇帝之命，相過政敵，相過文武大臣，甚至相過儲位的候選人，自然皇帝駕前「親臣」——權勢熏灼的太監們，他也都相過。

袁忠徹一生宦海沉浮，正統年間退隱後，寫了一本相書，名叫《古今識鑑》。這是一本相術的實戰書，記載了從遠古以來上百位名人的相貌，並根據相術原理對其命運進行瞭解構。其中第八卷所記為〈國朝〉人物，包括太祖朱元璋、成祖朱棣、仁宗朱高熾、宣宗朱瞻基及一批臣僚，尤其是記載了幾位出身燕府的大太監。這種材料是非常獨特而珍貴的，以下逐個介紹：

第一位，是越到近世越吃香的太監鄭和。

在明清兩代，鄭和就是頗富傳奇的人物。自梁啟超為他寫了一本傳記《祖國大航海家鄭和傳》，他更開啟了「偉大」的航程。以宦官的出身而享有民族英雄的地位，上下五千年，東西兩萬里，獨鄭公一人而已！

可見，國人調侃宦官，還是分對象的：說到司馬遷，大家滿口讚賞；說到蔡倫，只剩下佩服；而說到鄭和，更厲害，大家一齊忘了他是太監。這就是選擇性記憶。

我們還說鄭和的外貌。袁忠徹在書裡這樣描述他：

內侍鄭和，即三保也，雲南人。身高七尺，腰大十圍，四岳峻而鼻小，法反此者極貴；眉目分明，耳白過面，齒如編貝，行如虎步，聲音洪亮。後以靖難功授內官太監。

三保，亦作「三寶」，鄭和又稱「三寶太監」，這是無人不知的。袁忠徹稱鄭和「身高七尺，腰大十圍」，給人的感覺是偉人之態。歷代計量尺不盡相同，大概來說，「七尺男兒」，是男子的一般身高，估計約在一米七左右。若做文獻比較，鄭和身高七尺，與蚩尤、張巡、武松差不多，比劉備（七尺五寸）、張飛（八尺）要矮一些。考慮到「身高七尺」之後還襯以「腰大十圍」，袁大師眼裡的好漢，肯定不會是一個啤酒肚，定是一位將軍肚，那麼鄭和個子不矮，再加上膘肥體壯，大概還面露福相，絕對觀瞻甚偉。

據說，鄭和和朱棣長得比較像，那麼朱棣應該也是個頭不太高且體態壯實之人。現在傳世的朱棣畫像是一幅坐姿像，看起來挺拔偉岸，儼然一位美男子。但考慮到他的兒子、孫子都屬於胖大和尚之形，而很像他的鄭和又長得「腰大十圍」，估計朱棣本人絕不像一棵生於絕嶺的迎客松，更像一棵長在熱帶的麵包樹。畫工筆下的御容，將他美化了。

「十圍」之後的話，都屬於相術語言。

相書裡有「五岳四瀆」之說，五岳是指人的面部以鼻子（中岳）為中心的五個分區。「四岳峻而鼻小」說的是鄭和的額頭（南岳）、兩頰（東西岳）及下巴（北岳）較為突出，而中間擱了個小鼻子。這是一副什麼尊容？看官想像吧。但您可別說好看不好看，因為古人論相貌，只說貴不貴，奇不奇，不太在意是不是一個漂亮小夥子。人說朱元璋很醜吧，可歪瓜裂棗偏偏是個帝王相！

袁忠徹說鄭和「四岳峻而鼻小」，又說「法反此者極貴」，難道說鄭和的臉上要來個厲害的地殼板塊運動，四岳低下去，鼻子突起來，才是極貴之相？而鄭和的臉恰恰長反了，還在地殼運動的第一階段，所以沒貴起來，反挨了一刀，做了閹官？

如果這樣解，則與後文說鄭和的「姿貌」在眾閹中「無與比者」不合（意為鄭和之相最貴，燕府其他宦官誰都不及他），可能這個「反」字有誤，莫非是個「及」字？想來，中國版圖上，東西南北四岳，都是巨山雄嶺，唯獨中岳嵩山不太奇崛，正應了一個小小的鼻子，鄭和的臉部，還是符合自然之態的，所以是好相、極貴之相。

下文說他「眉目分明，耳白過面，齒如編貝，行如虎步，聲音洪亮」，就爽然易曉了。

鄭和因為參加靖難之役立下軍功，在永樂初年晉封內官監太監，這已是太監的極品。而他在永樂年間的主要作為，便是「下西洋」。據袁忠徹說，朱棣任用鄭和，還是出自他的推薦。

袁忠徹說，永樂初，欲通東南夷，皇上打算起用鄭和，問他的意見。袁忠徹表示很看好鄭和，說道：三保姿貌材智，內侍中無與比者。臣察其氣色，誠可任使。

在袁大師眼裡，鄭和氣色極佳，就面相而言，在諸太監中無與倫比。由他這一相，鄭和才獲得那項偉大而艱巨的任務。果不其然，七下西洋，「所至畏服焉」。

《古今識鑑》中一共介紹了九位太監，唯獨鄭和名頭大、名聲響，所以我先將他摘出來，放在第一位來講。其他八位，名氣就要次許多，他們是：王安、王彥（狗兒）、田嘉禾、李謙、孟驥、雲祥、燕琦、福山，其出身及命運如次——

王安，又名不花都，是燕府眾多女真籍宦官中的一個。前文已介紹過，朱棣潛邸之閹，女真人頗多，如王狗兒以及劉通、劉順兄弟等皆是，這與朱棣鎮守北京地區有關。

王安驍勇善戰，在靖難之役及隨後對漠北的戰爭中，常與王彥並為前哨，立下血汗之功。這一點可從明代學者王世貞收集的永樂八年與十二年兩次北征中的詔令得到印證（見《弇山堂別集》之《北徵詔令》），朱棣在軍中頻繁地給部將下達指令，其中多次提到王安和王彥，兩人均擔任大軍前鋒騎隊的指揮官。

王安善騎射是沒話說的，他為人也好，袁大師說他「明曉時務，識達大體，所向立大功，而未嘗矜伐」，頗有大將之才。他生得還漂亮，「人物聰俊，語言清亮」；面容亦是上佳，在袁大師眼裡，王太監「五行俱正，唇紅齒白，耳朝口，白過面，三停平等，背負肩圓」，是個俊美青年的坯子。與他相比，黃儼的乾兒子王狗兒（王彥）就差多了，袁忠徹說他「五事俱小，三停平等，面麻聲亮，處事急躁」。

「五事」是相書中的稱謂，即五官。五事俱小，等於說王彥小鼻子小眼，還有一張小嘴兒——嘴小不小不要緊，關鍵要甜，看官說是吧？

「三停」，又作三庭，是將人的面部從上到下分為三塊，「三停平等」，即三塊大小均等，生此相者為優。

大概說來，王安很像年輕漂亮、沉穩有度的二郎神，而同是女真人的王彥，卻像個躥上躥下，一刻不得消停的孫悟空。

儘管二王性情不同，但這哥兒倆，都是朱棣手下的得力幹將，每每「同事，戰陣功居多」。王安一直做到尚膳監太監，王彥則任尚寶監太監，分別在永樂年間出鎮東西兩大邊——寧夏鎮和遼東鎮，可謂朱棣的哼哈二將。

田嘉禾，原名哈剌帖木，溫州平陽人。此人曾在永樂初年同黃儼一起出使朝鮮，從其姓名及原籍來看，他很可能是一個韃靼人，已見前文。

田嘉禾也是從幼年起即侍奉燕王朱棣，袁忠徹說他「達時務，善機變，寵遇過隆」，參與靖難之役，「多奇功」，說明他也是一位軍功出身的宦官，仕至尚寶監太監。

田嘉禾在明朝國史中僅見於永樂八年（西元一四一〇年）出使朝鮮，其結局不知。然而袁大師的相語中，「過隆」二字頗值玩味，莫非他因「寵遇過隆」而不幸遭嫉、遭妒，以致招來殺身之禍？俗話說，過猶不及嘛！

伴君如伴虎，在脾氣暴躁、性格冷酷的朱棣駕前當差，欲蒙聖寵，須得能耐，若想維持聖眷，則不僅需要本事，更需要一定的運氣了。以下三位，都是朱棣潛邸出身的私人，亦都曾得到過寵幸，但終不免於敗亡。袁大師將其歸諸面相的缺陷，大家姑且聽之，不可盡信。

第一個姓李，單名一個謙，小名保兒，同鄭和一樣，也是雲南人。洪武中，召各大藩世子及庶子之年長者（即稍稍長成的孫輩）到南京，讀書於大本堂。李謙此時就陪燕世子朱高熾在京讀書，後來由太祖朱元璋任命為燕王府承奉之職，是燕府中地位極高的宦官，應該也是一位識文斷字的「閹秀才」。

此人長相如何呢？袁大師形容他「儀表魁岸，肩圓背負，岳瀆豐深」。翻譯成白話，就是說他身材高大，只是肩有點聳（雙肩向前，呈半圓之形），背還有些弓。在王彥的相語裡也有「背負肩圓」

這個詞，據說這個體態常見於伏案久坐以及健身不得法，過度訓練胸肌的人士身上，而我懷疑李謙、王彥等人因為經常趴著腦袋，撅著屁股，大磕其頭，才把形體塑成這副「尊容貴相」的——大概屬於拍馬屁的後遺症吧。

「岳瀆豐深」之岳瀆，是五岳與四瀆的合稱，即中國的五座名山和四條巨川。岳瀆在相術裡用來形容人的面部，「岳瀆豐深」意指李謙臉上棱角分明，該高的地方高，該低的地方低。這樣的樣貌，卻讓我想到一個眉目如刻、狠傲褊狹的陰謀家，再看他，「目神浮露，面肉橫生」，一副兇態，大概也是個殺人不眨眼的。

因為李謙與皇太子朱高熾關係密切，所以在永樂初年皇太子地位未穩時，儘管他的資格很老，尚在鄭和等人之上，但仕途一直偃蹇，許多人迎頭趕上，甚至直接超越了他。

李謙鬱鬱不樂，一日在內府行走，迎面碰上袁大師。袁忠徹一把將他拉住，打量著他說：「李公雙目下有一道紅紫之氣，上貫天庭（額頭），歸來轉為黃氣，形如七七二字……。」

「當如何？」李謙內心惶惑，又充滿期待。

袁忠徹將右手所執之扇往掌心一擊，說出判語：「李公今日之相，主晉職、遠動，好事啊！」

話說當今皇帝最信袁氏父子，萬歲爺一信，下邊人則無不信。這話有兩層意思：一是俗話說的「上有所好，下必甚焉」，主子之信仰若似泥塑，則下人之信仰便如精鋼了，如此方能於此「進步」中彰顯出對主上忠誠的強化，達到「愚忠」的最高境界。二是皇帝信賴神相父子，經常召見，關起門來祕卜大事，談天說地。他父子比一般人更近天顏，在皇帝面前損誰一句，抬誰一槓，都夠人喝一壺的。而皇帝所問，許多都是關於朝政、樞密和高層人事布局的，當袁大師從御前款款走來，神兮兮告訴你，你將走紅運了，他雖然說的是讖語，但在聞者聽來，那不是鬼畫符，簡直就是南天門來的天使在宣讀玉皇大帝的敕令！

看官，不要以為寫書的寫人看相算命，也神神道道著了道，以假作真了。我對相術這一套是不大信的，尤其不信那所謂的「神相」，好比袁忠徹觀李謙之面，見一團紫氣在他臉上盤旋，竟準確地預判李謙在某日將加官晉爵——您信不信？反正我不信。

而我們的主人公李謙深信不疑。他一個失意久了的人，遽然一聽要「晉職」，一陣狂喜之潮，登時從心底裡湧起，從此便坐在家裡等好消息上門。

好容易熬過一個多月，果然在第七七四十九天，旨意下來了，加封他為都知監太監，並且準他回雲南老家歸省老母——這不「晉職、遠動」都應驗了嗎？

李謙十分感激，拿出許多寶貝玩意兒來報答袁大師。袁忠徹也不推辭，欣然接納——這不他該得的嘛！在皇爺駕前當差，做甚生意都容易，大師這回又賺啦。

其實在處世做人上，袁家公子遠不及他父親老成。神相袁珙雖然得皇帝信任更深，但御前那些悄悄話，他從不向外人輕洩一句，更不敢拿機密消息做本錢，來換銀子使。所以袁珙歷經洪武、永樂之際的政治波瀾，慈航得度，保得身家平安。而他的公子，道行高是高，可就是為人機根外露，喜歡自炫，好借相術來拉關係、賣人情。人的舌頭就幾根大筋，是不長骨頭的，可它在袁忠徹嘴裡一翻滾，在人聽來，便極有「骨感」——誰不知道，大師的話，常常「談言微中」，豈可輕忽？

但久而久之，袁大師這德行就討不到好了。他後來在政治上失意，被打發回老家，賦閒之中，百無聊賴，才寫了一部意淫的《古今識鑑》。為何我說這部書屬意淫之體呢？緣因其中許多事都是他自說自話，把他父子的「神技」吹得呀，好像老袁只要往人臉上一覷，就能知道人家腸子上有幾道褶。在自費刊印這部大作時，他還私自冒用「敕撰」（即奉旨編撰）二字，典型是失意之人的聊以自慰。

還說李謙。

李謙自當上太監，衣錦還鄉，風光得意了一把，不過好日子也很快到頭了。

這回袁忠徹不當喜鵲，當起烏鴉。那是永樂十二年（西元一四一四年）的事，年初朱棣再次籌劃北征，在扈駕隨員的名單裡，有李謙的名字。袁忠徹看見了，急忙進奏說：「臣觀李謙眼睛之下橫著一道赤黑之氣，直貫入耳中，恐致顛踣，不可帶他赴敵。」

我因不信袁大師的手段真那麼高明，不得不用惡意來揣測他進言的動機：他是在給李謙下藥呢！可能此時他對李謙已生了嫌隙，想讓皇帝疏遠他，遂找了一個所謂「赤黑氣入耳」的藉口，把李謙抹黑為不祥之人。可是，黑氣入耳難道像妖精入洞，是容易察覺的嗎？假若李謙洗把臉，再抹些雪花膏，這道氣還在否？此次親征，隨駕者數萬人，難道就李謙一個人臉上妖怪縱橫？難道都要袁大師一個個地相看檢驗？還不累死他！這不就是無稽之談嘛！

朱棣聽了，便上了心，把李謙找來，對他說：「袁忠徹相你有難，臨陣慎勿輕進。」還是同意他扈從，但是叫他臨陣時，小心輕進，怕有失蹄之虞。

李謙這回是不信袁大師了：誰想疏隔他與皇帝之間的關係，誰就是惡人和仇敵，自然也是神棍和騙子。袁忠徹沒想到，皇帝把他的相語直接告訴了李謙，他本來打的是冷槍，卻不小心把滅音器弄掉了，轟一聲巨響，令他又惱又怕，知道把李太監給得罪了。像袁忠徹這種人，幹的就是洩露「天機」的活兒，本就是小偷小摸，所以他害人也喜歡施放暗箭，不喜歡明裡刀槍。

得罪李謙可不是好玩的。李謙是皇太子的人，在永樂初年還陪皇太子受過許多委屈，皇太子地位漸趨穩固，他也開始得到重用，目下正以都知監太監的身份，隨侍皇太孫。

皇長孫朱瞻基（即未來的宣宗），深得皇祖朱棣喜愛，將其破格立為皇太孫。皇太孫原是建文帝居儲位時的名號，因為建文帝與太祖朱元璋是爺孫關係，立之為儲，則封之為太孫，合理應當。可而今永樂朝既有皇太子，似無必要再立一位皇太孫。因為中國人是不講究「順位繼承」這一套的，等將來太子當了皇帝，他可以自己再立太子，何必老皇帝多勞，在太子之外再立一位太孫？然而朱棣這一封，具有雙重意義：首先，給皇太子的地位加了雙保險，儲位的覬覦者基本上可以死心了，就是廢掉太子，儲君之位還是在長子這一房，不會落到第二房漢王那一支去；其次，確立了朱瞻基未來皇位繼承人的地位，即提前確立了未來兩朝皇帝的人選，先長子高熾，再長孫瞻基，如此傳承。

李謙是監國皇太子的舊人，如今又服侍深得皇祖喜愛的皇太孫，政治前景一派光明。袁忠徹得罪了他，將來還會好嗎？也是他自找的！

永樂十二年的北征，為了培養、鍛鍊未來皇朝的掌舵人，朱棣把小皇孫瞻基也帶上了。李謙是太孫宮裡的負責人，他所領導的都知監又掌管著皇家扈從禁衛，相當於御前帶刀侍衛，對皇太孫的安全負有直接責任，擔子重大。加之他剛被袁忠徹蜇了一下，那一痛應該令他愈加警覺，百倍小心才是。可李謙急於立功，也為了讓皇太孫顯擺一下「武功」，居然帶著太孫引兵出戰，與蒙古兵在九龍口發生小規模的遭遇戰。

這一下讓袁忠徹抓住了把柄，立即進言，說李謙太胡鬧，聖上已經提醒過了，叫他臨陣時莫要輕進，莫要輕進，他居然還挾持太孫殿下，貿然抵敵作戰。李謙一人死了不要緊，可太孫為國家之本，一旦乘輿失陷，縱然將李謙碎屍萬段，亦難贖其辜啊！

袁忠徹以一個成功的預言家兼義憤忠臣的身份，在朱棣面前給李謙進了伐命的猛藥。朱棣聞言大驚，彷彿他的乖孫兒就要被李謙害死了，急忙飛檄召太孫回營，不許再戰。然後把李謙大罵一通，按照他的暴脾氣，還不知道怎樣「死奴才、賊配軍」地亂罵呢。

恰在這時，皇太子的地位再一次發生危機。本年七月間，北征大軍入關，太子從南京派人前出到沙河（今北京昌平）來迎。八月初一，朱棣回到北京，在奉天殿受賀，然後大賞從征將士。這一仗號稱大捷，其實根本談不上捷，由於北邊形勢惡劣，朱棣被迫在慶捷之餘，對從甘肅到開平、遼東各邊的防守做了重新部署，這表明他持續的北伐，根本沒能轉變北邊的軍事形勢。

回師兩個月了，風平浪靜。突然在閏九月，一陣風暴驟然從內廷爆發，朱棣以太子遣使迎駕遲緩為由，下令將東宮內外輔臣黃淮、楊士奇、金問、楊溥、芮善等人下獄。

據說這次風暴由漢王高煦挑撥而成，其詳情不知，但對東宮的打擊異常殘酷，除了楊士奇很快獲釋外，黃淮、楊溥等人在牢裡一坐就是十年，直到太子登基才得到釋放。太子的地位一時岌岌可危，這是他自登儲位後所遭遇的最為嚴重的一次危機。

對皇儲的打擊也波及太孫宮裡，儲宮一派肅殺恐慌。李謙想起皇上指責他陷太孫於險地，宣稱迴鑾之後一定嚴辦他的話，驚懼不已，竟然上吊自殺了。

他的死，除了自動消失，除掉了袁忠徹內心一大隱憂，還為袁大師的大著添加了一條鮮活的例證——大師好厲害！我說你發你就發，我說你死你就得死。其實，李謙之死，堪稱冤枉哉！

講完了雲南人李太監，再講一位西番人孟驥。

西番在明代泛指西域及其以南廣大地區的非蒙古各部族。元代的色目人，有許多都是西番人，但不清楚孟驥是明軍在甘肅、青海等地征進時俘獲的幼童，還是元亡後留在內地的色目遺種。

孟驥這個名字很可能是後取的，或立功後主子所賜，他的小名叫添兒。其外表如何呢？袁忠徹形容他「五岳豐厚，三停平等，眉目分明，肉多骨少，上長下短」，是一副有福之相，宣宗皇帝就曾誇讚他是「福神」。

袁大師的話得解釋一下：「五岳豐厚」是說孟驥臉上五官長得比較大，眉目分明，挺有精神。五官大則如何呢？表示有肉，「肉多骨少」，依據相理是富貴之相，反之者為貧賤。肉多者，自然不憂飲食，比「肉少骨多」者（瘦皮猴，皮包骨頭之人），從概率上說，是一位富貴之人的可能性更大。但古代沒有超音波，袁大師也沒有透視眼，人家肉之多少可以目測得知，但他骨頭幾斤，將如何測之？總之皆由相面先生臨場撥弄唇舌，科學道理自然是烏有的。

孟驥身高不知，但他上半身長，下半身短，宛如猿猴之態——看官，不要以為這副猴兒樣砢磣，什麼鳳姿龍章、虎背熊腰，不都跟動物比著的嗎？好比大貴人皇叔劉備，最典型的身體特點即是手長及膝，他一定也是寬肩長身，下面安著一對羅圈短腿，稍微一屈，便可蹲坐在地上剝香蕉吃，這不也是一隻猿猴嘛！

依袁大師的意思，孟驥孟添兒，就是靠著這副貴相，「遭逢列聖隆遇」。而孟驥本人又「聰慧有智，內外莫不欽禮」，官兒直做到司禮太監。正統、景泰年間人葉盛在回憶本朝「中官之寵任，肇於文皇」時，所舉的例子，就是「孟繼（驥）諸人」——可見孟公公在永樂、洪熙兩朝是一等一的「大內相」。

宣宗即位後，孟驥寵幸不衰，不知因什麼好事，他還被皇帝稱為「福神」。然而「孟福神」不幸讓袁忠徹那張鐵嘴給啄著了。一日袁忠徹對宣宗說：「此人太宗皇帝時有保駕功，但面肉橫生，近來我觀其色如紫茄，此乃福去禍來之兆也。」他說，孟驥這個大福人的福氣到頭了，可是他是死是活，「全在聖恩寬貸」。

袁忠徹說這話時並未背人，宣德時的另一位大太監陳蕪就在旁邊聽著。

結果怎樣？袁大師寫道：「果不滿三月，（孟驥）禁錮而死。」又給他算著了。

話說孟驥在明代國史明實錄中僅出現過一次，是在宣德元年（西元一四二六年）八月，即漢王高晌「謀反」的那個月，宣宗朱瞻基聽說漢王據城而反，立即御駕親征，很快給皇叔來了個甕中捉鱉，然後派太監孟驥、陳蕪馳奏皇太后，並將勝利的消息諭告北京的文武群臣。

顯然，孟、陳二人同在軍中扈從，這是孟驥在正史裡唯一的一筆紀事。

實錄的記載與袁忠徹的私家載記在一點上是相合的，即宣德初年孟驥與陳蕪差不多等於宣宗的左膀右臂，總是一哼一哈地隨侍在皇帝身邊。但他們又如此不同：番子孟驥的榮光時代在永樂朝，已為西下之夕陽。而交趾（今越南北部）人陳蕪是宣宗在儲宮的舊人，隨宣宗即位而飛騰，賜名王瑾；作為新貴，他理所當然地將孟驥之地位視作其遺產而準備加以接收。他們之間應該存在激烈的利益衝突。

當袁忠徹在陳蕪的監聽下說著孟驥氣運不佳時，其實已選擇站在陳蕪一邊，幫助他推翻把持司禮監大權的孟驥。終於，孟驥沒能維持新主的寵幸，很快由皇帝口中的福神變成老不死的厭物，最後得到廣大宮廷群眾歡迎與支持（「內外莫不欽禮」）的孟老太監被「禁錮而死」。

這對於明宮來說，屬於新陳代謝，所謂一朝天子一朝臣，對內臣而言，亦是此理。

倒霉催的，不止李謙與孟驥，還有一位胡人出身的內侍雲祥，原名猛哥不花。此人也是「自幼入內，靖難時有功」，永樂初年任尚膳監監丞。

「胡人」在明代泛指北邊之外的各個民族。雲祥的外貌，據袁忠徹形容：「四瀆深，五岳隆，目秀，但眉粗，聲如破鑼。」這副容貌就像出自一位拙劣雕工的刀下，面目刻畫很深，是刻刀反覆鑿刻的結果，技法低劣者往往都犯這個毛病。雲祥眼睛長得還說得過去，可那一對「秀目」，壓在一對掃帚粗眉下，秀氣全失；聲音大，調門高，卻還是個破鑼嗓子。如果袁忠徹不是相面，而是寫小說，他這幾筆描摹可算生動，一望而知雲祥就是個廚子頭（尚膳監管宮內飲食）。

永樂七年淇國公丘福等一公四侯征北，雲祥也隨去了（可能是監軍），結果大軍覆滅於臚朐河，雲祥也被俘了。第二年，朱棣親征時，雲祥趁機逃脫，回到明軍大營。朱棣見他在虜營「放羊」一年，對韃靼人的情況比較瞭解，就物盡其用，派他做使者，來往於大軍與韃靼首領阿魯臺之間，傳遞消息。

但朱棣並沒拿他當作明代蘇武，反而對他被俘而不死，心懷不滿，無論雲祥怎樣賣力，都無法重新獲取皇上的歡心。沒多久，就因為「使命失禮，懼罪自經」了。

看來，像李謙、雲祥這等「岳瀆豐深」或「岳隆瀆深」的長相，多是個「上樑自絕」的造化。

袁忠徹還寫了一位內侍，姓燕名琦，舊名王定住，是處州人，即浙江麗水人氏。他做閹人，最先是在魏國公徐達府上，服侍仁孝皇后，也就是朱棣的老婆徐皇后。徐氏嫁給燕王後，燕琦也隨到了北平王府。燕琦是有專長的，他在王府主要負責藥物（「專治藥」）。據洪武十四年的《祖訓錄》，王府內官中設有「司藥內使」二名，可能燕琦幹的就是這活兒。

靖難之役後，燕琦「以守城功」，封印綬監左少監。這從四品的官兒大概只是個隨喜之賞，燕琦整日坐在宮裡配方煎藥，哪裡得空上牆執兵守城？不過因為他是皇后的內侍，朱棣心疼老婆，才重重提拔她房裡的下人。燕琦的官兒，其實是白撿的。

燕琦的長相，實在糟糕。袁忠徹說他「骨肉相稱，面部停勻，聲清」。「骨肉相稱」介於「骨多肉少」與「骨少肉多」之間，不多不少，不貴亦不賤。「面部停勻」，就是「三停平等」之意，但要稍差一點。另外他「聲音清亮」。

上面三條，是個常人之相，但袁忠徹從燕琦的眼睛裡看出潛伏的禍事來了，他說燕琦「羊睛四白」，乃「兇禍之相」。原來燕公公長了一對滴溜兒圓中帶瞪的羊眼，眼仁小，眼白多，就像兩碗豆花裡各擱了一粒黑芝麻，是典型的「兇禍之相」，大事不妙！

袁忠徹說：「（燕琦）後果受戮。」燕少監因何挨刀送命，詳情不知。但他是徐皇后的私人，皇后死後，沒了靠山，一步走錯，路沒看準，跌到山溝裡，也是有的——誰讓他眼珠太小，又愛瞪人呢？

袁忠徹在《古今識鑑》裡最後介紹的一個宦官是福山，此人出自北元太尉乃兒不花的部落，也是一個胡人。朱棣還做燕王時，於洪武二十三年同晉王朱棡北征，在此役中俘獲福山。那時他還是個童子，在兵亂中與母親走失，從此孤身流落於明宮。

福山很得寵信，一日朱棣對袁忠徹說：「福山是個孝子，每次說到他母親，都要落淚，你給他相相，看他母親還活著不？」袁忠徹就給福山相了一命，然後奏道：「臣觀福山天庭黃氣若蒸霧，至月角歸來，喜氣朝三陽，異日必見其母。」

相書說：「日角塌陷父先走，月角豐滿母還在。」人的雙眉內梢上，左為日角，右為月角；所謂「三陽」，在《柳莊相法》裡特指印堂、顴骨和準頭（鼻尖），這三個部位的氣色，決定了人運勢的好壞。袁忠徹此時說福山額頭上黃氣如蒸，從月角入三陽，喜氣旺盛，將來一定能夠見到他母親。

袁大師說得篤定，福山初聞喜極而泣，再思卻是將信將疑。他和母親離散時，還是個無知丱童，彈指一揮，二十多年過去，哪裡還能指望母子團聚！大概袁大師是逗他開心吧。

後來福山隨駕到了大寧[23]，一次騎馬打獵，追逐一隻野雞，野雞飛入一家院內。這福山也真淘氣，竟然翻牆入內，繼續追攆。一婦女不知何故，驚慌跑出來，兩人迎面撞上。福山努目一瞧，這不是自己的老阿娘嗎！那婦人也認出了他，母子倆不料有此奇逢，相抱痛哭。

福山回來報告了皇帝，朱棣也很高興，就讓福山奉母以歸。第二年，袁忠徹來京，朱棣在祭祀的

23　大寧，洪武時為大寧都司，地在東北遼河以西，為寧王鎮守，永樂時棄與兀良哈三衛。

堂子裡召見他，想起這事，對他說：「福山果然與他母親相見了！」讓福山出來，親自拜謝袁大師，連連稱譽大師「相術之有徵焉」。

以上就是袁忠徹在《古今識鑑》裡記載的九位宦官之面相及其命運，雖然其主旨在於自我吹噓，但畢竟間接留下了不少史料，尤其是這些宦官材料，多為獨家，足補正史之闕漏。

這些燕王府出身的宦官，絕大多數都不是漢族，折射出的正是明代初期內廷宦官種族之複雜。在正統以前，明宮宦官數量不甚多，沒有統計數據，我推測應不過數千人，其中「夷人」占了主體，包括女真人、胡人、西番人、西南夷（雲貴等地少數民族）等。看官您可別說這些朋友來自五湖四海，為了一個共同的革命目標走到一起來了。他們什麼目標都沒有，多數是戰爭中俘獲的幼童，還在懵懵懂懂之齡，就被人下黑手閹了，從此做宦官伺候人。另外，外國進貢的閹童也比較多，除了朝鮮，安南國（今越南北部）也經常向明朝貢獻閹人。永樂初年平定安南、郡縣其地後，新設立交趾行省，成為內廷宦官的主要來源地，其數量可能達數千人之巨。成化朝以前，許多有名的大太監都是交趾人。

宣德以後，明朝靠徵索或俘獲獲取閹童的途徑越來越窄，宮廷宦官主要靠土產自收，到弘治年間，明宮中的少數族裔或外國宦官已經很少見了。宦官來源之變，引出一個「自宮」的話題，下文詳述。

第二章　三位「下西洋」的雲南同鄉

上一節我們詳略不一地介紹了九位燕王府出身的宦官。在永樂朝呼風喚雨、大展宏圖的宦官，其實多是朱棣潛邸的這些舊人，而不是什麼建文宮廷的叛徒。所謂「衣不如新，人不如舊」，既然皇帝掌握的最高權力是私有之權，他當然願意將其寄託於私人、舊人和老人。

宦官們的事業，有好多看起來公私不明，好比下洋、下番，既有公的成分，但飄忽著也有私的影子。這也很好理解，在帝制時代，朕即國家，國家即朕，我的是我的，你的還是我的，宦官們在許多時候正充當著皇帝攫取公物或他人之物的爪牙。白居易的名作《賣炭翁》，寫宮裡放出來的宦官如長了獠牙的生番見什麼搶什麼，不啻皇帝從紅牆的狗洞子裡伸出來的狗腿子。皇帝自以為「普天之下莫非王土，率土之濱莫非王臣」，但他不動手，財寶女色不會自動跑到他臥房裡來；他自己行動又受限，無法時常親自出馬，像乾隆皇帝下江南那樣，親馳龍船，奮勇南下，載著箱箱櫃櫃去搬抬，於是派出太監閹奴做替身，則是必須的了。

天子權力沒有止境，但天子只有雙拳和雙腳，天下之大，他無法都裁量得到。雖然官僚體制異常龐大，官兒們做的都是皇帝家的官，但官員各有層級，縣官不如現管，皇帝不可能直接下旨給某一級官員，令其如何如何。而宦官作為皇帝的代表（稱欽差、欽使），則可一竿子插到底，指哪兒打哪兒，運轉如神。皇帝把宦官從宮城裡派出去，就像孫猴子從脖子後揪一把猴毛，擱嘴前一吹，頓時化作無數個手持金箍棒的小猴兒，這豈不是皇帝的分身之術？難怪地方上的官民，最怕這些得勢便猖狂的小齊天大聖了。

明朝的宦官在兩個時期非常強勢，一是永樂年間，一是萬曆年間。但兩個時期的情況完全不同：永樂時，專制皇權異常強大，但造反起家的皇帝對在京在外的文武官員又極不信任，他憑藉以暴力為支柱的強大威權，拋開官僚體制，直接差遣大批宦官到地方上去執行使命，或令其監臨於地方官之上，成為地方有司的「太上之官」。而到了明代晚期的萬曆朝，皇權衰落，宦官勢力萎靡不振，萬曆皇帝與士大夫集團的衝突與對立，卻是愈演愈烈。當皇帝的各種慾望遭到官員集團的消極抵制而束手束腳、無法展布時，他決定拋開外朝官員，直接起用宦官到地方上去開礦收稅。雖然皇權至上，官員沒法將皇帝的手腳都捆起來，但他們決心堅決抵制宦官，從而在全國範圍內引發了劇烈的動盪，使萬曆末年的政局擾攘不寧。

從這兩個時期的情形來看，皇權強勢，需要宦官；皇權弱勢，仍然需要宦官；唯有皇權與有司之權保持了平衡，宦官力量的發展以及朝政才能保持相對的平衡。這是我們認識明代「皇權」和「宦權」抑揚的一條基本線索。如果我們再進一步撥草尋蛇的話，會發現它的病根兒還是在洪武時代，正是明太祖朱元璋苦心孤詣地將宦官制度揳進本朝制度之中，才養成了有明一代近三百年宦官現象之存在。

萬曆朝的礦監稅使擱後卷講，此處先講永樂一朝太監的出使。大致來說，永樂時宦官奉差到外地辦事，主要分三種類型：一、出使，包括出使周邊諸國、下西洋、下番；二、領兵出鎮邊方，如甘肅、遼東等地；三、其他雜事，如採辦、採買等。

先從第一項出使太監說起——

永樂朝的大太監，《明史・宦官傳》裡只寫了兩位，一位鄭和，一位侯顯，他們的事業，一個是下西洋，一個是下番。

西洋在明代特指南海以西的廣大地區，我們知道，鄭和的船隊經東南亞，一直遠航到印度、西亞和非洲東海岸，皆泛指為「下西洋」。

《明史》所記鄭和第一次下西洋，是「永樂三年六月，命（鄭）和及其儕王景弘等通使西洋」。而據發現的手抄本《海底簿》、《寧波溫州平陽石礦流水表》，鄭和在永樂元年即「奉旨出使異域，前往東西洋等處」。其職責一是開諭諸夷，令其輸貢來朝，二是瞭解沿途的海島、山嶼、水勢等，為日後大舉下洋做準備。其同行宦官還有李興、楊敏等人，這三人日後多次同時奉使出洋。

鄭和等人此次奉旨可能只是做相關的準備，並非真正出行，而朝廷為了準備「遣使下西洋」，命福建等處大造海船，鄭和遂於永樂二年出使日本。

鄭和出使日本的背景，是永樂初年，倭寇縱恣，經常寇掠浙江、南直隸等沿海地區，所以派鄭和去傳送敕諭，令該國討本國之海賊，等於是奉天子之命，給日本國下書。而當時源道義[24]便拿住一些倭寇「渠魁」進獻給明朝，藉以恢復、改善明日外交關係。兩國交往自朱元璋以與日本溝通謀反的罪名誅殺丞相胡惟庸後，斷絕已久。

明成祖朱棣大喜，於永樂三年再派鴻臚寺少卿潘賜、內官王進等帶著九章冕服等物，渡海賜給源氏，封其為日本國王。從此明朝與日本建立起朝貢關係，日本對明稱臣，而明朝則准許日本十年來貢一次，並對貢期、入貢地點及來貢人數做出規定。

鄭和出使日本，事見鄭舜功《日本一鑑．窮河話海》一書。

---

24 日本天皇無權，掌握國政的是幕府征夷大將軍，明朝封之為日本國王。源道義即幕府將軍足利義滿。

鄭和下西洋，故事太多，本書從略，不復啰啰。而每次下西洋，擔任皇家寶船船隊正副使，或分船隊首領的，都是宦官，其中涉及的名姓非常之多，不勝記述。本書只略講三個人，他們是王景弘、洪保和楊慶。

王景弘就是《明史》所記與鄭和通使西洋的那位「同儕」（同類、夥伴等意），他的名字又或記作王貴通。在下西洋諸宦官中，王景弘地位僅次於擔任「總兵太監」的正使鄭和，他與鄭和共同出使的次數最多，經常充任副使，後期乃與鄭和並任正使。

永樂二十二年（西元一四二四年）八月，下西洋寶船陸續回航，駛抵東南沿海，第一批船隊在太監王景弘的率領下回到南京，下碇於江口。此番下洋的任務是護送來朝慶賀遷都北京的各國使節回國，鄭和、王景弘等人出行時，皇帝還是永樂爺，等他們回來時，坐在寶座上的已是昔日的皇太子、今日的仁宗皇帝朱高熾（年號洪熙）。

朱高熾即位之後，馬上改其父之政，在即位時照例頒布的大赦詔書裡，下令：

一、下西洋諸番寶船悉皆停止；

二、往迤西撒馬爾罕、失剌思等處買馬等項及哈密取馬悉皆停止；

三、往雲南、木邦、緬甸、麓川、車里等處採取寶石等項及收買馬匹等件悉皆停罷。

也就是說，凡下西洋、下番以及各種採辦、買辦之事全部停止。詔書要求所有奉差前去的內外官員火速回京，不許藉故停留，違者重治。

以上內容通過「大赦詔書」的形式頒布，有赦無辜之民於水火之意。在好大喜功的永樂皇帝的統治下，百姓太苦啦！故新朝的首務，當與民休息，必須將這些浪費民力與公帑的事體停下來，將公差宦官全部撤回。

王景弘率舟師回來時，仁宗剛剛在北京即位，朝廷就命他率領下番官軍赴南京鎮守，凡宮中諸事，同內官朱卜花、唐觀保，外事同駙馬都尉西寧侯宋琥、駙馬都尉沐昕（宋、沐二人都是朱棣的女婿）計議而行。隨即大赦天下的詔書正式做出「下西洋諸番國寶船悉皆停止」的決定，要求返國的船隊及官軍在福建、太倉等處安泊者全部到南京集中。

不久，鄭和領著下西洋官軍也回到南京，遂奉命鎮守南京，內府之事與內官王景弘、朱卜花、唐觀保協同管事，外事同襄城伯李隆、駙馬都尉沐昕商議施行。顯然，鄭和回國後成為南京內官之首，與王景弘、朱卜花、唐觀保等協同管理舊都內府之事，他們還與勛臣李隆、沐昕一起，會商議決南京軍民政務。這實際上是南京設立內外守備之始。

仁宗朱高熾並不贊同他父親的遷都之舉，即位後，立即做出決定，仍將都城遷回南京。仁宗在洪熙元年四月給王景弘下敕，明確表示，「朕以來春還京（還都南京）」，命王景弘提督官匠，修理南京大內宮院。仁宗愛恤民力，特地要求王景弘，大內宮殿「凡有滲漏之處隨宜修葺，但可居足矣，不必過為整齊，以重勞人力」。

但仁宗不幸於次月即暴崩，回都南京的想法從此作罷。宣宗在北京即位後，正式設立「南京守備」一職，分別以武臣（多為有爵之勛臣，稱「武守備」或「外守備」）與宦官（稱「內守備」）充任。首任武守備是襄城伯李隆（一人，後增設副守備一員），首任內守備為鄭和與王景弘。

作為守備太監，朝廷要求他們協同守備武臣，「整肅軍伍，嚴固守備，審察機微，以防不虞，戒戢將士，務循禮法，使軍民皆安，以副國家委任之重」（這是敕書文字，規定了南京守備太監的職權）。不久，又以南京兵部尚書「參贊守備機務」，形成武臣、太監與本兵（即兵部尚書）「三堂」會政的體制。

王景弘雖然排名在鄭和之後，但他們的地位已然相等。宣德五年（西元一四三〇年），宣宗見即位後外夷久不來朝，再次命鄭和、王景弘下洋「詔諭諸番」，而這一次王景弘與鄭和同任正使，副使有太監李興、朱良、周滿、楊真，左少監張達與右少監洪保等，而改由太監楊慶、羅智、唐觀保，大使袁誠擔任南京守備之職。

看官，接下來我們要講的洪保、楊慶，就在南京交集了。當南京守備初設之時，至少有三位雲南籍的宦官擔任此職，他們是鄭和、洪保和楊慶。

洪保，字志道，雲南太和縣人。太和是雲南大理路（入明改為府）的附郭之縣，洪武十五年（西元一三八二年）初為明軍攻取。洪氏及他祖母所屬的楊氏、母親的何氏，都是大理當地的著姓，洪保很可能是大理白族土著。據其生前聘人所撰的壽藏銘[25]載，洪保生於洪武三年（西元一三七〇年），「以齠年來京師」，建文元年（西元一三九九年）「從侍飛龍於潛邸」。飛龍就是燕王朱棣，故洪保也是燕府潛邸之臣。洪保應該也是明軍在雲南俘獲的夷童，入宮時年約十三歲，先在南京宮廷做事，後來不知什麼機緣，在建文朝廷與燕王開始幹仗的那一年去了北平，供職於燕王府[26]。

洪保投到燕王門下，有三種可能：一是正常調動。一般宮廷失意之人，或在內廷遭到排擠者，可能被打發到王府任職，稱為「劣轉」（轉是轉官之轉，劣轉雖然不是降級，但新任之官卻是沒有前途的冷局，相當於貶謫）。如果是這樣，那對失意的洪保來說，則是僥天之悻，實屬轉禍為福，塞翁失馬。第二種可能，是洪保參與了對燕作戰，結果被俘，他沒有守住臣節，歸降了燕王。第三，洪保是燕王

25 壽藏銘相當於墓誌，所不同者，墓誌是人死後請人撰寫，而壽藏銘則是在墓穴修成後即請人撰寫或自撰。墓即「壽藏」之所。

26 見《大明都知監太監洪公（保）壽藏銘》。

的同情者，他見朝廷與燕王打起來，便主動跑到北方報效去了。但此種可能性，我覺得不大，畢竟一個宦官，千里走單騎，去投奔「明主」，不是那麼容易。

洪保何以在那個特殊的時刻突然改換門庭，其緣故實在不好說，他的壽藏銘對此一筆帶過，沒有做出任何交代，其中必有隱情。

雖然洪保「侍飛龍於潛邸」時，已經三十歲了，但朱棣「愛其聰敏縝密」（這不過是虛詞），讓他「常隨左右」。登基後，即授他內承運庫副使的官，並賜予洪保之名。

洪保的名字中帶一個「保」，這個賜名真是不同尋常。

後來洪保便與三保太監鄭和一起，齎捧詔敕，乘坐「大福」號等五千料[27]的巨船，出使西洋各國，又統領官軍鐵騎，陸行萬里，出使西域靈藏、管覺、必力工瓦、拉薩、烏斯藏等地區（皆在今川、藏一帶）。

洪保的壽藏銘說，洪保「航海七渡西洋，由占城至爪哇，過滿剌加（麻六甲）、蘇門答臘、錫蘭山及柯枝、古里，直抵西域之忽魯謨斯、阿丹等國」，也是一位「七下西洋」的太監。英國人孟席斯（Gavin Menzies）在《1421——中國發現了世界》一書中辟有專門章節描繪洪保的遠航，孟席斯稱大量確鑿證據證明，洪保率領的船隊到達過澳洲、南極洲和美洲大陸。

宣德五年（西元一四三〇年），洪保升任都知監太監，充任正使，出使海外。這一次與他同為正使的鄭和死在途中，由洪保率領船隊歸國，完成了明代最後一次航海的壯舉。

---

27 料為計量單位，五千料相當於二千五百噸的排水量。

這樣一位可在中國航海史上標名立號的大人物，可惜《明史》沒有為他作傳。在國史實錄中，洪保最後一次見諸記載，是英宗正統元年（西元一四三六年）九月：「太監洪保請度家人為僧。許之，凡度僧二十四人。」可見洪保是信佛的，他一次申請了二十四張度牒[28]，都得到朝廷的批準，顯示他在晚年仍是有影響力的宦官。

洪保最後一次泛海回來，年事已高，便在南京城南牛首山祖堂禪寺之左擇址營建百年之後的藏魄之所，完成後請人撰寫了壽藏銘（銘文作於宣德九年十月）。他除了修造祖堂寺輪藏一座，還投資修建了一座寺院，名為東峰庵，剃度僧人十二名。

東峰庵作為洪保的家廟，所養僧人就達十二名之多，可以想見其規模之大。壽藏銘說他營建東峰庵的資金來自「所得恩賜內帑財物」，所用寶鈔達「五百千貫」，總計五十萬貫，足見洪太監財力之雄厚了。

洪保卒年不詳，大約在正統初年或中期（洪保最後見於史籍，是《皇明詔令》所收正統六年中的一份敕諭），年約七十歲。

說過洪保，再說楊慶。

楊太監此人前文已經提到，他的養子在永樂二十一年（西元一四二三年）五月參與謀殺永樂帝的宮廷政變，失敗被殺，但楊慶竟然沒有受到太多牽連，很快又在宣德朝威風起來。

據實錄記載，宣德三年（西元一四二八年）六月，楊慶在京營建私邸，少保兼工部尚書吳中拿公

28 度牒是官府頒給僧人的身份證明文件。

家的東西做人情，私自以官木磚瓦相助——連少保大人都要捧他的臭腳，可見楊太監如何貴盛了！

一日宣宗閒來無事，登上皇城門樓，遙看京城風景。忽見一座府邸修建得高大宏壯，便詢問左右，那是何人所居。有人趁機下藥，向宣宗揭發吳尚書拿官家的建築材料私贈楊慶這件事。然而天子一怒，卻只打送禮的，將吳尚書下獄關了幾天，而將納賄的輕輕放過，楊太監仍然「安堵笑傲」。

過了兩天，管木廠的內官裴宗漢因為盜賣官木，被下了錦衣衛獄。裴老公眼見大事不妙，急忙出錢討救兵。他找誰呢？還是楊慶。大概他平日裡白送給楊慶的木材不比吳尚書少。

楊慶這一段可能正走背字運，裴宗漢的賄金才入門，又被人告發了。宣宗接到民間紀委的揭發信（匿名信），勃然再怒，立將裴宗漢拿送法司，以「盜官物」的罪名，問了他死罪，可仍是不動楊慶。真不知楊慶是怎樣一個妖精，把宣宗迷得——不懂！

楊慶是鄭和的同鄉，父名壽奴，在元代做著姚安萬戶的官。他生於西元一三六七年，即洪武開國的前一年，在「髮始垂髫」之年，「入侍皇宮」。顯然，楊慶與鄭和、洪保、李謙等人一樣，也是在明軍從元軍手裡奪取雲南的戰役中俘獲閹割，然後送入宮廷的。這批幼童中的許多人，後來被分送到各個藩府，楊慶等去了北平燕王府。他因為「謹密志誠」，得到燕王的賞識，賜名為「慶」。

我們前面講了許多太監，原來都只有小名，直到發跡，才得到所賜的大名。

當靖難軍興後，楊慶「祗奉天戈，克平內難。厥功居多，恩升（都知監）太監」。可見楊慶不僅是朱棣潛邸出身的舊人，也在靖難之役中立下了軍功。

朱棣登基後，楊慶多次扈駕北征，並奉命鎮守京北重鎮永平（即後來「九邊」之一的薊州鎮）。楊慶在永樂十八年（西元一四二〇年）十二月曾奉命下西洋，出使忽魯謨斯等國公幹，又在第二年年底，會同御史點勘南京並直隸衛府州縣倉糧，並為鄭和、洪保等太監再度出使海外提供後勤保障。此時朝廷已經遷都北京，楊慶可能承擔鎮守陪都的使命，管理舊都宮裡宮外的事務。足見楊慶是深得皇帝倚信的大太監。

永樂末年，楊慶因受養子牽連，沉寂了一段時間。宣宗即位後，他這口冷灶又旺旺地燒起來。宣宗學他祖父，率軍出關，號稱親征，在喜峰口外稍稍轉了一圈，還不等大部隊會齊，就假稱祭祖的日子要到了，趕緊溜回關內，留楊慶與都督任禮率軍二萬斷後。宣德四年（西元一四二九年），楊慶又受命率領神機營[29]銃手，前往薊州、永平、山海關等處，會同都督陳景先備御，一切軍務必二人「計議而行」。永平，楊慶在永樂年間曾經鎮守過，實為羽翼京北的雄鎮「薊鎮」的首任鎮守太監。

宣德五年（西元一四三〇年），因為鄭和、王景弘要出使海外，宣宗遂命楊慶南下，接任南京守備一職。楊慶於當年三月二十四日抵達南京。但他在路上已經扶病，到四月十九日，病勢愈為沉重，已不能視事，七月二十二日便死在南京三山裡的私邸，時年六十四歲。

楊慶死後就葬在城南窯頭山，他死時「公卿奔弔，車馬盈廊」。太監們的官兒，是越做越大發、越熱鬧啦——生也如此，死亦如此！

29　明代稱火器為「神器」。神機營是京師三大營之一，主要使用當時先進的火器銃炮。

第三章　西行，北進！

上節講了鄭和和他的兩位滇南老鄉，都是領兵下過西洋或者為下西洋提供過後勤保障的大太監。下西洋走的是海路，還有一位走旱路，往西番藏地那一路公幹的名太監，此人姓侯名顯，初任司禮監少監，《明史》稱他「五使絕域，勞績與鄭和亞」。

侯顯出使烏斯藏是在永樂元年（西元一四〇三年）四月。說起來，這一趟他完全是幫永樂皇帝辦私活。原來朱棣跟所有中國人一樣，也是個出門拜四方的多神教信徒，他既親近豔羨道家的仙風道骨和長命之術，對佛教的圓融豁達，也基於實用主義的態度，生出一種親熱的勁頭。如果有一位大師，學通釋道，兼修內外，那就更討好了——藏僧哈立麻，正是這樣一位人物。朱棣聽說這位藏傳佛教的名僧，不僅經唸得好，還長於道術，善於幻化，立馬興致勃然，尋思派人去請。

到西藏去可不是好玩的。即便在當代，青藏鐵路都開通了，從北京坐火車可以直坐到拉薩，可人們對入藏仍懷有一定的畏難情緒，以致有人才到石家莊，就嚷著喊暈，說起了高原反應！今人尚且如此，遑論靠馬馱人扛的古代了。

為什麼派侯顯來承擔這一使命呢？除了侯顯是朱棣信任的私人，還因為他「有才辨，強力敢任」，是個極有能力的人。當然，哈立麻作為一位博學的活佛，去請他的人就不能寒磣，不能在神仙門口鬧笑話，把木魚兒當魚，點了要吃。關公門前玩刀的，最不濟也要有小李飛刀的水平。所以侯顯肯定還是一位佛學造詣頗深的教徒。我想他任著掌管內廷禮儀的司禮監少監，可能內府「番經廠」正由他分管，是朱棣在宗教事務上的重要助手。

好，人選定了，侯顯遂於永樂元年初夏出發，陸行數萬里，一路向西，道途艱辛不提，關鍵是他真把哈立麻大師請來了。三年之後，即永樂四年十二月，侯顯陪著哈立麻來到南京。朱棣大喜，命駙馬都尉沐昕代他出迎，並親自在奉天殿接見大師。二人相談甚歡，就雙方關心的心靈世界的重大問題坦誠交換了意見，皇帝一高興，遂重重頒賞，賜給哈立麻的儀仗鞍馬什器，多用金銀裝飾，讓這位「西方」活佛在南京大街上軋馬路時，「道路烜赫」。

哈大師親自在靈谷寺主持普度大齋，為故去的高皇帝、高皇后（朱元璋兩口子）薦福。大師來時，只帶來一路風塵，可他在南京把祕經一唸，立馬好事兒都隨來了，什麼卿雲（祥雲）、天花、甘露、甘雨、青鳥、青獅、白象、白鶴及舍利祥光，天天都能看到。還有人奏告朱棣，說聽到「梵唄天樂，自空而下」，大約是上帝的儀仗隊也降凡了。群臣也會湊趣，上表祝賀。內閣學士胡廣等人還聯手寫了一首名為《聖孝瑞應歌》的詩，大意是說，這些美好的祥瑞一齊呈現，都是被皇帝的孝心感召來的。

當年朱棣不忠不孝、大造其反、大肆屠殺的劣跡，都被掩蓋在一派浮華的喧囂中了。

朱棣要的就是這效果，不禁心花怒放，馬上封哈立麻為「大寶法王西天大善自在佛」（尊號一共三十三個字，此處省去二十二個字），令他「領天下釋教」，做了「天下」佛教的總頭領，頒賜給他的印信和誥書，一如親王之制。哈立麻的三個徒弟，也都封了大國師。朱棣多次在奉天殿開筵，宴請他們。

這些好事彷彿一門親，是誰做成的呢？當然是少監侯顯啦。朱棣不忘他的功勞，以其奉使之勞，擢升他為司禮監太監。

侯顯下一次出使，已到永樂十一年。這年春天，他奉命遠行到西藏以西的尼八剌（今尼泊爾）、地湧塔二國，召其王來朝。又於十三年夏，率舟師到「去中國絕遠」的東印度之地，通榜葛剌諸國——侯顯也算偶爾起興，下了回「西洋」。由此我們可看出，永樂時期的出使太監，並非專主一路，下西洋的下西洋，下番的下番，許多人是既下西洋，也通西番，既是岸上猛虎，亦為水中蛟龍，好比鄭和，就曾到過西域一帶。

侯顯所到的榜葛剌國，其西有一鄰國，名沼納樸兒，經常侵犯榜葛剌，估計是個地區豪強。榜葛剌國王便借貢方物，向明朝求救。朱棣愛管這些閒事（儘管地方遠，許多事他實在是心有餘而力不足），就於永樂十八年九月命侯顯再使故地，賜沼納樸兒金幣，令其罷兵。不過天朝的勢力離印度正如遠在天邊，那豪強的沼納樸兒國哪識得大明永樂皇帝為何方神聖，輒給他面子？侯顯有沒有亮劍，給該國一點天朝顏色看，不得而知。

宣德二年（西元一四二七年），侯顯再次出使諸番，這回他遍歷烏斯藏、必力工瓦、靈藏、思達藏等地（都在今西藏一帶）而還。前幾次出使，侯顯均無戰績可表，這一次路途不寧，道上竟遇著了「寇劫」。侯顯督率將士力戰護寶（永樂中太監出使四方，都是帶著重寶的！誰敢在黃泥岡上一聲吼，都是發大財的節奏），「多所斬獲」——大概為所斬者頭顱、所獲者首級吧，否則，強盜還有什麼可被天朝將士所獲的？侯顯回朝後，奏報功績，錄功升賞者四百六十餘人，應該戰果不小。

此後，侯顯便沒了事蹟。太監總是這樣，常在史書中不明不白就「太監」了。

《明史．宦官傳》說：「當成祖時，銳意通四夷，奉使多用中貴[30]。西洋則鄭和、王景弘，西域

30 中貴，或稱中貴人，代指宦官。

則李達，迤北則海童，而西番則率使侯顯。」

說明奉使四方唱主角的，非旦非丑，皆是宦官，其中李達、海童事蹟太少，本書不講了。

《明史》這段總結性的文字，其實大有文章。為何這麼說？緣因少了一位非常重要的人物，那就是在遼東邊外開闢了奴兒干都司的太監亦失哈。

明朝在東北的疆域，只是遼河以東一小部分（遼東鎮），與今天遼寧省的地盤大致相當。而亦失哈九下奴兒干，率領舟師直抵黑龍江入海口，在元代東征元帥府故地設立奴兒干都司[31]，管轄著數十萬平方公里的廣大地域。看官們哪，數十萬平方公里的土地啊！如果經營得當，不得了！亦失哈能不能說是明初開疆拓土第一人？

然則《明史》何以對他避而不談呢？

這倒不是因為亦失哈是閹人，而是因為亦失哈建功立業之場，主要是女真人（包括建州、海西、野人女真部落）的故地。如果寫亦失哈，等於承認滿清的老祖宗被明王朝成功經略，並向明朝稱臣的事實，這在撰寫《明史》的時代，已為諱史，不許人觸碰了。《明史》纂修官們只好硬著頭皮，將這段由太監主導的史實硬生生刪除了，就當它不曾存在過。明末的好多史實，也是這麼在「正史」中丟失的。

關於這位東北邊疆開拓者的事蹟，不單清修《明史》不記，就是包括《明實錄》在內的其他史書，記載也非常少。比較詳細的材料，存於亦失哈立於黑龍江下游懸崖上的兩通石碑上，一方是永樂十一

31 都司是都指揮使司的簡稱，是明代省一級的軍事機構。

年（西元一四一三年）九月所立《敕修奴兒干永寧寺記》，一方是宣德八年三月所立《重建永寧寺碑記》。這兩通碑已被人故意搗毀，但拓片保存了下來，以下內容即主要依據這兩通碑文來寫——

入明以後，在東北奴兒干國（碑文雖稱之為國，實不為國），生活著吉列迷及諸種野人部落。永樂帝即位後，三次派敕使前往該地，「招安撫慰」，各部族紛紛來朝，或「悉境歸附」。對於這些依附歸順的部落，明朝依其土地、人口的多少，分設衛所，給其首領授予相應的官職，賜以誥印、冠帶、襲衣。到永樂七年，在鄂嫩河、嫩江、松花江、精奇里河、格林河、亨滾河、烏第河、黑龍江、烏蘇里江流域等廣大地區，新設衛所已達到一百三十多個，在此基礎上，開設都指揮使司（都司）加以統馭的條件大抵形成。乃於當年，正式設立奴兒干都司。永樂九年春天，都司長官都指揮同知康旺、都指揮僉事王肇舟，以及朝廷欽差內官亦失哈等，率官軍一千人，巨船二十五艘，來到該地，著手建立都司。

永樂十年冬天，亦失哈再奉天子之命，來到該地，招撫女真、苦夷等部族之民。為了宣示大明對奴兒干廣大地域的宗主權，也為了通過宗教的方式「柔化」當地蠻族，朱棣下令擇地建一寺院。亦失哈遂在黑龍江下游東畔，亨滾河口特林（俄羅斯稱蒂爾，下距廟街，即尼古拉耶夫斯克二百五十里，南距寧古塔二千七百二十一里）的一塊危崖之上，建立永寧寺。都司衙署就在寺東幾百米處。

在永樂、宣德年間，亦失哈前前後後一共九下奴兒干，每次都大會諸部，「撫諭慰安」，為這塊「新疆」的建設與維護做出重大貢獻。

宣德七年（西元一四三二年），已經升任都知監太監的亦失哈，率官軍二千、巨船五十艘再來（這也是他最後一次巡察該地）。只見幾年之間，永寧寺已遭破毀，唯基址尚存，寺碑也被推僕在草莽之中。永寧寺雖然只是一座佛寺，但它同時也是明朝政府不能在奴兒干地區常設統治機構的條件下設立的臨時行政和文化中心。破壞寺院，等於是刻意破壞天朝的權威。

亦失哈將其視為反叛行為，下令嚴究，很快查出是吉列迷部落的人所為。為此，亦失哈採取了兩手措施，一方面對軍隊進行緊急動員，準備武力討伐，一方面嚴責吉列迷部酋長，指其悖逆之罪，但同時表示，只要該部改過，本監上體皇上好生柔遠之德，還是會饒恕其罪行。

吉列迷部懾於大明的兵威，聽說朝廷肯寬恕，急忙赴營謝罪。亦失哈守約，當即寬恕其罪，並設宴款待，撫卹之情比前尤過之。同時決定重修永寧寺，而各夷部聞訊，紛紛來助，工程很快完成，新寺「華麗典雅，優勝於先」。

在永寧寺重建完成後，亦失哈率領內外官員，再次立碑，以示紀念。碑文說：「國人無遠近，皆來頓首，謝曰：我等臣服，永無疑矣。」

由於奴兒干離本土太遠，自然條件惡劣，當地部族林立，不相統屬，在這樣的條件下，明朝很難對奴兒干都司實施有效的控制，甚至無法建立城池，設立官署，駐兵也難以做到，只能時不時地派軍隊巡察。亦失哈對此是明了的，所以他對當地部落主要採取「以德懷遠人」的措施，而不是一味用武，以爭取各蠻夷部落的誠心歸順。

事實上，宣德七年也是明代拓邊史上的一個關鍵的轉捩點，從此明朝的對外政策全面轉向收縮，永寧寺碑幾乎成為「天朝大國」照射在遠方的最後一抹餘暉。自此亦失哈再未到過邊外這麼遠的地方，而轉為經營遼東。明朝財政緊張，國力不足，已無法繼續支持亦失哈在奴兒干地區的努力。每次亦失哈率官軍往奴兒干，都先得於松花江造船運糧，「所費良重」。而往邊外頒賜「外夷」緞匹等物，也是一筆巨大的開支。然而這些付出，並不能立竿見影地得到好處，當國庫空虛之時，便難以為繼。正如宣宗一份給工部的敕諭所說：「造船不易，使遠方無益，徒以此煩擾軍民。」宣宗晚年，明朝實際上已經放棄了對廣大野人、海西女真人地面的經略。

景泰元年（西元一四五〇年）五月，遼東鎮守太監、女真人易信被召還京。他被召還的原因，是因為土木之變後，明朝對遼東邊外的控制力驟然降低，建州衛女真都督李滿住遂潛通朵顏三衛胡虜，散兵剽掠。兵部尚書于謙以易信等是女真族人，「皆其親黨」，恐洩事機，經祕密奏請後，才有此調令。說來也是好笑，易信雖然是女真人，但他為大明臣子、經營遼東及東北近五十年，怎麼可能會潛通外敵、洩露事機呢？其實這也不能單怪于謙乏宰相之才，器識太窄，明朝在經歷了可稱「天崩地坼」的土木之變後，面對著傾危的國勢與勢如滔天的「虜患」，對那些為大明王朝建功立業的異族宦官，早已失去了信心，生怕他們趁機背叛。易信是永樂以來眾多異族宦官中所剩不多的一個。隨著他的「老戰友」一個個凋零，他已感到孤獨，在土木之變後，他更感受到來自朝廷的猜忌，為此他積極為保衛邊疆建言獻策，好比他在當年二月才剛就改造火器給朝廷上了一章。他說，明軍所用手把銃，操作不易，難以連發，這個弱點已為敵人熟知，往往趁火器裝填時突擊。他建議將手把銃的柄加長到七尺，上裝槍頭，如果銃藥用盡，可轉為用槍，並且用木頭做了一個樣本，連奏疏一起送到。他的建議得到採納，朝廷命兵仗局照圖示製造。其實，這並非易信才到任三把火提出的改進意見，他在明代「九邊」中最東邊的遼東鎮守的任上已經做了十四年了。他倉促間提出這樣一個技術性建議，實在是為了表明，他鞠躬盡瘁，與所有人一樣，正在為維護疆土而殫精竭慮。為了避免對他身分更多的疑慮，他甚至在不久前改了名字。易信本來的名字是：亦失哈！

亦失哈回到北京後，從此就被淹沒在歷史的塵埃裡，再也看不到任何的記載了。

第四章　林中之鷹：初設東廠

朱棣靠造反上臺，「篡弒」二字是掛在這位皇帝臉上的刺字，人人皆得觀瞻。朱棣宛如大明朝的「青面獸」、「賊配軍」，「反」字就刻在他臉上，他自己也深以為恥，只恨不能像宋江一樣將臉上那金字抹去。他從西藏大老遠地請來一位活佛，大做法事，顯示他的「聖孝」；不怕傾其府庫，花了無數的錢糧財寶，派人下洋下番；又不停手地大興土木，不住腳地北征南伐。搞那麼大的場面，就是希望人們的目光從他臉上那塊難看的刺字上挪開，轉移到他頭頂盛開的「聖君」光環上。

瞧，我這皇帝幹得不賴，總可以挽回一些形象，提振一下低迷的評語了吧！——他大概是這麼想的。

極端的自卑，是篡逆者心思的一個側面，而另一面，則是極度的恐懼；他雖居於安，而無一日不思危。

朱棣上臺後，對內外文武臣僚，懷有疑懼和防忌之心，害怕他們學自己的樣兒，來個否定之否定，也來造造反者的反。為此，他設立了特務機構東廠，養了一大群大小特務。

前文講到，洪武朝已開始嘗試建立固定的「緝事」機構（錦衣衛職能的一部分），但還沒有充分的證據顯示，朱元璋已經開設專門的祕密偵查組織，並由宦官統領。我提到的「繩愆司」，是否具有這項職能，僅是我個人的推測，證據鏈條並不完整，況且該司不久後就併入了司禮監。

但朱元璋、朱棣父子任用親信宦官，出外刺察外廷之事（稱刺事、從事、緝訪、緝事，都是間諜密探的古稱），確實有記錄在案的。我所舉出的明代第一個宦官特務頭子，就是燕府舊閹出身的太監劉通。不客氣地講，此公還是我從故紙中將他拉出來的。

永樂帝登基後，在內外事務上放手使用宦官，那麼，他於此時建立由宦官把持、直接向他密呈情報的偵緝隊伍，則是順理成章、水到渠成之事了。人們熟悉的東廠，正是永樂年間開設的。

東廠是什麼時候建立的，史料絕無記載。

看官，你看「東廠」這寒磣名號，就不是一個正經八百的衙署。「廠」的原意，就是一塊空地，劃給你了，歸你使用。京城內外，堆竹木的、燒炭的地，有許多叫作廠。大概新設的這個國家保密機構在皇城東邊得到一塊閒地作為辦公用房，它遂以東廠命名了（事實上，東廠衙門就在皇城東門東安門外）。東廠二字，不是正規的官衙名稱，只相當於一個代號，如現代某個祕密工程，並不會給它取一個響亮的大號，常以它動工開建的日期，或別的數字命名。

東廠相當於今天的國家安全局，屬於隱蔽戰線和保密單位。同時東廠又沒有編入國家機構的序列，而提督東廠（俗稱「東廠太監」）始終也只是一種差遣。東廠衙門開張時，沒放鞭炮，也沒貼大紅的喜字，人們都不知道有這麼一個機構的存在。直到它採取霹靂手段，搞出一些大動作，人們才驚覺皇上竟豢養了這樣一隻猛虎，不禁悚然畏懼。至於東廠設立的具體時間，則無從查考了。

東廠設立的時間，主要有兩種說法，一說是永樂初年，一說是永樂十八年（西元一四二〇年）。對於普通讀者，東廠何時開設，無關痛癢，也不感興趣，或許還覺得討論這些問題，純屬學究吃多了飯後打嗝，總有一股酸氣在裡面。其實不然。像東廠這樣一個特殊的強力部門的出現，與永樂篡立之後的時局尤為關切。它為什麼早不設立，晚不設立，偏偏在這時粉墨登場？背後必有一種隱形的推動力，與當時特定的政治形勢的發展有其內在的聯繫，或者說，是時局發展的結果與必然。任何時間，都作為一個特別的節點，被銲接在特定的歷史框架之中。弄明白了這一點，才能知道，學歷史絕對不是「記時間」，而時間壓根兒就不需要去記。

清初人谷應泰《明史紀事本末》主張初年說，它記道：「永樂中，盡戮建文諸臣，懷疑不自安，始設東廠，主刺奸。」稱東廠設立的目的是「刺奸」。朱棣即位之初，最令他害怕的「奸」是誰？自然是建文帝留下的臣子們，朱棣不放心他們，遂設立東廠，由他信任的宦官統領，對文武群臣進行嚴密監督、祕密審查，這在邏輯上是說得過去的。

但問題是，東廠不可能設立於百官所在的京師南京。

我們知道，永樂七年上半年，朱棣離開南京，開始他第一次北巡。假如像許多史料所記述的，東廠設立於永樂七年冬天（如《明書》、《罪惟錄》），那麼東廠也應該開設於北京，而非當時的帝都南京。如果東廠初設於北京，那麼它的主要目標，就不可能是「建文諸臣」了。因為跟隨聖駕來到北京的，都是忠於永樂皇帝的親近臣僚，他們都經過嚴格挑選，在政治上特別可靠，才得到護駕北上的榮耀。

從我發現的錦衣衛千戶李宗之妻鄔氏的墓誌銘（《錦衣衛千戶李君妻鄔氏權厝墓誌銘》）來看，東廠應該就是初設於北京。

李宗，字文玉，以字行，浙江上虞人。他是永樂中從「中貴」緝事的錦衣衛官校。需要說明的是，東廠的總頭子是「提督東廠太監」，唯獨這一位是公公，而在他下面當差辦事的，如緝訪、理刑等，都是從錦衣衛抽調來的校尉。李文玉就是其中的一個。

李文玉本來習儒學文，準備參加科舉考試入仕的。可李家不是普通的民籍，而是錦衣衛籍。作為朝廷在冊的軍人，李家世代承擔相應的軍事義務。永樂年間，李文玉的父親李傑受到徵召，隨駕北行（「以錦衣衛士徵赴闕」）。文玉不忍心父親那麼大年紀，還要遠行勞頓，就對父親說：「由此到北京，有幾千里的路程，父親大人以垂白之年而往，就是路上無事，做兒子的又豈能忍心？我決計棄儒從軍，替父應徵！」於是脫去儒服，換上錦衣衛大紅的戎裝，代替父親來到北京。

李文玉生於建文元年（西元一三九九年），朱棣即位時，年僅四歲。他代父從征，至少應該成丁（十六歲以上），而永樂七年他才十一歲，斷做不出花木蘭那樣的孝行。故此，李文玉代替他父親，到北京應差，至少要到永樂十幾年，即永樂的中晚期。

墓誌說，李文玉到京不久，「會文皇帝（朱棣）出中貴人偵天下事，名其署曰東廠」。明確指出，東廠是永樂皇帝在北京設立的。

東廠開設後，隨即從天子親軍衛錦衣衛中挑選「多智善隱」、「技絕倫者」、「良於行者」、「儒而願者」，充任東廠官校。東廠初設之際，對人才的需求非常大，而且所需人才是多方面的，有長於智謀、善於化裝偵查的（「善隱」），有掌握各種超群技藝的，行為舉止端良可靠的以及能寫會算、聲譽較好的（即「儒而願者」）。

李文玉代父從征，已經獲得極好的口碑；他為人又形神明爽，論事風生，是個形象健康、充滿活力的青年；加之他是讀書出身，舞文弄墨的事，正是其本業，操觚在手，筆走龍蛇；他還工於書畫，尤其擅長在扇面上畫水石竹蟲，作品非常生動，令人稱賞。他的這些特點，在以武夫為主的圈子裡，是非常突出的。因此，李宗在錦衣衛「能聲大騰」。東廠一「掄才」，他便以「儒而願者」入選，從此進入東廠當差。

像李文玉這樣通經書、長於文字，又精思善謀的人才，自然容易得到信任和提拔。果然，「久之，（李文玉）益以縝密韜戢見任使」，成為東廠太監的親信。

東廠之設立，其主要職責何在呢？李文玉之妻鄔氏的墓誌裡亦有記述。

話說東廠成立後，探子們為了立功，像蒼蠅一樣嗡嗡亂撲，到處嗅腥，聽到一點流言蜚語，就像打了雞血，飲了興奮劑，立時捕風捉影，掘地三尺，非把小麵糰蒸成大饅頭，把鼠偷的小案張揚成竊國大案，才肯罷休。那些捏造謠言傾陷他人的壞蛋，在東廠反成了香餑餑，成為廠役爭搶的對象（「遇到鑿空飛語告變者，同事無不欣悅掠為己功」）。京師官民很快就領教到東廠的「威力」，偌大一座北京城，被無處不在的東廠番子、廠役攪得人心惶惶，不可終日。

李文玉見到這種狀況，非常憂慮，當同事們搶著立功時，他「獨愀然」，每當「罪人」聯翩拿到，他必與同事「根考蔓究，明爭暗沮」，絕不搞逼供信那一套，只要缺乏證據，沒有事實根據的，一概釋放，絕不誣枉一人。阿彌陀佛！李文玉此舉，如同造了百級浮屠，功德無量。

他還勸東廠太監，希望「廠監」能正確認識並合理使用天子所賦予的這項重權。他說：「主上以公為肘腋親臣，所以才令公柄此祕權以鋤奸。」

插一句播報：古人套敘時，對姓李的稱李公，姓王的稱王公。李文玉說「主上以公為肘腋親臣」之「公」，可不是「公公」的縮稱。

我們不知道李文玉效勞的這位「廠監」姓什名誰，但李文玉是以「公」相稱的。宦官雖為宮廷閹奴，但在日常交際中，他們還是樂於像士人一樣，被人尊稱為「公」。「公公」的稱呼從何時而起，恐難以考證，但此語應該只用於對話中，凡書面遣詞，就我看到的，都只稱「某公」，而不是某公公。

李文玉將東廠之權理解為一種「祕權」，他繼續作喻說：「東廠應如鷹隼一樣，棲息於密葉之中，以防兔子狐貍鼠雀傷害農田的糧食。糧食之所以不受禍害，不正因為密葉中潛伏著令害蟲恐懼的猛禽嗎？道理是一樣的。」（原文：「猶棲鷹隼於密葉中，防兔狐雀鼠之虐嘉穀耳。苟嘉穀無傷，則密葉中固畏之在。」）

李文玉認為，東廠存在的最佳形式，應該是保持一致隱形的威懾力量，人們雖然看不見它，但不能不畏懼於它——這就彷彿一個國家擁有核武器，即便永遠都可能不會使用，但它就能起到極大的威懾作用，令任何強國都不敢輕舉妄動。東廠應該棲息在密葉之中，不該總在天空盤旋，令所有人驚恐。

李文玉的比喻令廠監很受啟發，他沉吟片刻，忽然起身，向李文玉拱手謝道：「若非先生教我，我從哪裡能聽到如此精妙的高論！」從此之後，加強了對東廠行為的規範與克制，東廠番役播虐害民的現象少多了。廠權這朵烏沉沉的黑雲，從普通老百姓頭上移開，轉到真正的奸惡之徒頭上去了。多年之後，鄖氏墓誌的作者還懷念道「故今猶傳永樂中無橫罹於（東廠之）禍者」，說現在還傳說，永樂中，沒有無辜者受害於東廠，並將其視作李文玉勸諫的功勞。

其實，李文玉對東廠定位的認識，也符合後人對東廠職權的普遍看法：東廠應該著力於緝訪謀逆、妖言、大奸大惡等事，而那些雞毛蒜皮、瑣碎不堪的街坊吵罵、經濟糾紛以及一般鬥毆、摸竊等刑事案件，不應在其偵緝範圍之內，即東廠不應該騷擾市井，令普通官民感到驚恐不安。然而事實上，由於東廠權柄太重，它由皇帝直接指揮，並直接向皇帝密報大案的偵查與審理情況（每當東廠太監奏事時，司禮監掌印太監都得迴避），即所謂「上可通天」，所以東廠所掌握的「祕權」很難被約束在權力的籠子裡，此為後話。

李文玉多次隨永樂帝朱棣北征，又隨宣宗親征武定州（平漢王高煦）、巡視塞上萬全等地，「皆著扈蹕功」。後升任錦衣衛班劍司百戶（班劍是天子鹵簿中的一樣物事），景泰二年病卒，贈錦衣衛副千戶[32]。李文玉是我們所知的最早的一位東廠官校。

32 贈官是人死後所得到的加官。看官萬勿望文生義，以為「贈」是白給的官。

關於東廠成立時間的另一說，是永樂十八年（西元一四二〇年），多數史料，包括《明史》都持此說。

此說的源頭，見於明朝嘉（靖）萬（歷）時期的著名學者王世貞的記述（見《弇山堂別集》和《中官考》）。既然東廠之設，不見諸國史，那麼王世貞是如何得知的呢？他是從史料中推算出來的。成化年間，東廠之外又增設西廠，兩大特務機構爭權，鬧得非常厲害。大學士萬安上疏請罷西廠，疏中提到，東廠之設自文皇帝，「至於今五六十年」云云。這份奏疏就收在《明憲宗實錄》裡。

實錄本為祕籍，藏於金匱石室（明代實錄，正本藏皇史宬，副本藏內閣），不許外人窺視。但在王世貞的時代，社會上已經流傳著實錄的眾多手抄本，大概王世貞看到的版本有誤，抑或抄錄時一時疲勞眼花，反正他將萬安奏疏裡的「至於今五六十年」錯寫成「五十六年」，然後從上奏時間一倒推，便算出東廠設立的時間是在永樂十八年。

這位明史的大權威一犯錯，後人則不免跟著錯，清修《明史》未加考訂，就沿襲了王世貞的錯誤，書中兩處提到東廠，都說設立於永樂十八年。此點被本人指出，可糾《明史》之失（參見拙作《明代「東廠」新證三說》）。

雖然王世貞所稱東廠設立於永樂十八年說由於所依據的史料出現問題，成了無源之水，但綜合各方面材料來看，東廠設立於永樂中後期是無疑義的，大致來說，就是永樂十五年朱棣最後一次北巡之後。

從那年開始，北京開始進行規模宏大的營建工程，這裡匯聚了來自全國各地的數十萬工匠和民夫。同時皇帝還傾盡全力準備對漠北的征伐，使北京成為一個巨大的兵營。為了支撐皇帝無盡的野心，全國各級政府不得不極力盤剝百姓，以滿足朝廷不斷膨脹、毫無止境的需求，大批農民被迫離開力作的農田，來到北京充當勞役，海量的物資像龍吸水一樣，通過陸路與運河持續地向北京湧集。

在政府空前的壓迫下，不少地方發生了不同程度的反抗，其中最著名的，就是山東婦女唐賽兒領導的起義。起義失敗後，唐賽兒逃脫了追捕。朱棣懷疑她化裝易容隱藏在出家婦女之中，竟悍然下令逮捕北京、山東等地的全部道姑和尼姑。儘管永樂皇帝如此殘暴而荒唐地使用權力，唐賽兒終是沒有落網，這真是一大諷刺。

在這樣一個擾攘和充滿反叛的環境裡，朱棣需要強化對國內（尤其是北方地區）的監視與壓制，於是東廠順應他的這種需要，適時地呱呱墜地了。

第五章　廠衛並行

或許有敏銳的看官要問了，不是還有錦衣衛嗎？這個問題可算「問到點子」上了。我正要說到，東廠的開設，與錦衣衛權勢之漲縮沉浮，存在著密切的關聯。

東廠開設的初衷，正如李文玉所理解並為首任東廠太監所贊同的，是為了緝訪「謀逆大惡」，而這也是錦衣衛的重要職責。永樂初年，錦衣衛緝訪權大張，有一位「緹帥」[33]，姓紀名綱，是滿朝皆懼的人物。

紀綱，《明史》有傳。他入的是哪個傳？《佞幸傳》。「佞幸」二字不中聽，但在專制帝王的統治下，真正手握大權的，往往不是重臣高官，而是那些官職卑微的佞幸們。永樂初年，紀綱把持錦衣衛，一時間權傾朝野，錦衣衛的權勢也達到有明一代的最高峰。而永樂中後期增設東廠，實為制衡錦衣衛，與紀綱勢力之衰敗乃至死亡，具有直接的因果關係。紀綱之敗，與東廠之設，顯示出永樂朝激烈殘酷的政治鬥爭。

朱棣初即位時，殺人無數，而幫他殺人的，是一文一武兩位酷吏：文的是都御史陳瑛，武的就是錦衣衛指揮使紀綱。

33 緹是橘紅色。錦衣衛官校所穿袍服都是紅色，故錦衣衛士稱緹騎，衛的主官則稱緹帥。

紀綱同李文玉一樣，也是文人出身，起初是一名「諸生」（縣學的學生）。靖難之役時，燕軍南下，從他家鄉臨邑縣經過，學生紀綱馬上意識到，他出人頭地的機會來了，急速拋下書本，趕到反王的隊伍裡，「叩馬請自效」。

燕王朱棣那時正在招兵買馬、廣納賢才，特別禮賢下士，眼見紀綱是個讀書人，格外親熱。原來跟他造反的，皆是一班不要命的武夫，而讀書之人拘於禮儀，或性格怯懦，多不願從賊，很少有主動投靠他的。可見紀綱不是那種把書讀迂了的人，他頭腦精明，善於投機，為人還「便辟詭黠，善鉤人意向」，坐在燕王行帳中，信口開河，滔滔不絕，句句都鑿在燕王心坎上，好像燕王的心曲兒就是他譜的。

紀綱的本事是全套兒，等到他當權，人們才發現，原來他還是個特別的「忍人」，天生一個酷吏的坯子。

朱棣和他一聊，發現此人不僅經書講得通，還善於騎射，大為高興，當即將紀綱收入帳下，授予忠義衛千戶之職。紀綱從此棄文從武，走上一條酷吏的道路；他半路出家的起點也高，第一個官職便是正五品的千戶。

當然，反王封的官，最後能不能兌現，還得看他的反造不造得成功。

人們習慣從過往的歷史中尋找今日進退的依據。那麼遍翻史書，史上從未有過一個王朝在盛世與和平時期有過藩王造反成功的先例，若依常人之見，則「逆燕」朱棣必敗無疑。然而紀綱眼光獨到超群，不同凡響，他投靠反王，必然像一位現代的炒股家，對著電腦上的股票走勢圖，做過一番認真而深刻的分析。他深邃的目光犀利如電，刺破塵俗，看到燕王事業的無窮潛力，遂以身家做本，斷然投逆從賊，做了朝廷的叛徒。南無阿彌陀佛！燕王最終反上金鑾殿，創造了歷史。紀綱投資的這份「千戶」的期貨，大大升值。改朝換代之後，立馬被拔擢為錦衣衛指揮使，「典親軍，司詔獄」。

所以，請看官記住一句話：歷史從來沒有簡單的重複。

話說錦衣衛是天子親軍中最親最近的一衛，借稱「金吾」（故緹帥又稱金吾帥），居明朝「上十二衛」禁軍之首。凡奉旨捕拿要犯，均差錦衣衛校尉去辦，該衛設有監獄（錦衣衛獄），專門關押、審訊欽犯重囚，也就是所謂「詔獄」。

在朱棣剛剛即位那會兒，替皇上分憂解怒、血洗「建文舊臣」的，是文臣都御史陳瑛。在他的主持下，滅建文帝忠臣數十族，親屬被戮者數萬人。紀綱幹得也賣力，他廣布校尉，日摘臣民陰事，朱棣看誰不順眼，風旨所向，他立刻放出鷹犬，去捕去拿去殺。而凡錦衣衛拿到的「奸人」，朱棣就令錦衣衛究治，紀綱遂來個酷吏的人品大爆發，深文誣詆，凡落入他甕中的，沒有不自誣服有罪的。

朱棣見紀綱抓捕的奸人多，便以為他忠了，親之如肺腑。本來衛的最高長官是正四品的指揮使，朱棣為了獎勵他，特升他做都指揮僉事（正三品），仍掌錦衣衛。打這以後，錦衣衛的主官皆高配，後來甚至有以武臣的最高階都督（一品）掌領錦衣衛的。

紀綱一朝掌權，便把令來行。先說一個被他害死的正三品大員、浙江按察使周新。

不久前有一部電視劇，名為《大明按察使》，講的就是周新斷案的故事。周新原名周志新，此人是個能吏，在大理寺任職時，就「以善決獄稱」。周新為人鐵面無情，敢於彈劾權貴，外號「冷面寒鐵」。他做御史時，京師人甚至以他的名字嚇唬哭鬧的小孩。

《明史．周新傳》如是記載，卻令我產生一絲懷疑。

周新作為監察御史，掃蕩權貴，令其噤聲寒戰，是其本分，可怎麼會在普通民眾中造成那麼可怕的影響，以致都可以拿他的名字來恐嚇小孩？周新是如何成為「狼外婆」的？在談周新之事時，從未有人言及於此。

那是什麼原因呢？

回頭來看史書所記，稱周新「敢言，多所彈劾，貴戚震懼」，再聯繫永樂之初那特定的歷史背景，我很懷疑，周新在建文帝垮臺後，迅速易幟，投靠反王，並成為幫助朱棣斬除「建文忠臣」的馬前卒。也就是說，周新掃蕩的「貴戚」，都是建文朝的舊人——他可不敢拿靖難新貴開刀！

我們知道，朱棣對敵人毫不留情，很多人因為過去的舊帳或者對新朝有不佩服的神氣而遭滿門抄斬，每日都有人被推到市集上砍頭或凌遲。說不定他們中許多人就是被周新推上死刑臺的，恐怕他作為御史，還經常高坐在監斬臺上，聲色俱厲地拋下斬字令牌，故此給市民留下恐怖的記憶。這或能夠解釋，為什麼朱棣對周志新這個毫無瓜葛的御史特別欣賞，乃至不呼其名，只親熱地喊他「新」（幸虧不是親，否則更肉麻）。周志新非常得意，從此改名周新。

周新是從敵對陣營裡「起義」的悍將，反手殺人，毫不假情面，所以朱棣對他印象非常之好。沒多久，周新就被提升為按察使，來到浙江，成為一方大員。

周新確實是一位廉能的地方官，他在任上做了不少好事，「當是時，周廉使[34]名聞天下」。

然而這樣一位名聞天下的好官，很快就要嘗試紀綱之怒鋒了。

話說紀綱部下有一個千戶到浙江「緝事」，本來特務工作，應該是祕密行動，可這位老兄卻拉大旗作虎皮，藉機四下索賄，擅作威福，大發嚇人之財。周新知道了，放出風聲要拿辦他，此人當即遁去。

34 「廉使」是一省按察使的俗稱。

過了沒多久，周新因為公事親自送公文上京，在京南的涿州，恰巧又遇到那名千戶，此人還在滿世界逛蕩，呼嚨詐財。周新便不客氣，將其逮捕，羈押在涿州獄裡。

這正不知是千戶之禍，還是周新的不幸。那千戶被下到涿州獄裡，他一亮錦衣衛的名頭，差點引發監獄風暴，高牆塌了半截。那世道，捉了錦衣衛，不是找死嘛！可周新也是個狠角色，他曾經任過北京的巡方御史，以鐵面著稱，涿州過去為其治下，曉得他的厲害。當地官員不敢隨便放了那千戶，又不敢繼續監著他，怎麼辦？當官的就是腦袋靈光，很快想出個法兒，故意給那千戶留個空，讓他自己逃去。

千戶逃回北京，找到紀綱哭訴此事。紀綱大怒，打狗還要看主人嘛，周新這麼做，分明是不給本衛面子，決不可容忍。即刻寫下一份密奏，誣稱周新作為按察使，本為地方守臣，他卻妄自以都察院體統行事，擅自逮捕朝廷欽使，這是不把朝廷放在眼裡呀！

那位曾經笑眯眯管周新叫「新」的永樂皇帝，一怒之下，頓忘前日的恩寵，馬上下旨逮捕周新。奉欽命拿人的，都是錦衣衛的人，也就是那位千戶的同事，他們自然盡同僚之誼，幫同類出氣，一路上天天請周新吃棒子，大概比武都頭發配孟州的路上所吃苦頭還多。周新作為朝廷命官，並無削官奪秩，卻被打得體無完膚。

周新逮到北京後，在早朝上被當作罪囚引見，他雖然吃了許多苦，但骨氣仍傲，伏在陛階下大聲喊冤，說：「陛下詔按察司行事，與都察院同。臣奉詔擒拿奸惡，奈何罪臣！」

他要是不辯，或許朱棣能饒了他，誰讓他在朝堂上做出一個直臣忠諫的樣子，反襯得皇帝像個昏君，便激發了朱棣胸中之惡，當即下令，將周新推出去處斬。

周新在臨刑之前，還不忘大呼：「生為直臣，死當作直鬼。」

我意，當不當直臣，倒可緩一步說話，最重要的，是要死得明白。這位周大人死得不明不白，與其做直鬼，不如做個明白鬼——他是至死不悟啊！

朱棣殺周新，按今天的話來說，屬於「激情殺人」，出於一時之憤，之後想起來，頗生悔意。他問身邊人：「周新是什麼地方人？」左右答：「廣東南海人。」人死不能復生，朱棣也無話好說，唯嘆息道：「嶺外乃有此人，枉殺了他呀！」

枉殺畢竟也是殺，周新死得冤枉，魂魄不散。有一天，朱棣忽見一紅衣人，立於日光之下，似曾相識。聽那紅衣人朗聲道：「臣周新已為神，為陛下治奸貪之吏！」朱棣又見鬼了！

周新為人過於執拗，當緹帥紀綱正橫時，他就是要扮忠臣，又何必去攖紀綱的怒鋒？如是之不智！周新的死，他本人應占一分責任，紀綱無端害人，當占三分責任。但紀綱未必一定要他死，周新如果稍微服軟，不當著百官激觸聖怒，也不一定死。而朱棣臨朝一怒，輒隨便殺害有名的「良二千石」，不啻暴君所為，故朱棣對此應負主要責任，至少有六分。

但皇帝的錯誤，除非他自己反省，臣下誰敢糾之？自古的直臣，尤其是因為「直」而丟了性命的，世人對他們往往抱有一種深切的同情，不願指責其失。於是這筆爛帳，一股腦全堆到紀綱頭上，說是紀綱「致之死」。紀綱被誅後，周新的身後之名如日中天，被稱為「當代第一人」。

浙江按察使周新，作為提點一省刑獄方面的長官，又是素享聲譽的地方大員，因為得罪紀綱，都難逃殺頭的悲慘下場，足見這位緹帥是如何被朱棣視為「肺腑」了。紀綱倚仗皇帝的寵信，便開始胡作非為起來。

一次，他要買一個女道士做妾，卻不想被都督薛祿得了先手。也不知這位薛都督是無心還是有意，竟然擋了紀綱的道，他不免也要著紀綱的道。紀綱想他的美人被人奪去，心怒難平，某日在大內遇見薛祿，這口氣不發不行了，當下一棍子敲去，將情敵打破腦袋，幾乎被活活打死。這可是在大內啊！皇家大院可是爭風吃醋、大打出手的場所？紀綱卻不管這個，該出手時就出手，瞧他有多狂！

還有一位都指揮，名叫啞失帖木，某日坐著大轎，走在長安路上，一時得意，沒給紀大帥避道，讓紀綱記下了，回頭便誣告他冒賞，將其捶殺。

上面兩位，一位都督，一位都指揮，官位都在紀綱（他是都指揮僉事，和都指揮還隔著一個都指揮同知，差著兩級）之上，尤其是薛祿，本是靖難功臣，後來被封為陽武侯。可到了紀綱這裡，全不把他們當人看，任打任捶，隨其所欲。紀綱的暴虐，至此盡露，其他的所為，皆不必詳表了。

然而，紀綱的好日子，在永樂十四年（西元一四一六年）到了頭。這年七月，他被朱棣以謀反的罪名處死。

《明史・紀綱傳》裡，記述了紀綱的許多惡跡，如下幾條值得注意：

第一，他多次派家人拿著偽詔，到各地鹽場，勒取官鹽四百餘萬。回來時，又假稱有詔，擅徵官船、牛車，將鹽載入其私邸。而無論是鹽還是船車，他一概賴帳，分文不給。

這條罪狀的要害，不在他白占公家的好處，而在他的家人「偽為詔」，也就是俗稱的「假傳聖旨」，這是非常嚴重的罪行。

第二，永樂初，晉王朱濟熺（第二代晉王，朱棣之兄晉恭王朱棡之子）、建文帝的弟弟吳王朱允熥先後削爵，遭到籍沒。紀綱在奉旨抄沒王府財產時，趁機吞沒金寶，獲利巨萬。貪財本不要緊，康熙帝為了照顧韋小寶發財，不還派他去抄鰲拜家產嘛！韋小寶得了鰲拜家的護身寶衣，穿上四處搖擺，也無傷大雅。可紀綱輕狂至極，他竟然穿上兩家王爺的冠服，高坐置酒，命唱戲的小童奏樂奉觴，山呼萬歲助興。

第三，紀綱家居所用器物，僭比乘輿（指天子出行的法駕）。以上兩樣都是嚴重「違制」的行為，往往是殺頭的前戲。

第四，他還閹割少年數百人，充他府中的僕役。勛戚大臣府中使用閹人，在明初並不是什麼了不得的事。但紀綱只是一介武夫，是皇帝的佞幸，而不是勛臣，也非皇親國戚，他家役使閹奴，就逾制過格了。而且他蓄養的閹奴數量如此之大，可以想見他家府邸是如何豪闊了。

第五，皇帝選的妃嬪，有一些雖然入了龍目，但因為年紀尚幼，不到冊封的年齡，就讓她們暫居外宅以「待年」。紀綱竟然橫插一槓，和永樂皇帝搶腥吃，把其中最為絕色的女子先納了。——他難道忘了，薛祿和他搶女道士，他是如何動怒的？莫非他主子永樂皇帝是善類一枚，會容許奴才來他碗裡爭魚吃？

如此種種，按網絡用語，都是造反的節奏。這些「反狀」，多數都似曾相識，一般來說，皇帝要說誰謀反，都會糊幾頂這樣的帽子栽他頭上，無甚新意。因此我懷疑，它們都是紀綱垮臺後根據獄詞加工整理出來的，以證明他一直都有不臣之心。——好比山呼萬歲一說，我打死也不信。

以上這些罪證，雖然都屬僭越，是大不敬，但還不構成謀反大逆的直接證據。不過不用急，鐵證很快就有了。

永樂十四年（西元一四一六年）端午節，大內照例舉行「射柳」活動。

射柳其實就像划龍船、舞獅子，是朝廷節日慶典的一項必備的慶祝儀式。在端午隆重的節日氣氛裡，讓將士們騎騎馬、拉拉弓，活動一下手腳，含有「馬放南山而軍不忘戰」的象徵意義。許多人望文生義，以為射柳就是對柳樹放箭，射斷柳枝便為高手。其實不然。試想，柳葉是何等輕柔之物，一箭飛來，箭鏃還未挨著葉身，葉子早為一股勁風盪開了，哪能射穿它？所謂「百步穿楊」，不過是一種形象的說法罷了。因為壯士在柳下習射，遂稱之為「射柳」，總比「射垛（箭垛子）」文雅好聽些。中國人淨喜歡這些好看而不中用的東西！

紀綱早在做諸生時，便長於騎射，後來從了武，更日日拉弓放箭。他是有名的神射手，可他在下場前，卻悄悄吩咐親信、本衛鎮撫龐瑛：「待我射時，故意射不中，你卻要折一根柳枝，大聲喊好。」龐瑛不解：「這是為何？」紀綱道：「我要借此觀察一下眾意所向。」

紀綱下了場，呼啦啦一箭射去，果然失了準頭。龐瑛按照事先說定的，折一根柳條在手，歡呼雀躍起來。看熱鬧的官員們，儘管莫名其妙，卻也不敢「指正」，都跟著一起喊好。紀綱見狀大喜，道：「沒人敢跟我作對了。」從此便立下心造反了。

看官您瞅瞅，不是趙高指鹿為馬故事的明代版嗎？趙高在朝堂之上，指一頭鹿說，這是一匹馬，大臣們都唯唯諾諾，不敢反對。紀綱明明沒射中，眾人親眼見龐瑛從樹上摘下柳枝歡呼，卻也不敢喝倒彩。這說明，紀綱就像秦代的奸臣趙高，憑藉權勢，凌駕於百官之上，人們都敢怒不敢言。

這個故事是記錄在《明史．紀綱傳》裡的，然而我卻不信其為真。熟悉在下的看官，當知我最喜歡和「正史」作對了，當然，「野史」在我這兒，也常討不到好。

前面我已指出，所謂「射柳」，實不必射柳。我估計《紀綱傳》的纂修官也沒弄明白這一點，便茫茫然寫紀綱交代龐瑛，令其「折柳鼓噪，以覘眾意」，好像紀綱本該射斷一根柳枝似的。如果「射柳」以是否射斷柳枝來判高下，那實在沒有必要。柳樹之冠那麼大一簇（北方之柳，又粗又壯，形如插立的一株巨型笤帚，不似南方柳樹依湖而臥，為病美人之態），就是我這樣的近視眼，如果趁幾斤蠻力，一箭射去，興許也能射折幾根枯枝下來。我猜，紀綱令小鬼龐瑛折枝，不過讓他手裡有樣物事，招呼起人來，大家看得更清楚些，其作用就像鼓舞士氣的紅旗。

當然，也有可能，龐瑛所折之柳枝，是這個故事在民間流傳時，被後人加進去的一件道具。射柳這一情節，頗富戲劇性，故事生動，刻畫鮮明，遠比說他「多蓄亡命，造刀甲弓弩萬計」更容易讓人記住，這也是史家運筆的偏好。

然而，關於紀綱謀反的種種證據，由於疑點太多，不能不令人生疑。

紀綱秀才出身，是個心機既刻且深的人，他若真心謀反，斷不會像史書描繪的那樣，採取那樣一種狂飆突進的張揚姿態。好比說他借射柳以試探人心，即借指鹿為馬的手法來觀察他的威力是否已壓服眾人，除了自我暴露，到底有何意義？紀綱會那麼愚蠢？自然，在他主子眼裡，他就是蠢驢一頭，一頭蠢驢，所以欲加之罪，總是那麼荒誕不經，經不起推敲。

自古以來，凡欲謀反者，不過威懾與恩結兩條道路。

以恩惠相結者，是司馬懿父子的手法。司馬家與世家大族建立起廣泛而穩固的政治同盟，慢慢侵蝕曹魏家的統治根基，末了輕輕一推，糟朽的曹家大屋即轟然倒塌。

曹操霸奪漢室江山，則是以威相加。曹丞相使漢獻帝整日生活在他的白色恐怖之下，連自己懷孕老婆的命都保不住。可憐的獻帝在熬受了曹家父子的長期折磨後，只好乖乖地把皇位禪讓給曹公子丕，不過履行一道手續而已，人家姓曹的早已是站著的天子了！

毋庸置疑，威懾的前提是曹氏父子掌握著隨時廢立的絕對權力，他們才敢如此張狂無忌。而恩結者野心起時，勢力有限，只好暫取低調之態，慢收人心，待到權柄運轉，朝廷大權如潛流一般發生根本轉移，方才揚手一擊，推倒枯藤老樹。

看官試想，紀綱若屬「造反派」，他該舉起大棒，還是拿著一根胡蘿蔔？

紀綱不過是皇家鷹犬錦衣衛的頭子，他既沒有司馬氏世家大族的背景，也沒有曹操一手遮天的強大武力，他既不掌兵，在文臣中也毫無根基，還得罪了許多人，手中血債無數，人們畏懼他，更痛恨他。這樣一個人，如果真的發了瘋要篡位，只能暗自邀結人心，即採取恩結的手段，豈可妄自拿大，以指鹿為馬的方式去威懾群臣？

這不是傻嗎？

其實紀綱絕無謀反之心，只不過皇帝要烹掉這條走狗，只能給他強加一個死罪。歷朝歷代，那些得意一時的倒霉鬼們，無不著了此道。喊冤嗎？沒用的！

永樂十四年（西元一四一六年）七月，也就是五月初五端午節後不久，有宦官奏發紀綱之罪——顯然這位宦官是瞄了準頭，適時而發的，甚至可能直接受了朱棣的指使。

從朱棣的迅速反應來看，他正等著這封揭發信呢！

朱棣在接讀檢舉信後，立刻批旨，祕令科道官（六科給事中與十三道御史）當廷彈劾紀綱，在次日朝會上，出其不意地向紀綱發難。

紀綱完全沒有料到，言路會突然向他發起嚴厲的批判攻勢，他毫無防備，聽著當朝宣讀針對他的彈章，張口結舌，不知所措。而朱棣已不容他自辯，馬上下旨，將他拿下都察院按治。

紀綱一旦下獄，就像以前所有被他抓捕的罪臣一樣，完全失去了自我。審訊的結果，無不如聖意，紀綱及其黨羽很快承認，他們有謀反的預謀。而就在讞詞奏上的當日，紀綱即被磔死於市，其家屬無論老少，全部戍邊。朱棣還將紀綱的罪狀頒示於天下。他的部下，殺的殺，謫的謫，也都星散了。

紀綱之死，有其必然性。

試想，自古以來，哪一位聖明之君不用酷吏殺人？待該殺的殺了，該除掉的除掉了，聖君該把手洗乾淨了，他駕前立功的酷吏，自然成為他的擦手布，擦完血，隨手扔掉。朱棣命「列（紀綱）罪狀頒示天下」，其目的是將永樂前期令人慘目的大殺戮，歸罪於紀綱（還有已死的都御史陳瑛）。紀綱並不如科道官和史書所指責的那樣殘酷，他不過是一隻可憐的替罪羊，幕後的真兇，其實正是那位把屁股洗得乾乾淨淨坐在寶座上的朱皇帝。

紀綱並非毫無人性的劊子手。好比內閣學士解縉，是明初有名的才子兼狂士，因為得罪了朱棣和漢王高煦，被下到錦衣衛獄裡關起來，紀綱就比較關照他，給予他許多優待。

有一次，朱棣查閱詔獄裡關押的囚犯名冊，見到解縉的名字，恨恨地說了一句：「原來他還沒死啊！」朱棣不想讓解縉活，卻一時找不到讓他死的罪名，就讓紀綱將其祕密處死，給心煩的人來個「人間蒸發」。紀綱不敢違命，又不忍心告訴解縉，回到獄裡，就請解學士喝酒。解縉是多聰明的人哪，馬上知道原因了，當下不語，只是求醉。待解縉喝到酩酊大醉，不省人事，紀綱命人將他抬到院子裡，用雪蓋起來，解縉很快就死了。這大概是紀綱能想到的，既讓解縉死得不痛苦，又能留其全屍的辦法吧。

紀綱必死，還有一個原因，就是他開罪的人太多。

解縉得罪，主要是他擁戴皇太子朱高熾，因此成為漢王高煦的眼中之釘，必欲除之而後快。紀綱在獄裡關照他，顯然是不給漢王面子。

紀綱害人，分明是奉旨行事，可大夥都把帳記到他頭上。許多帳，譬如血債，皇帝是一定要賴掉，請臣下代還的。

當然，紀綱也非善類，他不會秉持公心，替無罪之人優容轉圜。那些得罪了皇帝，被「下崗論死」的宦官與武臣，享受不到解縉的待遇，紀綱還會落井下石，趁機大發橫財，如貓吃老鼠，下口之前必要將老鼠戲耍一番，極盡饕餮之樂。

他每接到抄沒的旨意，就率領一大群官校去「請」昔日的同僚、今日的階下囚。此時，紀綱便表現出一個人格卑劣者的本質，他並不把犯事者直接下到獄裡，而是帶回自傢私宅，先請對方洗個舒服的熱水澡，帶去寬敞房子住下，好吃好喝款待，然後假意說：你不用怕，等我見了聖上，一定替你說好話，赦免你的罪。

那犯官雖知紀綱不是菩薩心腸，但此刻淪落，正在神亂心慌之際，突聽閻王殿上的判官這麼肯幫忙，還不感激涕零？但感激不能光吸鼻涕呀，總得真金白銀，出點血吧。只聽說有錢能使鬼推磨，沒聽說小鬼也來學雷鋒！為了活命，犯官總是會命家人將金銀綢緞、奇珍異寶，使勁地往紀大人家裡搬。

紀綱做出勉為其難的樣子，道：「這些錢嘛，本不該收你的，可你也知道，這世上沒有空手套白狼的好事，你的事重，不能光靠我空口白牙地說，御前那麼多人要打點。」他以這些理由，像擠牙膏一樣，將犯官之家慢慢擠得只剩下個空殼。

犯官明知被紀綱訛詐，也不敢二言。用不了多久，身家已空，再無乾貨好榨了，這時，突然大門一開，好多壯士擁進來，挾著犯官就往外走。犯官大驚，連問：「紀大人在哪裡？紀大人在哪裡？」還沒弄明白是怎麼回事，已被推到西市斬訖，腦殼高懸竹竿之上，瞪著大眼發呆。

紀綱這麼做，得罪了整個權貴階層，成為他們既恨又怕的人物。紀綱的所作所為，其實是在給自己挖墳墓。所以紀綱一旦失勢，他的末日也就到了，即便朱棣想網開一面，饒他不死，他也很難存活下來。普天之下，每一條河邊，都高舉著追打落水狗的棍棒呢！

紀綱被處死的時間非常特別——永樂十四年（西元一四一六年）七月。這在永樂政治史上，是一個特殊的時間節點。

我們把三年來的「時間流」做一簡單的梳理：

永樂十一年（西元一四一三年）二月，朱棣第二次北巡，來到北京。這次他在北京停留的時間較長，約三年有餘。期間他除了把皇后徐氏下葬於剛剛建成的長陵，還發動了對瓦剌的新的戰爭。

永樂十四年（西元一四一六年）八月，朱棣最後一次迴鑾南京。這次南返，主要是為了與群臣討論遷都和營建北京等事宜，所以僅僅待了五個月時間。在他用強權威逼群臣接受他的獨斷，達到目的後，即於次年三月匆匆北返，同時大規模的新都建設工程在北京開始了。

請注意：紀綱之被處死，正是在朱棣倉促南下的前夜。

按照正常邏輯，可以將朱棣在臨發前除掉紀綱，視作他在鑾駕出外之際改採取的一種內部安保措施。這正如他在結束南京之旅北返時，勒令覬覦儲位的漢王高煦離開南京，為皇太子高熾免除後顧之憂，是一個道理。

現在我們回到最初的議題：既然我們認定東廠是永樂中年在北京開設的，那麼有沒有可能是朱棣在第二次北巡期間（永樂十一年四月至十四年八月）在北京開設的呢？在討論這個問題時，必須首先考慮到錦衣衛的緝事權。

在開東廠之前，朝廷緝訪大權盡屬錦衣衛，之後令內臣領官校緝事，是將原來統屬於錦衣衛的權力一分為二，使其「內外相制」。因此，東廠的開設，必然與權傾一時的錦衣衛帥紀綱的命運發生緊密的關聯。

如前所云，在永樂中年以前，紀綱最受寵信，成為朱棣剷除異己的主要幫兇。但紀綱氣焰太盛，已引起朱棣的猜忌，所以一旦有「內侍仇綱者發其罪」，立刻以謀反的罪名將其處死。朱棣趕在南行前夕，除掉了他豢養的獵犬和心腹之患。

第二年五月，朱棣回到北京，即大興土木，修建皇城宮闕城池，數十萬民戶被強制遷來，以充實畿輔。他還雄心勃勃，準備發動對漠北的戰爭，各地徵發而來的軍士夫匠充斥著這座建設中的新都。在這樣一種紛擾的形勢下，紀綱雖死，緝訪之權卻必須加強，此時開廠緝事，才有其現實的需要。

所以我判斷，東廠的開設，應是在永樂十五年之後。

對於東廠的設立與錦衣衛的關係，有官員看得明白，如憲宗朝大學士萬安說，起初用錦衣衛緝奸，單用外官（此「外」字是相對於內官而言的），但恐怕他們徇情，遂增立東廠，令內臣提督控制之，使（東）廠與（錦衣）衛彼此並行，內外相制。這個思路就非常清晰了，即東廠的設立，除了加強對臣民的監督與控制，也是為了制衡錦衣衛，避免其「祕權」過大，難以駕馭，或成為「奸臣」弄權的工具。這與明代政治凡事講求制衡之術，是能夠對應上的。

然而，由於東廠控制在宦官大佬手裡，明中期以後，東廠太監多升入司禮監「參預機務」，或「提督東廠」一職由司禮監太監兼任，東廠的權勢很快就大大超過了錦衣衛，衛權實難與廠權比肩。此為後話，請見後卷。

第六章　營建新都：宦官建築師

永樂中期以後，開始大規模營建新都北京。

燕王初封北平時，其王府是在元代大內的基礎上改建而成，並利用了元朝的正殿。朱棣登基後，每次北巡來到北京，都駐蹕在過去的「潛邸」裡。當他最終決策遷都後，原來的王府行宮，就必須升格為「帝居」，按照帝王的規制重新建造，並建設相應的城牆、皇城、宮城以及內外衙署倉房等。

永樂十五年（西元一四一七年）初，朱棣最後一次巡視，從南到北，隨即新都營建工程正式啟動。請容我在這裡多勸一句，那些喜歡吹噓古代「盛世」的人，不要以為生活在所謂「盛世」便好，百事無憂。在一個漠視個人權利、普遍缺乏人身自由的時代，「興，百姓苦」是多數人的宿命。「歷史評論家」們最常犯的毛病，就是坐著說話不腰疼，只會捧著GDP說鬼話。好比現在有一些人，動不動拿清朝GDP占了當時世界幾分之幾說事兒，還以為自己見解精妙。我想他們該理髮了，不然怎麼見識這麼短？

當北京城建設工程開工後，朱棣為滿足大規模基礎設施建設的巨大需求，在國家財力不足的情況下，利用威力十足的國家暴力機器，強徵天下人力物力，數十萬軍民被強徵到北京服勞役，百姓的賦稅負擔也明顯加重了。永樂時期，人的苦難，只比明朝滅亡之前差強一些而已。建議想穿越的，不要輕易選擇永樂朝。當然，洪武爺那會兒，我看就不必建議了，沒人犯傻去那旮旯找死。

但得承認，明初時，做任何事，效率倒是不低。好比朱棣離開南京不過大半年的時間，他的新居西宮即已建成，他一回北京，就搬進去住。東邊一牆之隔，便是整個帝國最大的一處工地——紫禁城建設工地。如果您不聽我勸，真跑到永樂朝去瞧盛世，我估計您跑不了，應該正擱那塊地忙著呢！

明朝有個宦官衙門，專管營建，那就是內官監。

內府「二十四衙門」，在宣德以前，內官監最為重要，內官監太監地位最高，如鄭和就是內官監太監，什麼人事、財務、工程等事，凡內府之事，無所不管，號稱「內府第一署」。仁宣以後，司禮監崛起，取代了它第一署的地位，內官監的許多職掌也都轉移到司禮監手裡（如掌握宦官題差任用的人事權）。雖然內官監仍然是內府最為重要的衙門之一，做到內官監太監的無不是宦官中的大佬，但該監所管核心事務，大為縮水，只剩下朝廷及皇家重大工程的營造及監理了，簡單說，就是管理工程。

由於職責的關係，許多宦官參與到北京城的規劃和建設中來。許多人都知道擔任北京九城建設主要負責人的太監阮安，但阮安是永樂中平安南後才收進的，他的事業還要到正統年間才能大施拳腳。事實上，在永樂朝參與北京宮殿建設的，另有許多能工巧匠型的宦官，我所知者，就有一位內官監太監倪忠。

倪忠的事蹟，僅見於他的壽藏記。

壽藏記是墓誌銘的一種形式，不過它是在墓主人生前，將未來的「壽藏之所」即墳墓造好後，請人書寫或親筆自書，等到本人壽終正寢時，再刻碑放入墓中。墓誌相當於今天追悼會上的悼念詞，緬懷追述死者的一生行跡與美德，說得再好聽，躺在百花叢中的那位也聽不見，更沒法自豪。但壽藏記卻是作於墓主人生前，他可以在餘生之暇日，隨時拿起這篇歌頌他一生德行功業的美文，低吟淺唱，誠為一件娛老的美事。

壽藏記多是主人家花大價錢，請「當代名人」撰文，也偶有自己親自運筆的。倪忠的這篇壽藏記，是請正統年間的著名大臣禮部尚書胡濙撰寫。此老就是傳說中受永樂皇帝之命，暗行天下，察訪建文帝下落的那位。檢點今日北京地區所存、所發現的墓誌、碑刻，有許多都出自胡尚書的手筆。可見此老是一位八面玲瓏、十面開花的機靈人物，永樂皇帝若請他來當偵緝隊長，只能說是用人不當。胡尚書地位高、名氣大，自然潤筆掙得多，每日伏案寫稿，想來在比較清苦的明初，很能掙些外快，改善一下生活。

胡濙替許多宦官寫過墓誌，倪忠只是其中一位。

該篇墓文寫於正統五年（西元一四四〇年）三月，第二年十一月，倪忠就在北京去世了，享年六十歲。據此推算，倪忠生於洪武十五年（西元一三八二年）。他是貴州平越都匀長官司人。壽藏記說，洪武十八年（西元一三八五年），倪忠的家鄉「失寧」，年僅四歲，「遂離鄉井」。但倪忠直到洪武二十五年（西元一三九二年）才進入內廷，之前的七年，他是流落四方，還是為人撫養，又是通過什麼途徑入宮，壽藏記都沒有給出交代。

倪忠十一歲入宮，他「年雖幼稚，識見超群」，這是壽藏記對他在洪武晚年宮廷生活的全部信息。據我掌握的材料，從洪武時期過來的宦官的墓誌，至少存有四方，可惜對這段生活，皆語焉不詳，或不置一詞。作為一名歷史研究者，對此是最為抱憾的，因為洪武、建文時代宮廷史料最少，只要發掘一點，都是重要史料。

永樂元年（西元一四〇三年），二十二歲的倪忠「受知太宗文皇帝（朱棣），命監造靈谷寺」。南京靈谷寺工程耗費巨大，至永樂五年始告竣工。隨即，又「命往天壽山督工」，負責督建永樂皇帝的陵寢長陵（陵址在天壽山，即今十三陵）。

倪忠原在建文帝宮中服役，朱棣登基後，很快獲得重用，未知這是何等機緣？他的壽藏記不說，我未敢妄測。總之，從永樂初年始，倪忠即參與皇家重大工程的建設與督理，這也是他一生的主要事業。天壽山工程歷時五年，至永樂十二年完工，倪忠因為「動作周旋，咸合禮度，提督工程，廉介有為」，被認為「堪備任使」，被提拔為內官監奉御。

永樂十五年，北京宮殿開始興工建造。其實北京工程並無多大創新，皆從太祖定制，基本上就是把南京宮殿擴大尺寸，全盤照搬到北京來。說不好聽的，北京紫禁城就是南京紫禁城的山寨版。據倪忠壽藏記記載，他於本年「奉命往南京丈量殿宇，相度規制，畫圖回京，悉稱上意」。說的是，倪忠奉命到南京，逐一丈量南京大內宮殿的尺寸，畫出圖本，以供北京新宮建設做參考。

永樂十八年，北京宮殿完工，倪忠因功升內官監左監丞。

宣德元年（西元一四二六年）正月，宣宗知道倪忠「熟於營繕，調度有方」，是一位高明的建築師，升之為右少監。同年八月，遂升太監。——從倪忠的例子來看，宣宗朝，宦官升官的節奏明顯加快了：倪忠從奉御升左監丞用了六年，又過了六年，才升作右少監，而從右少監升太監，中間還隔著一級左少監，卻只用了七個月。這也是宣德以後，內官用人太濫的一個表現。

正統元年（西元一四三六年），英宗將其父宣宗下葬後，下令擴建增飾三帝陵寢（那時「十三陵」裡只有成祖長陵、仁宗獻陵和宣宗景陵），雕刻石碑以及神道兩旁的大象、駱駝、馬羊等瑞獸，所需石料，皆命倪忠在京北獨樹石場督採。這項工程一直到正統三年才完工。倪忠年近六旬，仍馬不停蹄，為皇家操勞。正統四年又奉命總督修整京倉，壽藏記說他「所至事集人安，綽有餘裕，官軍夫匠，咸服其能」。

倪忠的墓地，在順天府涿州的獨樹，此地盛產漢白玉，正是他晚年督採石料之地。倪忠在此營造自己的墳墓，應該不是偶然的，我懷疑他有借公行私之舉，趁著為朝廷修陵置辦石材，順帶手把自家的墳墓也造好了。考慮到他功勞那麼大，我們也別太忍心指責他了。

倪忠此人，在明代史料中沒有記載，包括《明實錄》，都不見其人。其壽藏記，是倪忠在永樂、宣德年間領導北京工程建設的重要材料，雖然所記非常簡略，但仍能讓我們看到，自明初以來，宦官是以何種的深度和廣度參與到包括國家工程在內的各項大事中去的。

說到宦官中的魯班，當然要首推太監阮安了。

阮安是交趾人，與宮內所有交趾同鄉一樣，都是明軍平交趾的戰爭中俘獲閹割的幼童。所以他年紀不太大，在史料裡出現也很晚。第一次見諸國史，是《明英宗實錄》，正統元年（西元一四三六年）十月，「命太監阮安、都督同知沈清、少保工部尚書吳中率軍夫數萬人修建京師九門城樓」。

原來，永樂時肇建北京，主要完成了郊廟宮殿，城池則因元大都之舊，雖略加改葺，然月城樓鋪之制多未備。如果看官那時候去北京參觀，會發現北京城牆有缺，九門沒有城門樓層，就是宮城裡的三大殿都還是個廢墟（永樂末年大火後一直無暇重建）。宣德年間也沒改動，可能是因為仁宗宣布遷都南京後，皇帝雖然還住在北京，但北京終究只是個「行在」，其地位未定，不好隨便開工修建城池宮殿。

直到這時方興大工，正陽、崇文、宣武等九座城樓一起矗立起來。

這項工程在正統四年完成之後，楊士奇《都城覽勝詩後》稱述道：「崇臺傑宇，巋巍弘壯！」據楊士奇回憶，當修建九門之命初下時，工部侍郎蔡信揚言於眾說：「役大，非徵十八萬民夫不可，所需材木等費也要這麼多。」英宗遂命太監阮安其役，調發在京聚操的士兵萬餘人，停止操練，請他們來修城門樓。——這也是精銳京兵變成國家工程兵的開始。

阮安主持這項大工程，給士兵們較高的報酬，安排適當的工作（「厚其既廩，均其勞逸」），所用材木諸費，皆由公府開支。尤為難得的是，如此浩大的工程，竟能做到「有司不預，百姓不知」，也就是不擾官、不擾民之意，實在不易。

可見阮安是實心辦事的，楊士奇對他讚嘆有加，說前人未能完成的事業，今日完成，全因阮安「忠於奉公，勤於恤下，且善為畫也」。事因人而成，就是這個道理。楊士奇進而發嘆道：「一事之成猶必得人，則於為國家天下之重且大，不可推見乎？」他只顧上稱讚，似乎忘了阮安是一位太監。

九門城樓建好了，阮安隨即主持了紫禁城奉天殿等三殿、乾清宮等二宮的建造。至正統六年，三殿二宮成，大明王朝遂正式昭告天下，遷都北京，從此以北京為京師，以南京為陪都。

京師城垣高大，外側用磚石固定，內側只是土築，遇到大雨很容易頹毀。正統十年六月，阮安又與成國公朱勇、修武伯沈榮、尚書王巹、侍郎王佑督工修甓之，北京城牆內外兩側都包砌了城磚，變得更為堅固了。

明清兩代的北京城其主要的建設都是正統初年完成的，而它的總指揮和總設計師是內官監太監阮安。明代人作《阮安傳》，說他「清介善謀，尤長於工作之事，北京城池、九門、兩宮三殿、五府六部及塞楊村驛諸河，凡諸役一受成算而已」。如果稱阮安是明代最為偉大的建築師，應無疑義。

阮安除了營建北京，還多次主持國家大型水利工程，如疏通從通州到南京的漕運水路，治楊村河水患等。景泰年間，阮安奉命去山東，治張秋河，以防黃河氾濫。然而不幸的是，阮安死在了路上。

本來，工程建設是最容易撈錢的行當，該用一百兩的，報個一千兩，那多出來的九百兩，便是贓銀；一百兩的活，偷工減料，只用五十兩，又省下半百之數，入了私囊。阮安生前領導的都是大型國家工程，若他要貪，很容易成為巨富。可他卻是一個「清介」的人，去世時，隨身包袱裡只有十兩銀子。而根據他生前的遺願，在他死後，將歷年朝廷所賜財物全部上交府庫。

有人說，宦官不是壞蛋就是怪物，又有人說，清廉之人都沒本事，有本事的人難免性貪。從阮安的例子，我要說，你們都錯了。

第三卷

仁宣盛世，太監去哪兒

關鍵人物

馬騏、山壽、馮智、馬雲、袁琦、裴可烈、阮巨隊、劉寧、王瑾、吳誠

第一章 宦官弒了仁宗皇帝？

時人的宦官觀，相比於二十年前，已有了不小的進步。比如，多了一點人情味，開始把宦官當人了，不再視作洪水猛獸、妖孽怪物和畸形胎兒，但總體認知框架並沒有基礎上的變化。好比丁易在西元一九四八年動筆寫了一部《明代特務政治》，於新中國成立之初出版，該書將宦官比作特務，成為「影射史學」的經典範例。看官從丁先生撰述的時代可推知，他影射之時政為何了。儘管這部書現在還在重印出版，其實它的觀點早已過時，懂一點歷史的人都知道，明代宦官中有特務（由宦官督領的東廠、西廠），但宦官絕不可與特務畫等號。這部屬於特定時代的書在今天仍有市場，大概出於兩個原因：其一，作為第一部研究明代宦官的專門著作，它所建立的論述框架，至今罕有能突破者；其二，人們對宦官，仍主要從好奇和窺祕的角度去瞭解，在這種閱讀趣味和取向下，離奇的和極端的東西更容易受到歡迎。而本書當利用第一手的史料，進行深度挖掘、細緻剖析，不炫奇，不搞怪，不以醜為美，以期正本清源，向讀者展示一部理性的、真實的明代宦官史。

過去一說起明代的「宦官之禍」，其話語大致如下：

其一，作為開國之君，太祖皇帝朱元璋嚴禁宦官干政。（而不顧龐大的宦官組織正是由朱元璋一手造就，從而埋下一代「宦禍」之機。）

其二，建文帝繼太祖之後，嚴馭宦官，因之失國。（此說將建文帝的失敗片面歸咎於對皇帝懷有私憤的宦官，卻忽略了一個明顯的邏輯矛盾：如果宦官真的被壓得抬不起頭，何以能覆人之國？）

其三，成祖朱棣因為是篡來的江山，不信任文武百官，故放手任用宦官。此說基本符合史實，永樂時期，宦官勢力的張揚的確給人留下深刻印象，以至於掩蓋了前兩朝對宦官重用的事實，故人皆稱明代宦禍，發端於永樂。然而此說若欲成立，其前提是永樂之前的洪武、建文兩代與之後的洪熙、宣德兩朝，宦官在政治中幾無地位、影響甚微，方能凸顯此唯一高峰。但是，這是與歷史事實不符的。

前文已辨析了洪武、建文兩朝，在二帝「嚴馭」的公共話語下，宦官已然發跡的事實。任何歷史現象都有其淵源，明代的宦禍不可能是從石破天驚的靖難之役中突然生出來的。不知其父、不知其母的，只是孫猴子。宦官作為一種制度，必有其初生、發展和變遷的軌跡。我們需要將抹去的還原，破壞的修復，缺失的補綴，這樣才能還歷史以真相。

永樂之後，接續的是所謂「仁宣盛世」。

仁宣盛世又稱「仁宣之治」，是仁宗朱高熾及其子宣宗朱瞻基父子在位期間，即洪熙、宣德二朝。過去史家談仁宣盛世，基本不講宦官問題。這有兩個原因：

一是仁宣兩朝時間太短，仁宗在位不滿一年，宣宗在位僅僅十載，這兩位「英主」都是在盛年去世的，兩朝合起來還不到十一年。歷史上的「盛世」，以仁宣之治為最短。不比別人，我們只拿與它最近的一個盛世——「康乾盛世」來比。這後一個所謂「封建社會最後一個盛世」，包括康（熙）雍（正）乾（隆）三朝，約計一百五十年。當然，清朝奴才多，吹牛皮的功夫高，不像明朝人那麼實在，還喜歡自黑，清朝的「盛世」，水分太多，拿出來晾時都沒讓洗衣機甩一甩。但十一年的盛世，也確實太短了，所以有人將永樂拉進來，合稱「永宣之治」，也是三朝（永樂、洪熙、宣德），有三十多年。

不過，中國人的盛世觀，有一個基本條件，就是統治者當輕傜薄賦、與民休息。可我們知道，成祖朱棣好大喜功，在位二十多年間，一會兒求文功，一會兒求武治，沒有一天消停，搞得民生多艱、民怨沸騰、民不聊生。這樣的「三民主義」不單老百姓受不了，就是文人士大夫也是「三觀」盡毀。故此永樂年間，大明「盛」固然盛，煙火楊花漫天飛，像極一個世界強國和中世紀的超級大國，可是很少有人稱永樂為盛世。就像漢代最強大的時代本是漢武大帝，可人們說起大漢之盛，只推崇國力稍弱時的「文景之治」或「昭宣中興」[35]，而不說「漢武盛世」，就是這個道理。

仁宣時間太短，其何以為盛？還是因為這兩代一改永樂時的積極進取之策，國家政策轉為內斂，將前朝一些面子工程、形象工程（如下西洋、下番、京城建設等）都停下來，使不堪重負的百姓得到一些喘息的機會。政府的壓榨與剝削減弱了，經濟和政權的枷鎖突然放鬆，社會經濟迅速發展，這便是「仁宣之治」的裡子。老百姓心懷感激，也是為了噁心永樂皇帝，故意把盛世的帽子送給他的兒與孫，偏不給愛面子的朱棣戴。

那麼問題來了：仁宣盛世時，太監去哪兒呢？

仁宗登基後做的第一件事，就是停止下西洋。此事還在即位後發布的第一份詔書——《大赦天下詔》中宣布，等於承認下洋、下番、欽使四出皆為前朝劣政，停辦就是解民於倒懸。仁宗硬是沒給他爹留面子。他同時還決定將都城遷回南京。

剛好這時候，王景弘、鄭和率領下西洋船隊先後回國。

下西洋水師官兵有一萬多人，都是從東南地區衛所抽調而來，可稱大明橫行海上的精銳。官兵們乘風破浪，辛苦逾年，如今平安歸國，還等著朝廷賚賞呢！可朝廷忽然宣布停止下洋，這支武力一下

35 「昭宣中興」之昭、宣，是指漢武帝之後的昭帝與宣帝，其實這時候漢朝已經在走下坡路了。

沒了用場，成了包袱。朝廷經過權衡決定將其集中到南京。這有兩個好處，一是南京這一段時間連續地震，人心不穩，朝廷馬上要把都城往回遷了，需要武力彈壓（仁宗隨即派皇太子朱瞻基親自南下，坐鎮南京）；二是讓下西洋官軍有事做，避免軍隊因前途不明引發騷亂，如果驟然解散，很可能引起兵變。

不久，因仁宗突然駕崩，皇太子回京奔喪即位，遷都之事遂不再提起。而那一萬多水軍精銳，先是在南京做了一陣子工程兵，後來交趾局勢惡化，又分批調往西南馳援，就這樣被逐漸拆散消化了。

與其父永樂皇帝不同，仁宗朱高熾重用文臣。在短暫的洪熙朝引領風光的，如內閣「三楊」等，皆是以文起家的大臣。明初的武臣，不單地位高於文臣，朝廷給的福利也好，而在仁宣之後，隨著文臣提督軍務，以及「右文」風氣在全社會興起，武臣地位急劇下降，開始為文官所制馭。到了中後期，武人即便貴為總戎大將，在文臣督撫座前，也與奴僕無異了。

這是武臣，再說宦官。

永樂朝，宦官勢力很大，有一些還很飛揚跋扈。如永樂四年（西元一四〇六年）朱棣派內使李進到山西採天花（天花大概是一種地方特產吧）。這位李公公仗著是皇帝派來的欽使，張口閉口都是萬歲爺如何如何，彷彿他本人就是萬歲爺的影子，以此恐嚇地方官員。他還使用偽造的詔旨與勘合（「詐傳詔旨，偽作勘合」），向地方徵調軍馬，勒取民夫。

看官，你不要以為「徵調軍民」是小事。尤其是軍人，更不是隨便能調的。要是哪個奸臣乘月黑風高調集軍馬，殺進紫禁城，皇帝不知不覺在夢中就擒，那還得了！明朝開國宰相李善長因為家裡要蓋房子，捨不得錢僱傭工匠，想占公家便宜，找老哥兒們信國公湯和借兵三百。湯和一聽借兵，跳起來道：「兵是皇上的兵，我哪裡敢借！」雖然兵沒借到，後來李善長被誣謀反，還是成為鐵證一條。

為了防止奸臣擁兵作亂，明朝建立了一套嚴格而繁複的公文程序，除了皇帝要頒旨，還要有兵部的勘合。勘合是一種預防詐偽欺弊的憑證，它分左右兩扇，中間加蓋騎縫章，一扇保存在部，一扇發給地方，以供查驗。李進可謂膽大包天，竟敢偽造詔旨與勘合，這要嚴究起來，就是個死罪。

此事朱棣知道後，覺得不是小事，必須防微杜漸，遂專門給掌管百官風紀的都察院下了一道上諭，指出李進此舉的危害性。他說：「自古以來，閹宦弄權，假朝廷號令，擅調軍馬，私役人民，以逞威福，生事造釁，傾覆宗社的例子太多了。太祖皇帝鑑前代之失，立綱紀，明號令，規定調發軍馬必以御寶文書。朕即位以來，一遵舊制，愛恤軍民，首詔天下，一民一軍不許擅差，覆命所司嚴切禁約。」

朱棣以「閹宦弄權，假朝廷號令」為題說事，說明他對宦官擅權還是有警惕之心的。他本人是造反起家，最怕的是臣下繼續革命，來個造反之造反，所以即位之始就重申太祖之制（「首詔天下」），沒有御寶文書，一軍一民皆不許擅自差調。不料首先破壞制度的，竟是他派出去辦事的宦官。

朱棣在敕諭中說，派李進出來採天花，「此一時之過，後甚悔之，更不令採」。可問題是，既然不採了，為何李進沒有回京，還繼續留在當地，這才發生了詐傳詔旨的事。李進假傳聖旨，打的還是採天花的旗號，徵調大批軍士和百姓，盛夏之日也不放他們歸伍還家，大為軍民之害。

朱棣給李進扣了一頂大帽子，說他的作為，與過去那些「弄權者」沒有差別，如果眾官都來仿效，朝廷威福之柄必將下移，嗣君將何以統治天下？李進聽到這句話，一定知道自己死定了。

朱棣似乎忘了李進是他所遣之人，毫無片語自責，反責怪地方官員都不舉奏，任李進胡為，給他們扣了個更大的帽子：「此亦與胡、藍、齊、黃[36]欲壞國家事者何異？」地方官不奏，是上了李公公的當，也是因為畏懼李進：這閹狗狐假虎威，他身後站著的，不是您萬歲爺嘛，怎惹得起！如何就成了跟胡惟庸、藍玉一樣的奸臣？

朱棣命都察院差監察御史二員，立刻趕赴山西，將李進「一干為非之人鞫問明白，械送京師」，威脅說：「必治重法！」但具體怎麼處置的，史書上沒了下文。山西的奸臣們，也就是都司、布政司那些涉事官員，也一併鞫治。朱棣強調，就是皇親，也不許饒。「皇親」，應該就是山西的宗室王府。其實，朱棣怕的不是宦官玩法，而是地方官員以及宗藩藉機壞他的法，這才是他最擔心的。

這件事被當作一件彰顯皇上聖明的大事，記錄在《明太宗實錄》裡。然而我所看到的，卻是朱棣任用宦官之隨意以及他自以為是的自信。

還能從中得到其他一些信息。比如，李進以一件差使派出去，可差使取消了，他仍留在山西，說明他又另奉了新的任務；而他在山西待了一年之久，表明新的差使具有長期性，使得宮廷宦官需要較久地頓留在當地。這是洪武朝所沒有的新情況。後來這樣一些使命——包括財稅、軍事、宮廷用度等多方面——日漸增多，才使得宣德之後，宦官在地方開設衙門的情況日益普遍。

李進作為欽差宦官，是皇帝的「心腹之臣」，在地方往往凌駕於守臣之上，為所欲為，乃至到了詐傳詔旨、偽作勘合的程度，而地方官員皆不敢奏發。可以想見宦官之態是如何驕而虐了！朱棣自認

36　胡、藍指洪武時期「胡藍黨獄」的罪首丞相胡惟庸與大將軍藍玉。齊、黃則指建文朝的兵部尚書齊泰和翰林學士黃子澄，他們是建文忠臣，被朱棣榜示為「奸臣」之首。照朱棣的說法，這四位是前朝最大的四名奸臣。

為政權牢牢掌握在自己手裡，不必擔心發生什麼變動，他擔心的是「嗣君何以統治天下」。這個擔心倒不是多餘的。朱棣死後，遍布各地的驕恣宦官如何處理，成為嗣君不得不面對的難題。

仁宗即位後，立即召回了各地的公差宦官。

然而宦官之大膽不法，已到了目無君主的地步。由於仁宗在位時間甚短，僅僅八個月就去世了，於是有一種說法傳出來，稱仁宗是被宦官殺死的！

在《大明王朝家裡事兒》裡，我講到，明仁宗朱高熾之死，是明朝十六帝死亡鑑定書中最大的疑案。關於仁宗之死，有多種不同的傳言，有說死於雷，有說死於毒，有說死於弒；我的結論是：死於吸毒（不是搖頭丸、海洛因、大麻，而是服食太上老君煉丹爐裡煉出的金丹）。

我們先來談談「弒」。其實只要仁宗不是自殺（吸毒算是慢性自殺），或者為疾病、意外所殺，只要是被人所殺，他都是被「弒」。位卑者殺位尊者，晚輩殺害尊屬，凡「仰」攻而殺者，皆可稱弒。在天子面前，「萬萬人」皆為臣民，是為卑者。宮人誤殺仁宗是弒，宦官下黑手，也是弒。

仁宗被宦官所弒一說，就我所見，僅見於明嘉靖時人張合所著《宙載》一書。這本筆記說，在一個陰雨天，仁宗罷朝回宮，不久就報「上崩」了。因為事情太突然，有人懷疑，仁宗為宦官所弒，宦官殺害皇帝後，正好天上雷聲滾滾，宦官就假稱仁宗是被雷震死的。

此說太離奇，且僅見一家著述，故我先告看官一聲，我是不信的。

我雖然不信，但對為什麼會傳出這樣的流言感到好奇，且這個故事提供了一個有趣的切入點，我們有必要由此切入，對仁宗與宦官的關係做一番考察。

弒君是滅門大罪，宦官可不會沒事殺皇帝玩。而歷來都說，仁宗是仁德之君，他要怎樣得罪宦官，才能遭此橫禍呀？自然，與建文帝因「嚴馭宦官」而遭其背叛一樣，如果宦官拼了命也要殺皇上，也只能是因為仁宗對他們打壓過嚴。張合就說，「仁宗即位後，惡宦官，每欲誅戮」，這就是他為宦官所殺的原因。據張合所記，仁宗是被人割去了腦袋，因為仁宗在入殮時，項上是沒有人頭的。可是他這麼一說，不禁愈讓我生疑：什麼樣的雷能把人的腦袋轟去？如果死狀不像，宦官何以要偽稱皇上是被雷震死的？可見這是一個存在破綻的故事。其實此事不必深駁，因為我說了，宦官弒君說並不可信。

我們還是讓史料說話。就我所見史料，仁宗「嚴馭宦官」的證據，僅是他殺了權閹黃儼、江保，以及通過即位赦詔，勒令包括宦官在內的公差人員限期回京，壞了許多人的好事。

仁宗雖然停止「下西洋諸番國寶船」，但下洋、下番回來的宦官都得到妥善的安置，好比鄭和、王景弘等，都被任命為南京守備太監，豈會對朝廷懷怨？仁宗在位期間，也未取消任何一項宦官制度，二十四衙門照舊是二十四衙門——今年今日此門中，人面桃花照舊相映紅。即便仁宗想對宦官狠點，有所興革，可畢竟在位時間太短，不過八個月而已，哪裡夠他做成什麼大事？

既然非朝廷之事，那麼是否因為私怨呢？仁宗是個性情寬和之人，二十餘年含辛茹苦的太子生涯，使他養成了內斂的功夫，他即便看誰不順眼，大概也不會抬手就要殺人吧。雖然他後來煉丹，服食鉛汞之藥，脾氣變得暴躁，但離他像暴龍一樣的父親還差得遠呢！他家老爺子可是在後宮大開殺戒，天天拿人血洗宮磚，也未滑跌過一次。就算仁宗因一時狂怒而致神志昏迷，乃至產生幻覺（這對吸毒人士是常有之事），無意中殺了個把近侍內臣，也不至於報應如此迅捷，竟被搞掉腦殼吧！

說來說去，都四面碰牆，無理可通。那麼到底是為什麼，會有傳言說仁宗是被宦官害死的呢？

我想主要原因還是仁宗在位時間過於短促，盛年駕崩，宮闈事祕，國史又毫無交代，不能不令人產生種種猜測。可能剛好有一個富有想像力的讀書人讀到仁宗嚴馭宦官的材料，便無中生有地編出這樣一個故事。除此，還有什麼合理的解釋呢？

仁宗就這樣走到了宦官的對立面。而人們似乎忘了，宦官其實也是仁宗統治的基礎：正是在洪熙朝，南京、交趾等地先後開設守備太監，仁宗派往朝鮮、老撾、琉球等國及漠北、哈密、緬甸、麓川等處詔諭即位的使臣，也都是宦官……仁宗與宦官，什麼仇什麼怨？我想，這個真沒有。

都怪他當皇帝時日太促，什麼都別說了！

第二章　激變一方

大明最新的一個行省——交趾，在永樂末年已陷入動亂，到仁宗即位，叛亂加劇，向全境蔓延。自永樂五年（西元一四〇七年）交趾重入中國版圖到它得而復失，前後不過二十年時間。交趾之失，宦官要負很大的責任。

位於今天越南北部的安南國，是最早向大明稱臣的幾個國家之一，朱元璋編寫《皇明祖訓》時將其列入十五個「不征之國」，表示將永不對其用兵。永樂初年，安南發生內亂，其國王一族已絕，朱棣在派兵剿除叛臣後，乘勢「郡縣其地」，將安南變成大明的一個新的省（交趾布政司）。

但由於統治不得法，沒過幾年，交趾即發生嚴重騷亂。永樂十七年（西元一四一九年）的潘僚之亂，就是交趾宦官馬騏逼反的！

潘僚之父名叫潘季祐，偽稱少保，投降明軍後，被授予交趾按察司副使一職，兼掌乂安府[37]事，是地方上的兵頭。季祐死後，由潘僚承其官。潘氏父子皆為降官，但降官不好當，屢屢遭受宦官馬騏的「非理淩虐」。最終潘僚與土官陳茖等反於裔儀縣（屬乂安府），聚眾焚掠州縣，殺害官吏。這是自張輔三征交趾之後境內發生的第一次較大規模的反叛事件，造成連鎖反應，一些原先歸降的土官跟

---

37 乂安府位於交趾南部，治約當今越南河靜省、乂安省與老撾甘蒙省。

著揭竿而起，使交趾全境重新陷入騷亂，從此再無寧息。

馬騏是何人呢？原來位於亞熱帶地區的交趾物產豐饒富庶且產金珠，馬騏是朱棣派往交趾「閘辦金銀課」（即督辦金銀、海珠貢賦）的欽差宦官。據史料記載，明朝於平定交趾之初的永樂六年正月即設乂安府臨安鎮金場局，由於戰亂，一度裁撤，於永樂十四年七月復設。考慮到馬騏與潘氏的糾葛很深，他提督的金場應該就在乂安府。

馬騏作為朝廷欽使，可不甘心只管淘金這點事，經常干預地方政務，造成很壞的影響。永樂十八年，交趾布政司左參政馮貴、右參政侯保，在討賊的戰鬥中雙雙戰死。馮貴是進士出身，做兵科給事中時從英國公張輔南征交趾，督理糧餉，因能力出眾，就升交趾右參議，提督金銀場，與馬騏為同事，後升左參政。馮貴善於撫輯流民，是一個很有才略的官員，許多交趾人傾心歸附於他。馮貴訓練了一支有兩千人的隊伍，都是交趾土民（一說「土軍五百人」），「皆勁勇耐戰鬥，每次擊賊輒有功」。孰料遭到馬騏的嫉妒，將這支難得的勁旅從馮貴手裡奪過來，又強迫馮貴出城剿賊。馮貴只好率羸卒數百人與賊眾大戰，終因兵寡賊眾，力戰而死。可惜這樣的好人才，就這樣白白凋落了。

仁宗即位赦詔中有專條，要求「各處閘辦金銀課」及「交趾採辦金珠香貨之類」悉皆停止，差去內外監督官員限十日內起程回京，不許託故稽留，虐害軍民。這是為了挽回交趾局勢而採取的必要措施，馬騏就是這時被調回北京的。

此時交趾之亂，越發糜爛。爛到什麼程度呢？據朝鮮使臣的記錄，說仁宗皇帝為此每天晚上都急得睡不著覺。

仁宗日思夜想，力圖挽回頹勢。這時一個人站出來，拍著胸脯說，他有辦法平息交趾之亂。

此人姓山名壽，也是一個宦官。

山壽是什麼來頭，不是很清楚。他最早一次出現在明朝國史中，是永樂三年（西元一四〇五年）六月——朱棣遣中官山壽等率騎兵，由槍桿嶺出雲州（今山西大同）北行，與武城侯王聰會兵覘虜。每名士兵各帶一個月糧食，每三十里準備良馬五匹，以馳報軍情。這是山壽在永樂朝行事的唯一記錄。但僅從此條材料已可知，山壽應該也出身朱棣潛邸，是燕王府的舊人，他在這次軍事行動中率騎兵承擔偵察任務，定然也是一位精於騎射，與王彥、王安等人類似的武功宦官，可能在靖難之役中也立過功勞。

當山壽再次出現在國史實錄中，已是永樂二十二年（西元一四二四年）九月，其身份為「鎮守交趾中官」。剛剛即位的仁宗派他齎捧朝廷敕書去勸降交趾叛軍頭目黎利。根據上個月頒發的《大赦天下詔》，黎利的叛逆行為，事在大赦之前，當予寬免。敕書安慰黎利說，「有司失於撫綏，致懷疑畏，潛遁山林」，希望他在大赦之後，「盡洗前過」，同時扔給他一塊肥肉——授予黎利清化府知府之職。

清化府作為原安南國的西都，是明朝在交趾統治的中心，對於本府藍山人黎利，知府一職確實很有吸引力。如果黎利出任此職，將有調虎離山之效，他身處大明重兵駐守的府治，等於入了虎籠。

山壽捧著敕諭與任命書，信誓旦旦地向仁宗保證，說他與黎利素來交好，我去勸他，他一定傾心來降。仁宗不大敢輕信，提醒他：「叛賊狡詐，如果讓他騙了，賊勢日滋，不易制也。」山壽叩頭大言道：「如果我此去諭降他不來，臣當萬死。」仁宗便聽信了他，也是死馬當活馬醫，就加授山壽「鎮守交趾太監」職銜，命他赴交趾招降。

然而山壽此行，使明朝在交趾剿撫皆失當，局勢遂不可收拾。

在山壽出發後，朝廷即要求交趾將領，待山壽抵達後看他與黎利談判的情形再定進止，同時要求交趾地方文武將吏，凡地方事務，均須與山壽計議而行。山壽實際上成了交趾的「太上皇」。

山壽剛走，那位撤回未久的馬騏也蠢蠢欲動了。朱棣曾經說過，像李進那樣詐傳詔旨，必將嚴重損害後嗣君主統治天下的能力，為此將李進等人逮回京，重重治罪。這種欺君的狂妄行徑，馬騏也學會了，他居然在新君眼皮子底下詐傳詔旨！

原來馬騏不甘心被撤回來，日日想著重回交趾吃肉。於是他在永樂二十二年十一月，親自跑到翰林院傳旨，讓翰林院寫敕給他，命他復往交趾闡辦金銀珠香。翰林院寫了敕，次日按照慣例向仁宗復奏。仁宗一聽，大為吃驚，正色道：「朕安得有此言！卿等難道沒聽說馬騏以前在交趾荼毒軍民之事嗎？交趾自從此人走後，一方如解倒懸，怎麼能再派他去？如果再派他去交趾，不單詔書不信，還將壞了朝廷大事。」並且解釋說，「此人近日在內間，百方請求，左右之人都替他說話，說派他去交趾闡辦金珠，將有利於國，朕皆只聽不答。卿等應知朕意。」馬騏的如意算盤才落了空。

我看了這段記載，吃驚實不亞於仁宗。想成祖朱棣知道李進詐傳詔旨之後，勃然大怒，當即治李進及地方有司之罪，而仁宗對馬騏明目張膽的欺君行為竟然毫無處分！內廷之官可以營求，朝廷之法網漏吞舟，綱紀能不壞嗎？就這樣一位「好心腸」的皇帝，宦官怕還捨不得殺呢！

然而馬騏的慾望最終還是實現了，不久以後，他終於如願重返交趾（可能是宣宗即位後，又有左右親貴幫他說話了）。可這回他卻打錯了算盤，交趾之行給他帶來的，只是毀滅。看官稍後便知。

且還說太監山壽到了交趾，即積極斡旋，與黎利展開媾和談判。他滿以為黎利得到朝廷的赦免，又授予清化知府的肥差，小吏出身的黎利一定會志得意滿，趁機歸誠。不料黎利藉口炎暑，表示要等秋涼時再到任。秋涼了，又稱與參政梁汝笏等有怨，提出不願擔任知府之職，希望能夠署理茶籠州（該州屬於乂安府）。總之，黎利找出各種藉口，固守不出，卻趁著大明休兵，偷偷派出黨徒，四下招兵買馬。

黎利實無歸降之心，他佯裝歸順，以與明軍周旋，得到喘息之機，勢力不斷壯大，賊夥蔓延，漸成燎原之勢。而明朝在交趾屯集重兵，卻彼此觀望，裹足不前，剿撫失據，錯失了平賊的最好時機。

黎利想得到茶籠州，沒有得到朝廷同意，於是率兵圍攻該州，殺其知州琴彭。至此，黎利之志還有何可疑？但是，就是到了這份兒上，山壽仍不死心，一味和談，干擾官軍剿賊。總領交趾布政、按察二司的兵部尚書陳洽迫不得已，上疏朝廷，請放棄媾和的夢想，敕令總兵官一心滅賊，以靖邊方。此時已是洪熙元年（西元一四二五年）十一月，山壽到交趾已經一年了。

剛即位的宣宗朱瞻基知道和談不可恃，始下敕命交趾總兵及三司官員，專督進兵，不許緩機誤事，並且勒令來年春天必須報捷，否則降罪——宣宗下這道死命令，顯然又過於輕敵，將交趾的局勢看得簡單了。

宣宗的敕書說，「反賊黎利包藏禍心，已非一日，始若取之，易如拾芥」，可朝廷「信庸人之言，惟事招撫，延今八年，終不聽命，養成猖獗之勢」。敕書問：「其誰之過？」這還用問嗎？直接把山壽抓起來殺頭，錯不了！何況他當年還在仁宗駕前立了軍令狀。

但實事求是地說，不管是山壽主撫，還是馬騏肆虐，對交趾局勢的糜爛都起到了推波助瀾的作用。可是如果像一些歷史書上寫的那樣，將丟失交趾的責任一股腦全算到「死太監」頭上則不公平。

交趾之失，原因非常複雜，而用人是最大的失誤。交趾初入疆土，正當撫卹，可明朝只把這塊「新疆」當作利源，實行敲骨榨髓的剝削，光每年進貢孔雀羽毛即達一萬支。交趾地處邊遠，內地士人都不願意到那裡去做官，交趾州縣官員多是西南地區雲、貴等省之人，或官員劣轉、貶謫，都把他們打發到交趾去。這種狀況使得交趾地方官員的素質普遍較為低下，百姓何以依靠？當戰亂起來時，朝廷戰略方針左右搖擺，擇將又十分輕率失宜，使得交趾分崩離析之勢一旦形成，就無法挽回。處理交趾軍政，必用一位素有威望、熟知地理民情且為交趾人所畏懼的名將，昔日三平交趾的大將軍、英國公張輔，可稱不二人選，當時他年齡也不算太老。但不知何故，朝廷沒有起用他。當宣宗放棄招撫之策，決心一意進剿後，先用的是榮昌伯陳智和都督方政，豈知這兩個是死對頭，素不想能。二人戰敗後，又用年輕的成山侯王通擔任總兵官。王通出身勛臣之門，其父王真是靖難功臣，追封寧國公。王通雖是將門之子，卻無多少將才，更乏威重之勢，對交趾的情況也不太瞭解，朝廷竟如此輕率地將祖宗之業及數十萬軍民的性命託付此人！

王通沒什麼本事，還有人給他掣肘，那就是鎮守交趾太監山壽。史云王通「扼於內官山壽」，無法自專。一個大將不能威令行於軍中，還能不敗嗎？山壽自來到交趾，專志招撫，陳智、方政討賊，進兵至茶籠州，遭到黎利的圍攻，山壽擁兵一千餘人，坐守乂安府，竟然不救，致官軍大敗。

明軍在戰場上節節失利，國土日蹙，交趾看著是守不住了。

已經自稱為王的黎利是個務實主義者，他為了盡快結束戰爭，推出一個叫陳暠的人為主，假稱是陳氏王朝之後，上疏說，當年太宗皇帝（朱棣）之所以郡縣本國，是因為國王無後，如今陳氏血胤找到了，請天朝準許我們復國吧。他是看破了大明皇帝外厲內荏的實態，於是搭個板凳，讓大家下臺，彼此心照不宣。

在宣宗看來，交趾就是一個燙手山芋，有心棄之，心卻不甘，面子也不好看。正在為難，一看黎利的奏疏，馬上意識到板凳來了。當名將安遠侯柳升率軍馳援，在交趾敗沒後，宣宗已感到絕望，遂派禮部左侍郎李琦捧著詔書趕赴交趾，宣稱叛賊猖獗，朝廷不是不能調兵剿滅，但「不忍赤子久罹塗炭」，故赦免交趾官員軍民之罪，並要黎利將陳氏子孫姓名奏來，經朝廷審核無偽後，再予冊封。其實宣宗已打定主意放棄交趾了，他這麼做，只是要個「驢糞蛋子表面光」。

但奏疏往來有個過程，黎利一方面請求明朝准其復國，一方面不停頓地繼續進攻，宣宗還想要面子，可王通實在是招架不住了。他不顧宣宗讓他「堅守城池，以待皇命」的命令，竟然在宣德二年（西元一四二七年）十二月私自與黎利議和，不俟朝命，即率師從陸路退回廣西，太監山壽與榮昌伯陳智等由水路還欽州。回到內地的交趾三司文武官員、旗軍、吏典、承差人等及家屬，共計八萬六千六百四十人。

這讓宣宗先赦罪、再冊封的「面子計畫」落空；豈止落空，簡直變成了一個大笑話。反正交趾已失，只好讓王通率領京軍回京，其他潰散官軍各回原衛所。雖然交趾與宣宗皇帝的面子一起掉了，但還是得硬撐下去啊，宣宗要求「陳暠、黎利所遣赴京之人悉聽其來」，如果黎利方面還派人上京求封，准他來——說得多麼心虛啊！不過黎利果然派人來了，假意感謝大明准其復國，並向大明稱臣，以安撫皇帝的虛榮心，關起國門，卻令人寫了一篇所謂「千古雄文」的《平吳（明）大誥》，說自己「以大義而勝兇殘，以至仁而易強暴」，把宣德皇帝說成「黷兵無厭」的「狡童」。宣宗當然是不知道啦，他就是知道，也只好裝作不知道了。

宣宗另外給內官山壽、馬騏等下了一道敕，讓他們與王通一同回京。

交趾總兵官成山侯王通、都督馬瑛等回到北京後，立即遭到文武群臣的集體參劾，全部下錦衣衛待問。宣宗命公侯伯、五府六部、都察院等衙門官一同參加共審，最後總兵官王通以下文武各官以「違朝命擅與賊和、棄城旋師」之罪，太監山壽以「庇護叛賊」，馬騏以「激變一方」，各論以死罪，並籍沒家產。

處置了壞蛋，還有功臣烈士要表彰。交趾死節諸臣，分別得到不等的贈官，其中有一名內官值得一提。此人姓馮名智，是昌江守臣之一。交趾叛軍以昌江是明軍出入咽喉，大集兵象來攻，而城中原本只有士卒二千餘人，經過前後三十餘戰，死亡過半。而城外叛軍越聚越多，但明軍奮力堅守，攻防雙方相持達九個月之久。最後城破，守城大將李任、顧福自刎死，內官馮智與昌江衛指揮劉順、諒江府知府劉子輔等自縊死，城中軍民婦女不甘受辱自殺而死者數千人。馮智作為死難者，被贈以內官監太監，並賜誥命。

當交趾戰事到最後關頭時，各路大敗，明軍困守在幾個主要城池裡，牆外皆是敵壘。明軍多次派人潛出城去求援，都被賊兵截留。交趾與內地的聯繫全部中斷。王通想出一計，他寫了一封書信，派山壽的家人送到賊營，假稱朝廷已宥賊之罪。叛兵果然上當退兵，派出一個頭目，到北京上表謝恩。王通派政平州知州何忠與千戶桂勝與之同行，表面上是奏請寬宥賊罪、準許交趾復國，其實是欲借此上達賊情，並請增兵馳援。但密謀卻不幸被一個叫徐訓的內使洩露，何忠等人遂遭殺害。

從以上記載來看，交趾宦官，除了鎮守太監山壽、提督銀場太監馬騏，還有內官馮智，以及內使徐訓，其名之可考者即達四名。

最後說說山壽、馬騏的下場。

交趾沒了，作為鎮守太監，山壽並沒有遭到應有的懲罰。他以「庇護叛賊」之罪下獄，沒吃幾天牢飯，很快出獄，又得到重用。據我查考史料，英宗即位後，山壽在雲南、四川等地管理銀場坑冶，身份是「管銀坑太監」。由此我有了一個判斷，可能山壽在永樂年間督理過交趾銀場，所以才有機會與黎利相孚交好。

我最後一次在史料中發現山壽，是正統五年（西元一四四〇年）的一塊碑文，即位於今北京通州次渠村的《敕賜寶光禪寺助緣記》，他夾雜在眾多的「助緣信官（基本上都是宦官）」的行列中。

太監馬騏的罪名是「激變一方」，比庇護之罪要大。他與成山侯王通、都督馬瑛、布政使弋謙等，作為「棄交趾城」犯官，一直被監在詔獄裡。英宗即位那一年，錦衣衛鎮撫司將獄中關押已久罪囚名單上報，其中還有這些人。錦衣衛奏報的意思，是請示是否將這些人開釋，但奉旨只將其他內官並私自淨身者十三人開釋，馬騏等人仍監在牢裡。他們又坐了四年牢，直到正統四年，才遇赦出獄，俱罷官為民。這是馬騏最後一次出現在史料裡，他是何時死的，就不得而知了。

說起來馬公公也是倒霉，他樂顛顛地跑去禍害交趾，以為是金銀島，卻是盤絲洞，自己也沒落得好下場。

第三章　少爺必待家奴扶

上一章講了仁宣之際是如何失去交趾這一塊疆土的，然則國土有闕，何以稱盛世？在交趾喪失的過程中，頻頻看到宦官的身影，太監山壽、馬騏對交趾之失，負有直接的責任。

其實，是不是「盛世」，主要還不是指標達不達標的問題，而是怎麼看、從哪個角度看的問題。不然，怎麼會有「饑餓的盛世」一說呢？失去偌大一片國土，可以說是皇帝慷慨賜予，也可說是天子仁德，不忍生靈塗炭；也可以說是聖天子體察下民，俯從一方軍民之請，不忍違其至願；還可以說是朝廷從全局考慮，剜瘡為了療傷，忍小忿而就大謀……終歸說辭是容易找到的，焦點是可以模糊的，還有一條——真話是不敢隨便說的。

交趾之失，成為「仁宣盛世」光輝軀體之上的一塊小疥癬，被許多作史者用手術刀小心切除了。一顆老鼠屎，它硬是不壞一鍋湯！沒了交趾這顆脖子上難看的大肉瘤，仁宣盛世又漂亮了，可以輕裝上路了。

那麼甩掉了包袱的大明王朝，是否就能乾乾淨淨、清清爽爽走向盛世呢？在接下來的宣德盛世裡，宦官是退場了，還是繼續扮演重要的角色？

在講述之前，我想請教看官一個問題：某大戶人家的老爺死了，年輕少爺繼承龐大的家業，他對本府家奴會是什麼態度？是全撇一邊晾起來，讓他們全體下崗，還是緊密依靠家奴，支撐家族的買賣營生，樂得繼續享福？聰明的看官一定想到了，我所說的少爺，正是明宣宗朱瞻基，而家奴，當然是皇朝眾多的宦官了。我以此作喻，以提示大家，此說可作為我們觀察宣德朝宦官勢力沉浮的一個角度。

請接著往下看——

繼永樂朝之後，洪熙朝不過期年，只等於一個過渡期，而接下來的宣德朝，則是明代宦官制度發展的又一個高峰。

這個高峰，往往被人看漏，今日我們就這個話題來說一說。

首先當說明，這個被「錯」過的高峰，與永樂時代那個「高峰」不同。永樂時宦官恣睢，是眾所周知的，因為宦官滿世界活動，是擺在臺面上的，屈指一數，大太監好多。試問看官，宣德時期的大太監，您能點出幾位？即便熟悉明史的人，恐怕伸出一隻手，五根手指也嫌多了——沒得數嘛！宣德時期，當然有大太監啦，但個個不顯山不露水，都低調得很。但低調並非太監們的行為方式，而是後世史家不太關注宣德時期的宦官問題，他們把注意力全集中在「盛世」二字上，未免被金光瞇了眼，明明有許多大太監在那兒搖擺，偏偏看不見。好比前文介紹的山壽、馬騏，說他們是大太監，不會有疑吧？他們一個「庇護叛賊」，一個「激變一方」，都是敗家的玩意兒，讓我中華失去那麼大一塊寶地，可有幾個人聽說過他倆，知其劣跡？其他的，更甭說了！

我們說宣德朝是明代宦官史上一個不太顯眼的高峰，主要是指明代宦官制度主要是在宣德年間定型的，對後世影響非常大。

熟知明代制度的人都曉得，明代政治的要義，一言以概之，不過四個字：相互制衡。即諸種政治勢力及諸多官僚體係之間，像螃蟹一樣，相互牽制，任何一家都沒法坐大，皆聽命於朝廷。所以明代皇帝至高無上，地位相當穩固。有明一代，多的是皇族內訌，而臣下造反的，極為少見，這便是其「利」。這是朱元璋費三十年心力進行「頂層設計」的傑作，為明清兩代政治生態之最大特點。

朱元璋作為開國之君，在對國家制度進行規劃與設計，不是試圖將權力「關進籠子裡」，卻將「螃蟹效應」發揮到了極致。如果有老闆試圖從朱元璋那裡學習公司管理，那他算找錯人了，因為朱元璋做明帝國的CEO，根本不考慮效率，他只求皇權穩固、江山萬代，辦公室政治倒是玩得恰好的，一竿子把滿屋的人全掃倒了。他那一套，可能給王朝帶來長治久安，但對於現代企業，則是致命的毒素。

明代主要的政治勢力，可分「內外文武」三類：

首先，文東武西，左班文臣，右班武將，文武是「分途」的兩股勢力。明代文武關係發展的趨勢是：國初時，重武輕文，武官的地位與福利都要比文官高；仁宣以後，武官地位加速下滑，到了中晚期，已為文官之附庸。

其次，文武又同為外官（外廷之官），與內官（內廷之官，即宦官）相對，內外相制，又構成一對大的陰陽。

簡單說，就是文官、武官與內官，構成明代體制下最主要的三股政治力量。研究明代政治，如果屏蔽掉宦官，研究對象就不是完整的（而大多數人正是這麼做的）。

明代的宦官問題，絕非一些人以為的，只取決於皇帝私人好惡及倚信與否，其實不管皇帝熱不熱心，親不親熱，宦官都在那裡。因為宦官作為官，本就是明代政治體制的組成部分。宦官在政體中有其特定的位置，並且在政治平衡中發揮了重要作用。不僅明代中樞體制實行「監閣」雙軌制，司禮監與內閣夾輔天子，內府二十四衙門承擔著眾多的行政事務。就地方行政管理體制而言，在省級的層面（包括邊鎮與內地行省），均為鎮守總兵官（武）、巡撫都御史（文）與鎮守太監（內）三方會商，共同施政。這一普遍性的體制從宣德年間逐漸形成到嘉靖中年裁撤鎮守，延續約百年，我稱之為「三堂體制」[38]。這是歷史事實，不能因為瞧不起宦官，視之為「體制病」，就假裝它不存在，生生掰去不認。還是那句話，不管後人看不看得見，它都在那裡。看不見，只能說明觀察者「近視」得很，散光度數不低。

明代這種特殊政治形態的形成，首先當拜朱元璋所賜。宦官那一夥子無根之人不都是他團起來的？其次則宣德皇帝當仁不讓，是他進一步強化了這一體制，並使之向地方擴展。夾在他倆中間的永樂皇帝，倒顯得「無所作為」了。

雖然永樂時代，欽差宦官出使四方，監軍總兵、刺官民隱情，看起來勢力很盛，但宦官還沒有像後世那樣切入到外朝官僚體制之中，成為明代中央及地方體制的一部分。只是到宣德時期，這一進程突然加快了。

先來看中樞體制，我們圍繞宦官參預朝廷機務來說，略有追溯，明其源流。

宦官參預機務的事例，前文說到一個內官監太監沐敬，朱棣北征無功，卻只在沙漠漫無目的地搜索，就是不肯退兵。別人都不敢勸，唯獨他膽子大，拚死進諫，罵皇帝為反蠻，反得到朱棣的讚賞。軍機當然是機務了，宦官不僅參預，還發揮了重大的作用。

永樂二十二年（一四二四年）夏秋之際，朱棣進行了他一生中最後一次北征。七月的一天，他忽然感到身體不適，情知不妙，急忙往回趕，可沒走幾天，就死在半道一個叫榆木川的地方。這是誰也

38 此論由筆者首發，可參見拙作《明代「三堂體制」的構建與解體——以鎮守內官為中心》，載於臺北《國立政治大學歷史學報》，西元二〇〇九年，第三十二輯。

沒有想到的，毫無心理準備，扈從諸臣都呆了，這可如何是好！

朱棣之死，與一位前代暴君頗為類似，秦始皇也是突然死在出巡的路上。親征的皇帝暴死了，六師在外，關係到全軍的命運，為掩人耳目，同樣採取了祕不發喪的辦法，所至進奏、進食如故，好像皇帝還活著，而密令全軍加快步伐。眾所周知，「秦死皇」轀輬車後隨了一車臭魚以掩蓋屍臭，想來盛夏行軍屍體易腐爛生出異味，不整一車鮑魚怎麼能行？漠北肯定是沒魚了，那如何防臭氣外洩呢？

後世多事之人想到這一層，就替古人做主辦了一件事，說當時下令，盡收軍中錫器，熔成一棺以裝殮。大概屍臭就可以封在棺材裡了。其實這口錫棺，是被硬塞進歷史場景之中的，不可能真有。看官想啊，祕不發喪是為了保密，卻忽然軍中又是收錫器、又是造棺材，如此張揚其事，那還祕個鬼喲！

實錄記載很簡單：「上崩。太監馬雲等以六師在遠外，祕不發喪。密與大學士楊榮、金幼孜議喪，一遵古禮，含殮畢，載以龍輿，所至御幄朝夕上食如常儀。」（見《明太宗實錄》卷二七三）這是大太監馬雲第一次出現，也是唯一的一次，而他出現的場景，不同尋常，是一個歷史的關鍵時刻。

參與密議的，都是隨朱棣在軍的帷幄近臣。其中大學士楊榮、金幼孜都是閣臣，永樂初開閣時的七名閣僚，現在只剩下他們兩位了（楊士奇在南京輔導太子）。這次北征，與往常一樣扈從，「凡軍中一切機務皆令與聞」。除了他們，其他人就是以太監馬雲為首的一些隨侍內官了。

從實錄行文來看，決定祕不發喪的，是馬雲等人。但之後該怎麼辦，卻全沒了主張。實錄說馬雲等倉皇莫知所措，乃密召楊榮、金幼孜入御幕，首議喪事。楊榮很鎮定，他建議，「宜循古制，用衣衾殯殮，庶為允當」。眾人都表示同意——瞧，壓根沒錫棺什麼事。

軍中還有許多事項需要處理，然而皇帝已經龍蛻，命令該以什麼形式下達呢？有人提議，照舊寫敕用寶（印）。楊榮等道：「誰敢爾！先帝在即稱敕，賓天[39]而稱敕，詐也，獲罪非輕。」眾人都說：「真是這樣！」遂不用敕。

楊榮等又請馬雲將大行皇帝崩逝時間並遺命傳位之意製成一本，報之皇太子。次日軍至雙筆峰，啟本[40]寫好，即委託楊榮與少監海壽先行馳報皇太子。

以上見《明仁宗實錄》，從其文字來看，朱棣駕崩後，內外隨侍近臣一起密議後事，而主次分明，雖然馬雲等把楊、金等人請來，提了許多建議，但最後的大主意，還是太監們拿。

以上這些事，不是機務是什麼？

可見永樂時期，皇帝近侍太監預大政機務，已成為常態。這一狀態，主要還是為體制所格，自然形成的。因為皇帝沒有宰相輔佐，也沒有專門的「政府」（即宰相府），政務都堆積在御前，皇帝一個人哪忙得過來？而永樂時內閣制度還未發達，朱棣晚年，可稱為近侍的文臣也就楊榮和金幼孜二人，他們還沒法進入內廷，隨時應皇帝諮詢。所以皇帝對御前近侍內臣幫辦機務有其依賴性，宦官預政，洵為自然之理。

太子朱高熾即位後，將已名存實亡的內閣予以擴充，並提升閣臣地位。閣臣在永樂時，官不過殿閣大學士（五品），仁宗時，楊士奇、楊榮等很快就兼了尚書銜（正二品），又加三少及東宮師保

39 形容皇帝去世的詞頗多，如駕崩或崩，龍蛻、龍馭上賓、賓天、升遐、大行等。中文也是被政治推動著豐富起來的。

40 給皇太子、親王等奏事，不稱奏，而稱啟。

銜[41]。仁宣父子倚信於老成重臣（如吏部尚書蹇義、戶部尚書夏原吉及「三楊」等），注意聽取他們的意見，遇到疑難的大政事，經常找他們商量議處，甚至允許他們將奏疏帶回家，慢慢斟酌擬定意見，這便形成「票擬」制的雛形。皇帝看過票擬，如果同意，就用紅筆在本章上批寫，即為「批紅」。本章批過紅，就可以發外施行了。

明代的政治，從某種意義上來講，是一種公文政治，一切政事都靠公文的流轉來實現，所以明朝人說「章疏即政事」，並形成了一套繁複的公文制度。仁宗時，「票本」還不是閣臣的專利，如戶部尚書夏原吉的兒子夏瑄在回憶錄裡就記載了他父親每每將奏疏帶回家參酌擬稿的情節。到宣宗時，票擬乃為內閣的專責，成為閣臣「參預機務」的重要手段。

雖然宣宗朱瞻基處處模仿其祖父，但他並不是一個具有開闊眼界、自律性很強的皇帝。他是個才子，才情充沛，認為把才華全耗在看不完的公文上是一種巨大的浪費，久之就有怠政的傾向。為了騰出時間來遊樂，從事他愛好的文藝事業，他在內廷加強了御前輔導班的建設，擴大了司禮監的權力。

司禮監一直是近侍衙門，掌管御前奏箚文冊以及勘合的管理，同時負責對內的監察與刑罰，職權本就重大。但司禮太監在御前管理文籍，只能算是小祕書。而到宣宗時，開始聽取司禮太監對政事的意見，放手讓他們處理一些公文，內閣送來的票本，看不過來，也請他們代看，請示同意後，就讓他們代筆批紅。慢慢地，司禮監與內閣形成內外輔政衙門，司禮太監與內閣大學士職責相關，共同輔佐

41 「三少」又稱「三孤」，為少師、少傅、少保，為從一品；東宮師保指東宮「三師三少」，即太子太師、太子太傅、太子太保、太子少師、太子少傅、太子少保，亦為從一品。以上皆為虛銜，只用來提升官員的品級。

天子。

司禮監遂儼然為「內相」，開始攘奪內官監之權，並很快超越它，成為最為重要的內府衙門。

說完中央，再來看地方上。

明代地方行政體制，國初時沿襲元代的「行省」制。到了洪武九年（西元一三七六年），忽然大變戲法，將行省機構解散，分立「三司」，即設都司管軍政，布政司管民政，按察司管監察刑名。省級領導班底一家變三家，地方失去權力核心，這是學宋代的做法。行省全稱行中書省，是中書省（即宰相府）的派出機構，故廢行省，等於拆了中書省的臺。所以四年之後，停廢已為空中樓閣的中書省，便是水到渠成之事。

「三司」制下，都司、布政司、按察司各管一攤，在巡按御史的監察下，相互頡頏，誰也反不上天去。這是它的好處，但地方事務千頭萬緒，利益糾葛複雜，缺乏一個集中的權威，對政事的影響也比較大，好多應行之事做不成，積弊難革，而扯皮拉筋的事越來越多。實際上已埋下「變」的種子。

自建文以來，朝廷即通過派出大臣或科道官去地方巡察的方式，以整頓地方事務。永樂、洪熙時，沿襲了臨時遣官巡視的方法。到了宣德年間，差官的頻率和所差之官的地位不斷提升，實際上已為巡撫制度及文臣提督軍務的先聲。

與此同時，宦官也更多地被派出去。

過去宦官出差主要承擔某項具體差使，如採買、採辦、出使、監軍等，基本上是隨事而遣，事畢則回，極少有固定在地方行使公事的。即便有，也都與皇室、內廷事務有關，如景德鎮的督瓷太監、廣西的珠池太監、四川雲南浙江等地的銀場太監等。但永樂時期，差太監劉順、王彥、王安等出鎮遼東、甘肅等地，洪熙時差山壽鎮守交趾，已開了宦官出鎮邊方之例。永樂朝得志的宦官，多是靖難功臣，其功名都是蹈血海掙來的，主子做了皇帝，他們持節開府、總兵監軍，便是順理成章之事。但在永樂時期，畢竟還只是個案，非普遍的制度，也沒有形成固定的襲替關係。

宣宗時，邊方形勢進一步惡化，朝廷一面在萬里「九邊」修牆（邊牆，即今日所稱之長城）築堡，一面加強邊境要塞的火力配置，從京師三大營的神機營中調撥出一批火器，送往邊鎮。神機營就是明代的火器營，所使用的都是當時較為先進的火炮、火銃、火槍、火箭等，是對付漠北「韃虜」的祕器。當時人對這種新式裝備看得很重，保密觀念也強，不許地方開局仿製，以防洩密，所有邊方所需神機火器，均在京由兵仗局（宦官督領的兵工廠，二十四衙門之一）製造，編定字號，統一由司禮監差官送到國防前沿。這些內官到了邊鎮，就留在邊地任職，稱為「守（神）銃內官」，專門負責火器手（稱神銃手）的選補與訓練，以及器械的日常維護。這樣一支裝備了新式武器的奇旅，選專官統領，主要負責守城，不許「別差」。

明代的邊鎮，以鎮城為中心，有方面（又稱路，如東路、西路，各設參將統領），有大城，有堡寨，多設宦官管理神機銃炮。本來守銃內官只管銃炮的收掌，但漸漸地就開始帶兵，並且干預地方軍政。用不了多久，宦官的身份就由負有專責的差使轉變為守土之官。與武官之鎮守（守一鎮）、分守（守一路）、守備（守一城）相應，形成內鎮守（即鎮守太監）、內分守、內守備的層級系統。內官與武官搭配，共同承擔邊鎮的防禦。有的鎮，還專設本鎮「監槍太監」一員，掌理全鎮的火器。個別鎮，則由鎮守太監兼領監槍。

在宣德以前，只有少數地方，如遼東、甘肅、雲南等，有太監鎮守。到宣德時，凡邊地乃至內地開始普遍設立「鎮守太監」一職[42]。

好比前文多次提到的太監楊慶，就在宣德四年（西元一四二九年）八月率領京師神機營銃手前赴薊州、永平、山海等處鎮守。他奉敕與都督陳景先一起備御，朝廷敕書規定，一切軍務，二人必「計議而行」。薊州、永平即京北雄鎮薊州鎮（戚繼光萬曆初年任該鎮總兵官，在此練兵），楊慶便是該鎮第一任鎮守太監。他在幾個月後轉任南京守備太監，所餘職位司禮監馬上差官補任，自後太監遂接踵而替。

大概來說，宣德、正統之際，明朝的體制發生大變。一方面是中樞監閣制初成其型，一方面是地方體制由分散的「三司制」向「三堂體制」轉變。正統以後，在邊鎮，鎮守、分守、守備內官形成完備的統治體系。在內地「十三省」及南京，均設內官鎮守。明代地方行政體制乃變為以鎮守總兵、鎮守內官、巡撫都御史為首的「三堂」統率下的三司州縣制。這套體制不分「邊方」與「腹裡」，具有普遍性，且持續時間很長，約為百年，直到嘉靖中年撤回各「邊省」鎮守宦官，方才解體。然而在南京、承天府、天壽山等一些特殊地區，仍保留了守備太監。

在「三堂體制」之下，內官在地方已不再為差使，而是守土之職了。這是明代宦官制度一個極大的特點。

但問題也隨之而來，地方上增加了這麼多官，還是從「天上」掉下來的公公，地方文武哪裡招架

42 「鎮守太監」只是統稱，稱之為「鎮守內官（或中官）」更準確一些，因為鎮守一方的並非都是太監，也有以少監、監丞等職務充任鎮守的，但一般都很快升到太監。

得住，只好「憋屈煩惱困惑恨」了。內官仗著是內府差來的欽差，目中無人，管銃內官將神銃手視作自己的私人武裝，連總兵官都無法調動。宣德四年夏天，宣府守神銃內官名叫王冠，因為太監海壽（此人會多次提到，請注意）過境，他竟然私自率領官軍出城迎送。「桃花潭水深千尺，不及王冠送我情」，王公公十里長亭送客，自然是為了拍海太監的馬屁。這馬屁拍得夠足，他一直將海壽送到龍門，餞行酒吃得大醉，無法啟行，夜間就在田舍醉臥。不料被蒙古騎兵探知到了，乘夜來襲，將王冠連同千戶陳諒等殺死。因為殺死了內官，此事瞞不住了，宣宗才曉得「內官在邊者挾勢恣肆，非總兵所能制」的實態。為此他專門給宣府、大同、薊州、密雲等各處內官下了一道戒敕，令其「飭勵，毋蹈前失」。可一紙敕書，頂個屁用啊！

鎮守、分守等內官的存在，還給地方增加了沉重的負擔。須知，內官既為官，都要享受相應的待遇的，如隨侍兵馬、柴薪皂隸及職田等，這帳不可細算。

綜上所述，宣宗不僅全盤接受了「祖宗」留下來的宦官制度，還使這種制度得到極大的擴張。此時，宦官早已不再僅僅是皇帝的家奴，而是朝廷之職官了。儘管明代官書，除了洪武時期編定的兩種《祖訓》，其他制度之書，如《大明會典》等，都沒有開載宦官官制。我們還是那句話，官書裡寫不寫，宦官它都在那裡。

第四章 宣宗打「閹虎」

前一章，我拿大戶家少爺來比喻宣宗。跟大多數「富二代」一樣，宣宗這位皇家少爺，喜歡玩，會玩，玩得令人吃驚。

有人或許會問，宣宗為什麼愛玩？我說，他幹嘛不玩！宣宗是含著金鑰匙出生的，是大明朝的「皇二代」，一生下來就坐擁花花世界。有這個條件，憑什麼不玩不樂？當代人的思想有些問題，一方面喜歡會玩的「二代」們，好比某二代，耍寶會玩，玩成了「國民老公」，人見人愛；另一方面呢，對古人要求又太嚴，非要他們做冤魂屈鬼，整日憂國憂民，愁白了頭，才得民心，方為正人。這樣真的好嗎？喂，哪位站著說話不腰疼的，您自己來試試，看要得不要得？

當然，玩可以，但應知止，比如打打牌，帶點小彩，無可無不可，沒人說得起，而一旦沒日沒夜地修起長城，成千上萬地輸贏，就過了，該挨敲打了。我覺得宣宗玩得有點過頭。

宣宗這人，我對他評價不高，但我不會走向「歌德派」的對立極，丟下喇叭筒，抄起墨刷子，一味抹黑人家。我承認他跟所有人一樣，是個複雜的人，有自身的優點與缺點。

他的優點是聰明，才情高，有上進心。明宣宗能書善畫，如今存世的皆為精品——明朝皇帝藝術天分高，遠超清帝憋歪詩的水平，也算家族遺傳。宣宗不像別人，一味地崇拜古人，他心目中最了不起的偉人離他很近，就是他的祖父永樂皇帝。為此他事事模仿永樂的行事，好比他把在南京閒了幾年的鄭和、王景弘又動員起來，讓他們下西洋去招徠南洋諸國來朝，還來了幾次北征、北巡，御駕親征去喜峰口外打了個轉，不像後世君主整日憋在小宮廷裡鬧心。他看到吏治日益腐敗，開展了聲勢浩大的「打老虎」行動，並親自動筆，寫了好幾本提倡反腐倡廉的書（官箴書），都是試圖恢復天朝的昔日榮光。這是宣宗的上進處。

但有一樣，學生們沒有不說「我想考第一名」的，但真正捨得沉下心來拼命攻讀、穩定發揮、保持前列的，總只是少數，多數同學，說得到，做不到，願景與實際之間差距很大。宣宗也是這樣。

大明王朝最後一次下西洋，是在宣德六年（西元一四三一年），正使太監為鄭和、王景弘，副使為太監李興、朱良、周滿、洪保、楊真、張達、吳忠等，率官校、旗軍、火長、舵工、碇手及工匠二萬七千五百多人。這支船隊要從交趾外洋經過，瞧瞧四年之前，這塊土地還是大明的疆土，如今已隔絕如秦越，能不慚愧？榮光何在？

現在人們推崇鄭和下西洋，稱其意義很大，其實意義並沒那麼大。因為鄭和的航行，絕無耀兵海上、開拓帝國生存空間的雄心，只是勞民傷財、傾竭府庫的巡遊。宣德年間這最後一次下洋，與前幾次一樣，只是花大價錢把外國酋長請來，贈與重金，請他們做盛世的點綴，活兒做完了，又花費巨資把他們禮送回國。反正皇帝不差錢，花一些國庫的銀子，得一個萬國來朝的好名聲，他認為值、划算！可老百姓受不了，國家財政也受不了，所以宣宗最後搞了這麼一次，以後就再也沒力氣也沒實力去做了。直到成化年間，皇帝不知受了哪個太監的蠱惑，又動了下西洋取寶貨的念頭，可那時想出門，已摸不著「南」，只好派宦官到兵部去找資料。這一下驚動了時任兵部職方司郎中的劉大夏，他馬上答應找，並且很快在庫房裡找到當年下西洋的檔案。可是他沒有將材料上交，而是一把火焚了，然後報告說，檔案沒找到，澈底讓那想下洋的人斷了念想！劉大夏此舉，能讓今天的史學家流一碗鼻血、連呼敗家，而在當時人看來，真是大英雄的作為。由此可知，朝廷造寶船下洋有多麼不得人心。

宣宗繼位的第三年，就丟掉了交趾這塊祖業。做一個不恰當的比喻，就是那位少爺經營不善，賠掉了祖上留下的幾家綢緞莊，雖然不至動搖家業的根本，但面子上很不好看，人心也有一些慌亂。我懷疑是出於一種補償心理，或為了將群眾的視線從那塊恥辱之地吸引開，宣宗連續搞了幾次「征巡」。說是北征，卻只從敵人力量較弱的薊州口外出去打了個擦邊球，繞了個小彎彎，趕緊就回來了。主力要進關時，還有部隊沒來得及會合，有將領建議再等一等，可宣宗心裡虛，不敢多等，藉口祭祖之期已近等不得了，趕緊溜回關內。之後就再沒敢出關，只是閒來在北京周邊巡視一番，打幾隻麂子獐子豹子，或校閱一下軍隊，就是尚武了。有本事別丟交趾，或者丟了再奪回來呀！不管講什麼客觀條件，總之成績本上扣分項目太多——自稱「盛世」，總要九十分以上吧！

宣宗私德也有虧。

我們這位宣宗皇帝號為「聖明天子」，其實做過許多不聖不明之事，好比他父親死了，還未出喪期，他已急不可耐地派太監到朝鮮徵求處女了，被朝鮮國王笑為色心太重。他還嫌每次進來的處女數太少（畢竟處女們都選自朝鮮「兩班」貴族官員之家，批發不來），不能滿足他的慾望，於是讓太監給國王帶話，叫把會做飯、會唱曲、會舞蹈的女娃也送一些來。太監深體「聖心」，暗地裡叮囑國王，關鍵是年齡要小，人要漂亮，至於茶飯做得香不香、唱歌走調不走調、舞姿婀娜不婀娜，都在其次。國王馬上明白了，皇帝就是要美女，而且是幼齒，不禁又笑一回。

這些醜事都記在祕藏的《朝鮮王朝實錄》裡，明朝人哪裡去知曉？清朝人也看不到《朝鮮王朝實錄》。直到現代學術興起，日本人將《朝鮮王朝實錄》影印出版，這些祕密材料方才大白於天下。蒙在宣宗臉上的金紙就兜不住了，直接滑落，一副「遊戲天子」的真面容暴露無遺。

宣宗喜歡玩樂——「盛世」的好處，就是皇帝可盡情地玩，而不擔心亡國滅種——《朝鮮王朝實錄》

中除了記他徵求美色，還有許多求鷹犬的記錄。

宣宗喜歡狗馬，都求出洋了——出洋相的出洋！而在國內，因為「率土之濱莫非王土」，凡事皆為可求，他所求者更多。宣宗都派太監出去踅摸了什麼好玩意兒？別的不提，單說一件——求蛐蛐兒！

本來呢，地方上有什麼好特產，都應「貢獻」給朝廷，不可瞞下。但蛐蛐（學名蟋蟀，又名促織）算什麼特產？不能吃，不能喝，光聽個響，還吵人。可宣宗就好這個，結果損了千古令名。我不禁扼腕而嘆，要是明代就發明電玩多好呀，宣德皇帝可以整日宅在宮裡打電玩，他就是註冊實名ＩＤ「我是宣德皇帝」，也沒人信啊，那多任性！可惜明代那會兒，娛樂太少，除了蹴鞠、舞蹈、夜操那老三篇兒，實在沒什麼新花樣。宣宗瞧樣板戲都瞧蔫乎了，偶然鬥了一回蛐蛐，立馬就愛到痴迷。

皇帝一旦痴迷某事，臣民們就攤上大事了。

宣宗要鬥蛐蛐，馬上派宦官到地方上去徵索與收購。

當時蘇州知府是著名的能吏況鐘，忽一日衙署來了兩個宦官，手捧敕書，不知所為何事。況鐘忙鋪設香案接旨，聽了開讀，況鐘頓時蒙了，原來皇旨密敕蘇州府速進蛐蛐一千隻。皇皇敕書，寫的不是國家大事，而是勒索蛐蛐。宣德皇帝如果聽說過「玩物喪志」一詞，他還這麼做，就是明知故犯，應罪加一等，無怪乎後人送他「蛐蛐天子」的外號；民間還唱：「促織瞿瞿叫，宣德皇帝要。」

沒辦法，況鐘只得照辦，將任務攤派下去。而宦官坐守，皇旨要得急，官府只好逼勒百姓，不許他們去田裡翻土耕作，卻去石疙瘩縫裡翻找蛐蛐，最後竟逼死了一個孩子。事見清人蒲松齡《聊齋誌異》中著名的《促織》一文。那蛐蛐硬是跳到宣宗皇帝的臉上，跟他死磕上了，永遠也不會飛走了。

宣宗利用「公權力」來幫他辦私事，他的意志傳遞到各級衙門，需要通過傳旨。傳旨的，都是宦官。

本來，根據朝廷制度，宦官到外廷傳旨，有司官員必須復奏，以防詐偽。但因為皇帝越來越「囉唆」，宦官出來傳旨的頻率也越來越多，漸漸地就做不到每件事都到御前復奏了。於是開始出現宦官假傳聖旨的情況。看官可還記得太監馬騏到翰林院假傳聖旨的事？仁宗沒有嚴厲處置他，可能與此事已為普遍現象有關。宣宗繼位不久（西元一四二六年），就給六科給事中下旨，強調：「凡內官、內使傳旨諸司，皆須復奏。」要求宦官從內廷往外傳旨，六科當備錄復奏，只有得到皇帝認可後，方可下司施行。當時普遍的情況是，內官奉旨傳於六科，輒令諸司奉行，凡事都不復奏，已為慣例。然而積習已成，一紙詔書，是不可能根除這種現象的。我點查《明宣宗實錄》，發現宣德三年和五年，宣宗多次下敕，要求「今後凡中官傳旨」，不管事大事小、有敕無敕，都必須「復奏明白，然後施行」。宣宗不停地嘮叨，而宦官全當作耳旁風，到後世則愈演愈烈。

宦官利用在御前的近便，可能有營求敕書，甚至製造假敕的情況存在。馬騏不就要求翰林院按照他的口授寫敕嘛！如果被他拿到敕書，他可能再請皇帝左右幫忙，到御前趁亂弄個璽蓋上，說不定就真的又回交趾去了。如果不是翰林院官員及時復奏，仁宗知其事絕不可行，他幾乎得逞。

永、洪、宣時，宦官（包括御前近侍宦官和地方公差宦官）罔上弄權的事層出不窮。宣宗以後，歷代皇帝多深居九重，不再出來接見臣僚，復奏之事變成公文旅行，或流於形式，宦官假傳聖旨的事情就更多了，遂造成宦官擅權之弊。

宦官假傳聖旨，是宦官恣睢的一面。此外還有大量宦官，被差到天下四方去承擔各種使命，這些宦官打著「欽使」的旗號，藉著幫皇帝辦私事，在地方胡作非為，搞得民怨沸騰。宣德六年（西元一四三一年），宣宗突然出手，抓捕並處決了一批民怨極大的宦官，成為宣德年間「打老虎」大戲的一出高潮戲分。正應了一句話，叫「自作孽不可活」，又或作「上帝欲使其滅亡，必先使其瘋狂」。而這場針對宦官的整肅，表明宦官在盛世作孽，已到了連皇帝都無法容忍的地步。此事並不廣為人知，看官且聽我說來。

要說此事，我們先得從明代的吏治說起。明朝的吏治，並非如許多人以為的是從中晚期才開始敗壞的。其實自宣宗即位後，已感受到士氣與世風的低落。他為此專門召見最信任的兩位閣臣楊士奇和楊榮，問他們：「祖宗時，朝臣謹飭，而近年來貪濁成風，這是為何？」他認為官場貪腐的風氣是自他即位才起的。老臣楊士奇不同意，他道：「貪風永樂末年已有之，只是今日愈發恣肆罷了。」楊榮馬上舉出一人：「永樂時，貪恣屬方賓最厲害了！」方賓是永樂晚期的兵部尚書，後自殺。兩位楊先生雖然不和，但他們在這件事上意見是一致的，即貪風自永樂末年以來已經很盛了。楊士奇更將此歸過於隨永樂皇帝在北京的「扈從之臣」們，說他們「請託賄賂，公行無忌，致使貪風日熾」。他這麼說，可能有替當時在南京監國的宣宗之父仁宗推卸責任之意。不管怎樣，通過這次召對，君臣之間達成共識：今日「貪風日熾」，已到了必須採取嚴厲措施將其剎住的時候了。

宣宗問，今日最大的貪虎是誰？兩楊揭發，就是時任都察院左都御史的劉觀。

都察院是掌管風紀的最高衙門，下屬十三道監察御史。都御史[43]與御史都是管百官「紀律檢查」（監察）的官，卻不料腐敗的根子在這裡。宣宗抹了一把汗，已決心除掉劉觀。他問：「誰可取代劉觀？」兩位姓楊的大學士同聲舉薦了通政使顧佐。宣宗立即將顧佐升任右都御史，同時將左都御史劉

43　都御史這個官，到明代中後期，職權非常大。但我見許多人錯寫作「都御使」。「都」者，總也，都御史也就是總管、統領御史的官。寫錯了，表明作者根本沒領會這個官職的含義。

觀藉故打發到外地去辦事，調虎離巢後，「二把手」顧佐實際上主持了都察院的工作。

從宣德三年（西元一四二八年）夏天開始，在宣宗及內閣的支持下，以顧佐為大將，大明王朝向腐敗宣戰了。劉觀貪汙受賄的罪行很快查實，經審理後其父子發配遼東。同時對「紀委」官員監察御史進行大換血，一次罷黜的御史即達三十一名，其中二十人被貶謫到遼東各衛所充吏。這不啻十八級政治地震了！以此為切入點，托塔天王顧佐鐵面執法，對吏治進行了全面整頓，在高壓的反腐態勢下，百官一下子振作起來，氣象一新。

宣德年間的反貪腐，前一時期以「紀檢」系統（都察院和監察御史）為中心，揪出了大老虎劉觀，使得朝政肅然，官場風氣明顯好轉。這時，宦官為非作歹的現象就特別明顯了。

宦官也是官，他們在外，多奉敕書，所負的也是朝廷的使命。但宦官同時又是皇帝的私人，打狗還要看主人，對付宦官，必然投鼠忌器。顧佐決定避開「宦權」這樣一個敏感話題，從奉使者在地方為害入手，就事論事，向宣宗揭發宦官在外的種種劣跡，並且指出，這都是內官監太監袁琦背著皇帝這麼做的。宣宗看了顧佐的密奏，瞭解到宦官在外為非作歹的種種劣跡，非常吃驚，同時覺得很丟面子，於是決心採取行動。

宣德六年（西元一四三一年）年底，震驚朝野的太監袁琦案突然爆發，牽涉到一大批出使內官。此案以非常高調的方式展開，並且在不到三個月內迅速解決。

袁琦是什麼人？我們先來看《明宣宗實錄》中兩條關於他的記事：

第一則，宣德四年（西元一四二九年）八月，宣宗念三皇叔趙王朱高燧久不相見，給他寫了一封家書，遣太監袁琦送過去，並賜趙王金織文綺紗羅袍三襲——這是袁琦第一次出現在史書中。明朝時，奉使宗藩，尤其是像趙王這樣為皇帝疑忌的藩王，一般都會派遣很親近的宦官，袁太監之貴近自不待言。

第二則，宣德五年（西元一四三〇年）十月，宣宗巡視近郊畢，還京時駐蹕泥河，命都督郭義、沈清及太監袁琦率軍士留宣府等處圍獵。宣宗在敕書中說，我讓你們圍獵，不是為了禽獸，而是擔心虜寇知朕還京，將為邊患，如果邊境有警，爾等當協同備御，不可輕忽。實際上留下的是一支大軍後翼掩護隊伍，袁琦擔任類似「政委」的監督之職。

僅僅從這兩條記事，可知袁琦是內廷大佬。

袁琦事敗後，宣宗對顧佐說：「宦者袁琦以其自小隨侍，頗稱使令。升太監管事，輒敢恃恩，縱肆欺罔。」言袁琦「自小隨侍」，我由此懷疑此人出身宣宗潛邸，是宣宗做皇太孫時的舊人，因用得順手（「頗稱使令」），得到提拔重用（「升太監管事」），遂「恃恩」縱肆。

當袁琦第三次出現在國史中，是宣德六年（西元一四三一年）：

十一月丙子，內官袁琦有罪下獄。

僅此一句而已，很像電視裡忽然播放某官員因違法違紀正在接受組織調查，至於他如何違法亂紀則全無一字的劇透。實際上紀委調查已緊鑼密鼓展開。實錄記載，幾天後，宣宗「以內官袁琦等事覺，以其所遣在外者尚多」，遣太監劉寧與御史張駿、李灝等往籍其贓及執其從人。先把大老虎拿下，再去捉小的，好澈底查清他「縱肆欺罔」的事實。

太監劉寧與御史二人前往直隸蘇州、松江等府（今蘇州、上海等地），主要捉拿內官裴可烈，此人在蘇、松「貪暴尤甚」，特命械繫至京（即戴著刑具上京）。

另外還有多路御史專員奔赴各地：蔣彥廣往福建，胡智往湖廣，施信往江西，高超往廣東，劉禎往廣西，胡敬往河南，於奎往南京，郭原往河間，唐慎往直沽，梁軫往四川、雲南。

以上區域，除了南北直隸，還有八個省，可見宦官為禍範圍之廣，居大明疆土之大半了！

我們來看，這些混帳都在地方造了哪些孽。

比如那個裴可烈，實錄只說他禍害蘇松等府，其實被他染指的還有浙江北部一些府縣，約當明代的江南地區，是明朝的財賦人文重地。裴可烈之事，在《明史》中見於兩位循吏的傳記，一位是林碩，一位是鄭珞，是典型的壞人成就好人的好名聲。

林碩，福建閩縣人，永樂十年（西元一四一二年）進士。這功名就很早了，不知何故，他的仕途並不太順，熬到宣德初年才做到巡按浙江御史。因為「為治嚴肅」，就地升轉浙江按察使。這回發達了！從正七品監察御史，直升作正三品的一省廉訪使，林廉使終於搭上飛機了。

恰在這時，裴可烈到浙江來了。

宦官「空降」到地方上為害，不熟悉情況，必須找地頭蛇幫忙。浙江有個姓湯的千戶，與裴可烈勾結起來，一個是狼、一個是狽，一個為虎、一個為倀，共為奸利。他們的惡行被林碩所知，將要「繩以法」。我們現在說，「以法律為準繩」，其實法律不僅是一把尺，也是一條縛妖索，「繩以法」，就是要治他們的罪。林碩作為地方司法長官，他只能治湯千戶的罪，而治不了裴公公的罪。因為裴可烈是欽差內官，是朝廷的使者，不受地方管，地方上對他不滿，只能上疏參劾他。而從後面事態發展來看，林碩並沒有參劾他——或許是不願太開罪宦官，只拔除其爪牙，讓他知道收斂就好了。

可裴可烈豈能甘心，他立馬誣林碩以「毀詔書」之罪，一本參上了天。宣宗不分青紅皂白，立即下旨，將林碩捉拿上京。在朝堂之上，林碩被褫了官服，像罪人一樣引到御前。宣宗問他為何敢撕毀詔書，林碩叩頭自辯道：「臣前為御史，官不過七品。今擢升按察使，官至三品。皇恩天高地厚，臣日夜淬礪，思圖報答皇上的恩德，哪裡敢對詔書不恭！這是小人因臣執法嚴厲，不便行私，故設計害臣，唯陛下裁察。」林碩這些年官不是白當的，這一番話，既剖白了心跡，指出了奸謀，還拍了皇帝馬屁。宣宗怎能不「動容」，馬上安撫他道：「朕固未之信，召汝來面訊耳。」宣宗也蠻會說話，見林碩態度恭順，馬上轉了口詞。可是您萬歲爺既然根本不信（「固未之信」），幹嘛把人家從幾千里外抓來，還要當面問他？就是要當場對質，也該把裴可烈一併捉來才是啊。您這麼做是否偏心點？對此，我只能說「呵呵」。

虧得林碩會辯，逃過一劫，宣宗將其釋放復官，同時寫敕責備了誣奏說謊的裴可烈。

從宣宗對待內外官的態度，不難察知，宣宗對欽使宦官是非常信任偏袒的，宦官犯罪，往往從輕典，而文官則動輒拿問。裴可烈誣告大臣，就挨了個通報批評（「敕責」），而他作姦犯科之事一概不問，難怪這些閹奴在外面為所欲為、肆無忌憚了。

林碩碰了釘子，他復任後，再執法時，法棍大概就要避著點裴公公了。從此二人相安無事。但裴可烈也樂不了幾天，他又碰到一個新的對頭——寧波知府鄭珞。

巧的是，鄭珞跟林碩是同鄉，他也是福建閩縣人。不知裴可烈是哪裡人，看來他命裡與閩縣人沖犯，他在去浙江前，應該找個大師掐算一下，好避一避的。

鄭珞也是永樂年間進士，他科舉名次應該很高，被選入翰林院做庶吉士，期滿授刑部主事（相當於司法部的處長），宣德中，擢升寧波知府。鄭珞是很得民心的好官，他守寧波，碰上丁憂，將要離任回鄉。可寧波百姓捨不得，數千人詣闕，乞求鄭知府能夠留任。本來「奪情」與傳統倫理相違，不是輕易能準的，剛好這時海盜入寇，守土之官不宜輕動，宣宗便從民之請，下詔令鄭珞奪情復任——鄭珞走不了，似乎就等著裴可烈來，好治他。也是裴公公的劫數到了！

不久，裴可烈「以公事至郡，貪暴不法，民被其騷擾」。他來踢場子也不選個地方，史云鄭珞在任「黜贓吏，抑豪強，令行禁止，發奸適伏，治績為兩浙最」，裴老公公居然跑他地盤上鬧來了，鄭珞豈能容他。林廉使不是沒劾這隻閹虎反遭他咬了一口嘛，鄭知府就不客氣了，立馬上疏，將裴可烈不法之事樁樁件件寫下來，向朝廷舉報，竟一擊中的，「詔置可烈於法」。裴可烈玩完了！鄭珞因一疏劾翻宦官，乃成就一生美名。鄭珞官做得不大，只做到浙江參政（正四品），但他有資格入《明史·循吏傳》。看官，古代的「循吏」，主要指地方官，都是今天「焦裕祿式的好幹部」。有明一代，省級以下官員總不下幾萬人吧，能夠入《循吏傳》是小概率事件。

裴可烈真夠倒霉的，在浙江接連碰到兩個硬骨頭官員，最終丟掉了性命。但《明史·鄭珞傳》說鄭珞「劾中使裴可烈，帝為誅可烈」，實際上是誇大其詞，他那一本劾疏，沒有這麼大威力。裴可烈倒霉和鄭珞幸運的地方，都在此時宣宗正好決定對在外不法的宦官予以打擊，都撞到這個節骨眼上了。

還有一個叫阮巨隊的宦官在廣東等處公幹，虐取當地軍民財物。

這個阮巨隊，從他名字來看，應該是交趾人。他是一個既貪又蠢的人，當地流傳著這樣一個故事，說阮巨隊到廣東徵求虎豹，賓客中有一個叫陳諤的鄉官，向他求虎皮一張。阮巨隊不防有詐，就給了他。不想陳諤回去就草奏，說阮巨隊用所獵肥壯之虎宴請賓客，而將那些瘦得皮包骨頭的老虎用來進貢，使之斃命於路上，他手中虎皮便是證據。這分明是給阮巨隊下套嘛。阮巨隊怕了，忙擺一桌，宴請陳諤。席間陳諤帶著酒氣問：「聽說你不是閹人，近來還娶了妾，有這回事嗎？」阮巨隊連忙搖頭：「哪有此事？不信，您到我內室去看。」陳諤正要他這句話，說走就走，硬是闖進內室。只見房中擺著許多大罐，心知必為金珠，卻故意問，罐中裝的是什麼？阮巨隊說是酒。陳諤笑道：「我來，正是要美酒。」便命人來扛。阮巨隊見一個個大罐被抬走，心如刀割，只好向陳諤苦苦哀求，陳諤才給他留了一半。這個故事記在清光緒年間所修《廣州府志》裡，末尾說：「廣人至今傳為談謔。」這是一個智鬥宦官的故事。

阮巨隊妄自勒索的事不久為地方奏發，宣宗因為阮巨隊打著替宮廷買辦的名義為害非常生氣，當即命錦衣衛差人將阮巨隊拿到北京，關到詔獄裡。阮巨隊就把袁琦供出來，說一切都是受袁太監指使。宣宗便下令籍沒袁琦之家，這才知道，袁家金銀以萬計，寶貨錦綺所值也以萬計，他家所用金玉器皿多僭越奢侈，違反禮制。如果宣宗戴一副眼鏡，一定要大跌眼鏡了！

經過審問，袁琦供認，他那些非法之事，都是他名下內官楊四保、陳海等人幫他做的。許多宦官都是通過賄買袁琦，才得到出外公差的機會，因為營求差使花了大價錢，所以出差到地方，一定要把本兒掙回來。

而宦官們到地方上，都是打著為宮廷採買的旗號，發的是自家財，損的是聖天子的名譽，宣宗還不勃然大怒，立即分差御史去把這些人都抓回來？

這些貪贓宦官很快被拿回北京下獄，法司議其罪，皆當死。

宣宗此時是恨極了「自小隨侍」的袁太監，他是罪魁禍首，下令將他凌遲處死，而阮巨隊、阮誥、武莽、武路、阮可、陳友、趙誰、王貴以及楊四保、陳海等十人處斬。行刑日期是宣德六年（西元一四三一年）十二月某日，就在年節前幾天。一下子，北京西市上集體處決這麼大一批內臣，這在明朝歷史上是空前絕後的，真是大快人心，想來那一年春節的鞭炮應該格外響亮。

有個內使名叫馬俊的，公差還京，到達北京南邊的良鄉，聽說袁琦事發，非常驚恐，當即上吊自殺。地方將此事奏聞後，宣宗厭惡地道：「此人正是與袁琦同惡害吾民者。」命錦衣衛將馬俊戮屍，首級掛於市中示眾（梟首）。這個家伙是因為膽子小，自己暴露了，死了也該闔目，不該怪人。

還有一個宦官，名叫唐受，也是因公差到了南京，縱恣貪酷，百姓不勝其害。被人舉報後，宣宗命錦衣衛將他抓來，下獄鞫問，獲得貪贓的實證後，給他戴上刑具，押回南都，在集市之中凌遲處死，然後梟首。

宣宗打虎是真的嗎？殺了這麼多宦官，當然是真的啦！宣宗將犯人處死後，還希望把他們作為反面教材，讓廣大官民吸取教訓。為此特命都察院揭榜，曉諭中外，要求：「凡先前所差內官、內使在外侵占官民田地及擅造房屋，所在官府取勘明白，該還官者還官，還軍民者還軍民。官民人等，有受內官、內使寄頓財物，許自首免罪。若匿藏不自首的，事覺，與犯者同罪。」

同時規定，「自今內官、內使出外，敢仍前有犯，令所在官司具奏，治以重罪，知而不奏，罪同。若中外軍民人等有投托跟隨內官、內使，因而撥置害人者，悉處死罪。」

宣宗又在乾清宮召見司禮太監王瑾、吳誠等人，對他們說：「袁琦孤恩負德，越禮犯分，欺瞞朝廷，受人囑託，私遣內使出外，假以幹辦，虐害官吏軍民，百計索取，金銀財物數以萬計。下人啣冤，歸怨於上，朕何由知？天地鬼神共怒，事乃發露，琦已伏誅。此非朕欲罪之，殺身之禍實其自取。」

他讓司禮監在內廷揭榜，昭示內官、內使及小火者：「能守法事上，不恃寵作威，不害民取財者，鬼神祐之。若違法越禮，惟務貪虐，鬼神不佑，國法不赦。若先嘗有過，後能改悔，朕亦以無過待之。」

顯然，宣宗只希望以後宦官出使幹辦，謹守朝廷法度，而沒有意識到差宦官出外本身就是錯的。

第二年，即宣德七年的正月十九日，也就是正月十五燈節後正式上朝的第三天，宣宗又令敕諭全國各級政府，公開袁琦的罪行。敕書中說，朕自臨御以來，惟以安人為心，而太監袁琦「隨侍日久，肆其狡險，欺慢朝廷，假幹辦公務為名，朦朧奏遣內官、內使在外，淩辱官員，毒虐軍民，恣肆貪殘，贓穢狼藉，金銀以千萬計」。所在地方官員，「坐視民患，徒懷兢惕，默不敢言」。直到宦官所為已到了民不聊生、天地不容、神人共怒的地步，方才罪惡暴露。

顯然宣宗認為袁琦的罪惡是被老天爺揭發的，而對官員們「默不敢言」十分不滿。他通過榜文、敕諭的形式，希望文武百官及二十四衙門的宦官，都能從中吸取教訓，恪盡職守，以安民為首務。

宣宗用雷厲風行的手法，在不到三個月的時間裡，對以袁琦為首的劣跡宦官予以痛擊，殺死了關係很好的內臣，從此宦官大為收斂。我們從一件事可看出宣宗治閹所造成的社會影響，這就要說到那個前赴蘇、松捉拿裴可烈的太監劉寧了。

劉寧，《明史》無傳，清人查繼佐《罪惟錄．宦寺列傳》有其傳記，說他是宣德中長隨，宣宗有一次上馬時，胡床忽然折斷，劉寧彎下腰，請宣宗踩著他的背上馬。又有一次，宣宗在湖中泛舟，不小心落水，劉寧急忙跳入水中，將宣宗扶掖而出。有了這兩次好的表現，宣宗「嘉其忠，命掌司禮監」。又說劉寧不識書，令王振代筆，後改官南京守備。

由於《罪惟錄》這本書總體來說，內容比較雜蕪，很難說這些記載是否真實。該書說劉寧是宣德中長隨，應該有誤。長隨是內官中較低的職務，次於監丞與奉御，劉寧若為長隨，又不識書，僅僅靠兩次忠心的表現就想做到司禮監掌印，應該說是不可能的。劉寧第一次出現在史書中是宣德二年四月，宣宗命武進伯朱冕、兵部尚書張本到山西撫安軍民，同時「遣太監劉寧等慰喻晉王府宮眷，且督視其行」。宣德初年，劉寧已為太監。這一次他與勛臣朱冕、文臣張本到山西公幹，背景是宣宗剛剛廢黜了晉王朱濟熿，故派這三位內外重臣去山西彈壓，張本之行，實為山西開設巡撫的先聲，故劉寧此行責任重大。

宣德三年（西元一四二八年）十二月，劉寧又協同錦衣衛指揮任啟、參政葉春、監察御史賴瑛前往鎮江、常州及蘇、松、嘉、湖等府巡視軍民利病，殄除兇惡，以安良善。而此次「巡視」又為蘇、松等府開設巡撫之先聲。

也即是說，太監劉寧是宣德初年地位尊顯的宦官，從他多次承擔「監察」使命來看，他很可能是司禮監太監。正統初年，改任南京守備，並得到「忠直公平」的聲譽。劉寧於正統十四年（西元一四四九年）卒於南京守備的任上，英宗將其所留田產全部賜給其母。

由於劉寧在履行職責中表現出「清謹忠良」的品質，故宣宗在宣德六年派他與監察御史一起去江南捉拿贓官，沒收贓物。不料劉寧在回京時，發生了一件意想不到的事。

劉寧回京覆命，從山東故城縣經過。該縣縣丞名叫陳銘，是一個性情「暴悍」之人，那一天剛剛喝了酒，還喝得酩酊大醉，忽然聽說來了一個宦官，他乘著酒氣，不由分說，上前揪住劉寧，舉拳便打。御史在一旁喝止，怎麼也攔不住。回京後，就將此事奏聞，論劾陳縣丞行事無狀。

陳銘以毆打內官，被逮上京。宣宗忽然又變了主意，道：「縣丞固然可罪，但他也是一時昧於所聞，寬宥他吧。」一旁侍臣道，陳銘酗酒鬧事，擅打朝廷使臣，陛下就是赦免他，也不應該讓他復官回任。宣宗倒大度，道：「朕既然赦免了他，他也該知過能改。」還是恢復了陳銘縣丞的職務。

通過這件事可知，宦官四處為虐，以及隨之而來的打閹虎行動，在社會上造成極大反響。平常官民見到宦官都如老鼠見貓，而今一個小小的縣丞，乘著酒興，一聽宦官來了，馬上條件反射，認為來的不是好東西，而且，該打！在這樣的氛圍之下，出差公幹的宦官無論如何都會收斂其銳氣的。

宣宗通過打閹虎，使宣德三年以來的治吏之役向深度發展，掀起新的高潮。宣德朝出現了一個奇怪的現象，一方面是宦官勢力的急劇擴張，一方面卻是異常高調的對違法宦官的打擊，兩者並行不悖。這是矛盾，但存在內在的邏輯關聯：正因為宦官權勢高漲，亂政現象突出，才使得宦官與地方官民之間衝突加劇，宣宗不得不加以採取高壓的措施，予以調適。然而，當這一對矛盾達到一種平衡後，新的矛盾將在更高的層次上爆發。

而我們看到，宣宗在處置這件事上，立場鮮明：他不認為差宦官四出是錯誤的，只是認為宦官應該守分，這表明他對宦官的打擊不是針對宦官制度的，如同對貪腐文官的打擊一樣，只是針對整個體制中個別壞分子的制裁。

而且，他還將全部責任推到了太監袁琦身上，將他當替罪羊抛出來，甚至不惜用酷刑處死這個昔日的親信。然而，袁琦所為，真的是「欺瞞朝廷，受人囑託，私遣內使出外」嗎？顯然不是。可能在派誰不派誰的問題上，作為內官監太監，袁琦存在受賄的情節，但那些出去幹辦的宦官，卻絕不可能全是袁琦「私遣」，他們都是為皇帝無窮的慾望服務的，打著「幹辦公事」的皇旗，甚至奉著敕旨去到地方的，宣宗怎麼可能蒙在鼓裡，毫不知情？

那些到內地省份去的宦官，都是為宮廷採買或採辦一些土產，比如阮巨隊到廣東獵虎，宦官到蘇州索蛐蛐，以及大批宦官到遼東捕海青、土豹，不都是為宣宗個人的享樂？可能宣宗本人希望他們到了地方，能夠安靜一些，儘量不要擾民，可這些宦官花了銀子好不容易才營到的差使，首先考慮的，就是如何把本錢賺回來，大發利市，哪會顧忌許多！自然會出現宦官「假幹辦公務為名」而大飽慾壑的情況。好比裴可烈所奉「公事」，根據敕書，可能只是蘇、松等府，然而他卻私自跑到浙江去，這就屬於越界騷擾了。又如徵索蛐蛐，按說蟋蟀分布極廣，但最好的品種都在水深土厚的北方，比如「蟋蟀之鄉」就在山東寧陽，蘇州所產蛐蛐並不是很好的品種，為何兩名宦官能拿著敕書到蘇州來要蛐蛐？很可能也屬於拉大旗作虎皮，頂著皇敕，四處要挾官府軍民，提出各種無理的要求，讓地方有司和百姓不堪其擾，最後把自己送進了十八層地獄。

宣宗私慾太盛，他的心頭所好都是派宦官替他去做。結果宦官如破籠而出的餓虎，把地方攪得一團糟。反對聲浪高漲，令宣宗很沒面子，一氣之下，將這些「髒手套」脫下來燒毀，既出了氣，也擺脫了責任。事實上，這板子落下來，最應該打在宣宗皇帝的屁股上。

說起太監，我們更熟悉司禮監。司禮監太監是宦官的首領，但在英宗正統以前，宦官地位最高的是內官監。袁琦任內官監太監，從這件事上我們可以看到，當時內官的「題差權」[44]，仍然掌握在內官監。內官監以此種權力，才被人比作外廷的吏部。然而後世這種權力轉移到司禮監。那麼這一要權的轉移是何時發生的呢？我懷疑就是從袁琦被殺之後。在這個鬥倒內官監首席大太監的事件中，我們看到還有王瑾、吳誠、劉寧等太監，他們都是司禮監太監。後者都是為宣宗倚信之人，他們是否會借此機會一舉將內廷用人權奪到手中呢？

44 從內廷派出某人去充任某項差使，必須用題本報知皇帝，這叫「題差」。題差權，也就是內府的用人權。

第五章 自宮潮起

今天的人，對自宮這個詞並不陌生，武俠小說裡不是有一句話：「欲練神功，必先自宮。」大家都懂的。那麼看官可知「淨身」何意？

可能有人馬上想到「淨身出戶」，現代人離婚時，常用這個詞。它大概不算一個成語，《中國成語大會》這檔節目不會拿來考學生。其實「淨身」是老詞新用，過去的淨身可不得了，要下極大的決心，尋思多日，逡巡久之，突然拈起鋒利的小刀，「噗哧」一下，孽根落地。人就兩條根，一條慧根，在上頭；一條孽根，在下頭——也有一個「頭」。在中國當道的，是中醫，中醫老先生們一般不舞刀使槍，像華佗那樣要掄刀砍人到底是特例，所以驚了病人，自己先挨一刀，掉了腦袋。中醫雖不動刀，可中國有「外科手術」。中國歷史上最大規模的外科手術，就是閹割手術。到底規模有多大，本書後面告訴您。

人吶，喜歡動歪腦筋，許多歪腦筋不是憑空從心裡騰起的，而由雄根一動，歪念上心。孔子說：「食色性也。」孔老夫子是實誠人，承認好色與貪嘴一樣，都是人的本性，不像後世的道學家，貪吃了嘴上還不肯認。承認性與任性，是兩碼事。人任性起來，就要壞事。所以宗教都有極嚴的戒律。但好東西鎖在庫房裡，不免令人思之念之，技癢難耐，非有極高的克己功夫，是無法斷絕塵念的。大概自古帝王深明此理，他們既沒耐心也沒信心去等候宮中下人慢慢修煉這門絕技，於是選擇了一個直截了當且無後憂的做法：閹割！凡入宮之雄，不許攜帶私藏淫物，必須乾乾淨淨，上交「作案工具」——皇帝假定他們見了後宮佳麗三千，是必然要作案的，屬於有罪推定。於是事先繳械，讓你有心無力，無法作案。這就是「淨身」，淨身是與入宮相連的。今天是再沒人無事上繳工具了，但「淨身」這個詞並沒退入歷史的舊貨倉庫。今日所講淨身，則是男男女女過不下去了，其中一方選擇放棄所有財產，赤條條離開原來的戶口，淨身是與出戶相連。

還說古代，在中醫盛行、大家都吃藥渣慢慢調養的時代，一些人卻甘願受那一刀，承受別人都不必承受的巨大痛苦，他捨棄，必有所求，而且所求者比捨棄者更有價值。我是男人，我知道，沒了那玩意兒，作為男人的快樂幾乎要失去大半，簡直要「生無人色」了！那麼那些做宦官的，怎麼竟肯捨得？就說《笑傲江湖》裡的東方不敗，他自宮是為了練《葵花寶典》。他也不是為了練《葵花寶典》，而是為了保持「天下第一」的地位，乃至上升到武學的更高境界——他是達到了。人家李白功夫深，鐵棒磨成繡花針，他也做到了，以一根繡花針，穩穩坐牢天下第一。東方不敗勤於練功，沒功夫親近美色，住在黑木崖上，也沒漂亮大嬸兒可以親近，乾脆練到天下第一，得到心理的自慰，也是絕大多數男人無法得到的快樂吧！這是東方不敗的心理和追求。那麼宦官呢，他們的心理和追求是什麼？且聽我慢慢道來。

佛教講求六根乾淨，我愚意以為，「六根」太多，只需修得一根乾淨，便是菩薩了。入宮做宦官，下面那一根是一定要淨的。否則，會出亂子。我舉一個比較有代表性的例子吧。此事發生於宮廷，但不是皇宮，而是王宮，是晉藩永和王朱濟烺[45]的後宮。

45 晉藩指晉王（親王），永和王是晉王庶子所封之王，為藩王。明代制度，親王約束該支所出諸王及將軍等宗室，故永和王可稱晉藩之王。

話說王府有個內使，名叫李誠，他就是屬於「自宮不淨」之人。因為根不清淨，便要亂宮。這位根不乾淨的李內使，在宮裡與宮人私通。到永樂十五年（西元一四一七年）時，姦情敗露，永和王夫人[46]將與李誠私通的宮人杖斃了。大概李誠在宮裡也是有頭有臉的宦官，故而王夫人拿他沒辦法，只拿他的另一半出氣。李誠哪裡肯服氣，不知他用了什麼詭計，居然誘得朱濟烺將夫人及其母一起毆死，算是借王爺之手替他情人復了仇。此事過了二十多年，直到正統六年（西元一四四一年）才為本府軍旗告發，李誠被斬首正法。

可見，宦官若不割乾淨，就是孽障，不僅汙穢宮闈，還會害死主子的！

上面這件事隱含了兩個信息：其一，早在永樂年間，民間即有自宮求進之人了；其二，早期自宮者多為王府收納，成為王府宦官的重要來源。

這裡我稍微把視野往回放射一下，粗粗瞭解一下民間私閹的來龍去脈。

中國人有使用閹人的習慣，不單皇室貴族之家，就是地方上（尤其是南方沿海地區）的一些豪富之家，也喜歡收用閹割之人。其實他們倒不一定是為了防止「內亂」，家裡役使閹人，不顯得高大上？整個一「侯門深似海」的標配。這是一種很沒人情味的風氣。直到明初時依然存在，當時「福建、兩廣等處豪強之家，多以他人子閹割役使，名曰『火者』」。為此朱元璋在洪武五年（西元一三七二年）五月下詔，予以厲禁。朝廷立法很嚴，規定：「今後有犯者，以閹罪抵之，沒官為奴。」也就是以其治人之道還治其人之身的意思：你不是割別人嘛，來，你也試試！這回，我要為朱元璋拍一次手。讀過「明宮揭祕」系列的讀者定然知道，我的書裡沒說過他朱大爺多好。

46 王爺的嫡妻是妃，另外還有「夫人」的封號，是朝廷加封王爺之妾的。

《大明律．刑律．雜犯．閹割火者》規定：「凡官民之家，不得乞養他人之子，閹割火者，違者杖一百，流三千里，其子給親。」這一條律應該出現較晚，因為洪武二十八年六月，朱元璋才敕諭文武群臣，宣布「以後嗣君統理天下，止守律與大誥，並不許用黥、刺、剕、劓、閹割之刑」，此時才將閹割作為一種慘刑，予以廢止，《大明律》應有相應的條款配合之。

隨著宣德年間棄交趾，安南復國，明宮宦官的主要供給線斷了。朝鮮也不再向明宮進獻閹人，景泰中，朝鮮籍太監尹鳳、金興出使故國，曾傳口諭，令朝鮮進獻童閹。朝鮮人說：「無宣諭則不得擅便以獻。」沒見到正式的敕旨，您口頭說的，怎麼能認啊？一個軟釘子就把這無理要求頂回去了。那時明朝國力下降，已無力強迫外國進獻閹童，從此只好依靠土產了。

到成化以後，宮裡基本上就沒有外國籍宦官了。但一直到英宗時期，仍有邊將擅自閹割所俘夷童進獻內廷。如正統年間征麓川，四川一個儒學訓導詹英上疏揭發主帥靖遠伯王驥、都督宮聚等「故違祖訓，擅用閹割之刑，以進為名，實留己用」。既然「以進為名」，說明進獻閹人，仍足以成為將領們擅用閹刑的理由，朝廷至少是默許的。

天順四年（西元一四六〇年），鎮守湖廣、貴州太監阮讓閹割俘獲東苗童稚一千五百六十五人，已經奏報上去了，卻又病死三百二十九人（應該是創傷感染致死，其死亡率超過了五分之一），阮讓便買來同樣數目的童子，閹之以充數。這件慘事被人揭發後，英宗不過「降敕切責」而已，並未降罪。然而類似的事情之後就極少發生了，明宮裡的少數民族宦官的數量也越來越少了。

隨著傳統閹人來源的枯竭，對閹人的需求卻日益增長，除了宮廷及二十四衙門需要更多的人手，各地王府宗室及官員之家，也都紛紛收養閹人，供需矛盾顯得突出起來。

王府所用宦官，按照規定，應該由朝廷統一調撥，不許私自收用。可是各地宗室繁衍，需求量增大，朝廷撥用不及，便出現了私自收用的情況，朝廷稱之為「哄誘軍民子弟自宮」，經常下詔禁止，然而屢禁不止。

勛戚及高級官員家裡使用閹人，朝廷並無禁令。顧起元《客座贅語》卷十引國初禁約榜文：「官員之家火者，止許稱閽者。」閽者即為閹人的別稱。朝廷雖無明文之禁，但臣子使用閹人，稍微不慎，容易遭到「僭越」的指控，故敢於役使閹人火者的只是極少數人家，用也不張揚。而朝廷對臣下使用閹人，直到正統年間才予以規範，各依其品級準許使用一定的閹人。

總的來說，明代社會對閹人的需求呈上升趨勢，同時閹人來源面臨枯竭，這一對矛盾的產生，已決定了自宮的興起。事實上，早在永樂十九年（西元一四二一年）七月，大明王朝已「嚴自宮之禁」。這是明代國史裡第一次出現這樣的禁令（後世就很多了），此處有一個「嚴」字，說明它是重申以前的禁令，顯然，到永樂末期，民間自宮現象已經很嚴重了。

正因為上層社會存在需求，對於民間失業之徒來說不啻為一條出路。而且無論是入宮為宦官，還是入貴戚之家為奴，都能給自己以及家庭帶來切實的好處，故一些人開始在這方面動起心思，自宮的人越來越多。下面是仁、宣兩朝關於自宮的禁令及自宮的案例。

永樂二十二年九月，長沙有百姓自宮後上疏，求內府收用。此時距永樂十九年七月「嚴自宮之禁」不過三年，就有小民公然觸碰禁網。當通政司將此人的奏本呈進後，仁宗大怒，說：「遊惰不孝之人，忍自絕於父母，豈可使在左右？」此時永樂皇帝剛剛去世，正在居喪的仁宗便以不孝來治他，將此人發為卒，讓他去邊疆戍邊，順便降降火。

不是說仁宗很反感宦官嗎？這些一心想為宦官的人，自然在他那裡討不到好。一個叫徐翊的軍人，所屬衛分是興州左屯衛（治所在今河北三河）。他兒子在宮裡做宦官，徐翊以此為由，上疏懇乞免除他的軍籍。仁宗知道了他兒子是自宮入宮，生氣地在奏本上批道：「為父的當教子成才，為人子的當奉養其親。你有子不能教，致其自傷身體，背親恩，絕人道，敗壞風化，皆因為你，你還敢希圖免除軍籍嗎？」下旨將他兒子攆出宮，令其代父服軍役──太監也不許他做了！

仁宗見自宮者日眾，感觸頗多。洪熙元年（西元一四二五年）二月初一，他在武英門召見閣臣楊士奇，先問近日外間都有些什麼事。楊士奇答：「臣覺得告訐之風又死灰復燃了，動輒加人誹謗之罪，試圖禍及其身家，宜諭法司禁止。」仁宗便把他想說的話說出來：「不只此一件，比如自宮一事，朕最深惡痛絕了，尤須嚴禁。」楊士奇道：「此事當用璽書行之。」仁宗當即允許，讓他再想幾件事，與此一併通行（事見楊士奇《東里別集．聖諭錄卷中》）。仁宗又召見刑部尚書金純，對他說：「自宮以求用者，惟圖一身富貴，而絕其祖宗、父母不顧。古人求忠臣於孝子，彼於父母尚且不顧，豈有誠心事君？」還表示，「朕已決意不用此等人。然其不孝之罪須懲治，今後有自宮者必不貸。若加人宮刑者，朕亦惡之，蓋宮刑下死刑一等耳，亦須嚴切禁止。」很快，一份要求「輕刑」的詔書，頒示於天下，其中道：「文武諸司自今不許恣肆暴酷，於法外用鞭背等刑，以傷人命，尤不許加人宮刑，絕人嗣續。有自宮者以不孝論。」詔書再次強調，宮刑（閹割）是法外之酷刑，必須嚴格禁止，而對自宮者，以「不孝」論處。看官，不孝在今日屬於道德風尚之事，在古代，搞不好就是「十惡不赦」的大罪哩！

然而，朝廷的意志似乎沒有得到認真地貫徹，不久，洪熙元年七月，就有軍民任本等數人自宮以求用。禮部尚書呂震奏聞後，剛剛即位的宣宗震怒道：「皇考（仁宗）在位時，曾有自宮者，以其毀傷父母遺體，最是不孝，皆發交趾戍邊。今其人尚敢爾！」下令將自宮者循例送往交趾，並再次申明禁約，若後再有犯者，皆照此處理。當時交趾局面岌岌可危，到交趾去當兵，幾乎就是去送死。

但即便如此，自宮仍屢禁不止，為此宣德二年（西元一四二七年）七月，命禮部再榜諭天下，重申自宮者戍邊之令。

宣德三年六月，出現了一件更奇之事。有個叫傅廣的金吾左衛指揮同知，竟然放著京衛從三品的武官不做，自己去了勢，表示「願效用內廷」。可稱天下奇聞了！然而宣宗的反應卻輕描淡寫，他只是說：「此前已有禁例。此人身為指揮，尚欲何求，而勇於自殘求進？若勇不畏死，能立功名，何患無高爵厚祿？」如果循例處置，傅廣當戍邊（只是交趾已失，當改別的邊遠衛所），可刑部鞫問後，居然準其還職，只是不許他再分管具體的工作（畢竟已經是閹人了）。

此後不久，又有山西鎮武衛指揮同知名馮鎮者，將其義子宮為火者。此人私用閹刑，按律當用徒刑。可是此人在獄中患病，宣宗對都察院道：「武人之愚，他們積累功勞很難而犯刑甚易。此人所為本不足恤，但祖宗仁厚之典不可以違。」居然同意馮鎮出獄就醫。大概此事也就不了了之了吧。

又不久，河南有六個人自宮，為周藩的胙城王收用。周王以為不妥，將他們全送到北京，請朝廷處置。照著宣宗原來的看法，這些不孝之人是絕不可收用的，應該全部戍邊，給邊鎮補充幾個不帶「槍」的士兵。可周王也太忠心了，別家王府都偷偷摸摸收買閹人，這位王爺卻能尊朝廷，這下可算撓到宣宗的癢癢肉了。宣宗一高興，竟然將這六個人全送給周王，賞給他用！

如此一來，三下五除二，皇帝自破其禁，自宮的禁令實際上已名存實亡了。

從以上記述可見，由於宦官來源匱乏，而宮廷需求量上升。許多人瞅準了做宦官的好處，拼了忍住刀割時那麼一痛，忍小痛而成大業。而朝廷一頭申明禁令，一頭又放任自流，使自宮之風浸盛，特別是愈到後世，愈演愈烈，嘉靖以後，遂為狂潮。這個我們後面再細講。

第四卷

權閹出場——「國老」王振

關鍵人物

成敬、范弘、金英、郭敬

第一章　初露崢嶸

正統元年（西元一四三六年）秋十月的一天，少年皇帝明英宗朱祁鎮興致勃勃地來到京城朝陽門外的將臺，大閱禁軍將士。

明代的禁軍，有寬與狹兩個概念。

從寬泛上來講，京師「三大營」（神機營、五軍營、三千營）官軍數十萬皆是。京營官軍（簡稱京軍）平時在京操練，守衛京師，遇到地方上發生動亂或邊境告急時，則臨時從京營抽調精銳，前往剿殺。在明代中前期，京軍是大明王朝當之無愧的主力和精銳。但到正（德）嘉（靖）以後，京軍已淪為京油子的容留之地，打仗是靠不住了，遂集體「轉業」，變成首都工程隊，專門替公家修墳蓋房子。朝廷打仗的，主要靠北方長於騎射的邊軍（北兵）和南方抗倭戰爭中興起的、善於使用火器的南軍。

從狹義上來說，禁軍僅指在京「上十二衛」，即上直親軍衛（後增至二十六衛，如錦衣、金吾、羽林、旗手、騰驤、武驤等衛），他們承擔著保衛御駕、守護皇城宮禁安全的職責。

開國之初，明朝人還有著較強的尚武精神，武官之體統與地位都要高於秀才文官。這與後世「右文」時，連掛印總兵官見到七品御史都要像偏裨之將一樣行叉手禮的情勢迥乎不同。

尚武的一個表現，就是京郊大閱兵，以及前文提到的「內府射柳」之類的儀式。

古人閱兵，與現代人不同，不是排個方陣，把步槍端得平平，步伐整齊地做「甩腿操」，然後什麼導彈車、裝甲坦克、步兵戰車，一列列開過去，戰士大呼口號，接受首長檢閱。這是亮家底、秀肌肉，不開一槍，不費一彈，算什麼「觀兵閱勝」？

古人閱兵也不同於演習，紅藍兩方，互射空包彈，裹滿面灰土，流一身臭汗，假意廝來殺去。明朝人「閱武」，帶有考核武藝的性質，主要考查將士們有沒有荒廢打仗的本事。

冷兵器時代的陣仗，最厲害的本領就是騎射。正統元年（西元一四三六年）秋天，由皇帝親自駕臨的閱武大會，就主要考校騎射。參加閱試的都是三大營及在京諸衛的武官。他們皆為世職，其父祖隨太祖、成祖開國建業、拓疆闢土，以軍功獲得世襲的武職。

這種世襲的官兒，是祖先浴血奮戰換來的，是家傳的寶貝，軍人世家與大明皇朝共富貴，只要老朱家的朝廷不倒，他們家就有鐵桿的莊稼吃。俗話說，龍生龍，鳳生鳳，老鼠的後代會打洞。打洞是一種基因本能，然而軍人之後未必就能打仗。世襲的軍人，其軍事素質可能一代不如一代，甚至忘了為軍之本，身不能勝甲，手不能提刀，腿不能跨馬（這正是明代世兵制解體的一個重要原因）。鑑於此，明朝定期在京郊舉辦閱武大會，含有時刻國安不可忘武的遠慮。

此時高高的將臺之下，一聲令炮響過，原野上萬馬奔騰，一隊隊騎士，揚鞭促馬，捲著風塵，沿著馬道疾馳而過。羽箭遮天，賽如驚飛的群鳥，從霧塵中勁透而出，向箭垛攢射。

年方十歲的小皇帝哪見過這等熱鬧，不禁喜笑顏開，拍起手來，直呼過癮。在皇上身旁簇擁環侍的文武群臣都保持著恭謹的態度，不敢隨意說話，唯有一名五十餘歲的太監毫無拘謹，在人群中指指畫畫，他俯身告訴皇帝：「每名將士均要連發三箭，以中靶最正、最多者為優勝。待其勝出，萬歲爺可要優予獎賞喲，以激烈將士的鬥志。」小皇帝聽了，連連點頭。

最後，駙馬都尉井源以三發三中的優異成績，榮膺全軍之冠。

井源的妻子是仁宗長女嘉興大長公主[47]，論輩分，他是英宗的大姑父。英宗聽說姑父力敵萬人，榮膺冠軍，大為高興，可忽然想到什麼事，不禁犯起難來。

每當遇到疑難之事，他都會習慣性地詢問師傅。他漲著因興奮而潮紅的臉，回頭問那太監：「我該賞些什麼呢？」

「隨皇上喜歡，賞他就是了。」太監答道。

英宗身穿天子閱兵的禮服皮弁服，渾身掛滿珠寶、玉珮，無不價值連城，可禮服上的物事，連襟帶襻，哪拽得下來。英宗在身上劃拉個空，一眼覷見面前臺案上的酒樽。

「把它撤了，賞！」

英宗用手一指，用稚嫩的聲音說道。

兩旁近侍宦官連忙將金樽用玉盤端了，送下去賞給今天的大英雄井源喝。

英宗此舉本無深意，卻應了一句古話，叫「才子配佳人，美酒贈英雄」。撤「上尊」以賜大將，自古就有令豪傑激動的典故。皇上賜酒的舉動立即贏得將士的熱烈歡呼，萬歲之聲，驚天動地。井源高興地一飲而盡。

眼見小皇帝開心得手舞足蹈，太監的臉上也露出了微笑。

天子大閱獲得圓滿成功。可大閱之後，有一句不滿的話迅速流傳開，成為官場和民間暗中討論的熱點話題：「皇帝的賞賜也太薄了！」論者都為井源鳴不平。原來，就在三個月前，司禮監太監王振

47 · 公主是皇帝的女兒，長公主是皇帝的姐妹，大長公主是皇帝的姑母。

——也就是那個老太監——奉旨偕文武大臣閱武，同樣在將臺，隆慶右衛軍官紀廣名列第一，他得到的獎賞是連升四級，由正四品的指揮僉事一下子躥升到正二品的都督僉事。這回大閱，天子親自駕臨，冠軍井源應該有「殊擢」才是，如何只是一杯薄酒呢？據說，紀廣原不過是居庸關上的一名守卒，因為投靠了太監王振，大見親暱，才得到此「超擢」。

此類流言的未言之意，對其「話題人物」，是輿論的紅色預警氣球，它在暗示：王振行事霸道，擅作威福，他眼裡已沒了皇帝！這在帝制時代，是致命的話題毒藥。

這節故事被寫入許多歷史讀本裡，作為權閹王振的「一宗罪」，成為英宗正統年間「王振用事」[48]的第一條嚴重指控。

正統元年（一四三六年）秋天的這次閱武，具有標誌意義，它既是明朝皇帝最後一次親自檢閱軍隊，也成為明朝國勢由盛而衰的重要標誌。由於大太監王振在大閱典禮上公然「僭越無上」，它也被視作宦官干權、把持朝政的起點——「宦官專政自此始」。王振也是明代第一個專權的大太監。

王振知名度非常大，因為他是個有「故事」的人，後世凡論及宦官專權，沒有不提他的。然而關於王振的眾多觀點和言論，充滿了傲慢、偏見與錯誤，甚至是誣詞。宦官反對者們將這只死虎剝了皮，掛在歷史的「恥辱架」上，隨意上綱上線，產生了許多不著調的說辭。苦的是，許多人著了各路「史學家」的道兒，至今還將偽史當作信史。

那麼王振本末到底如何，看官莫急，且聽我慢慢道來。

48 「用事」含有專權之意，明代太監被稱為「用事」者，除了王振，就是正德初年的劉瑾，巨閹魏忠賢都不夠格。

第二章　王振其人

在正統之前，關於王振的記載絕少，他就像《傑克與魔豆》裡那顆神奇的魔豆，突然從土裡冒出來，就呼啦啦升上天了。

王振是怎麼進宮的，一直存在疑問。

最離奇的說法來自明代筆記《閒中今古錄》（作者黃溥，明中後期人）。該書稱，永樂末年，朝廷下詔，地方學校的學官九年考滿[49]乏善可陳的，如已生有子嗣，並且出於自願，可以準其淨身入宮，教掖庭女官讀書。王振乃應詔入宮，成為一名光榮的宦官。

此說一出，信者頗多。然而問題是，為何做官不見成績就要「被自願」去做宦官？作為讀書人的王振如何肯受此奇辱？莫非他有大著作未完成，想學司馬遷，忍一段辱，留千古之名？清人查繼佐《罪惟錄·宦寺列傳》解釋說，王振九年無績，法當「謫戍」（即發衛所當兵），他不願意去，只好閹了做宦官。他與東方不敗不同，他是被迫的。

可能有看官看不明白了，當兵就這樣苦？竟有人寧可不要「小弟弟」和終身幸福，也不願吃糧當兵？在古代，軍人的地位確實低。不過王振可不是這麼想的。原來明初的軍人皆出身軍戶，一入軍籍，

49 明代官員考課之法，以三年為一考，九年通考，稱考滿。考滿就可以轉官了。

不僅本人終身當兵，子孫世代都要承擔軍役負擔。所以有人寧死也不願當兵，為的就是不連累子孫。這有個現成的例子：景泰朝內官監太監成敬，字思恭，他本為士人，永樂二十二年（西元一四二四年）中進士，選為翰林院庶吉士。庶吉士都是「高考」的優等生，一般都會有較好的前途。不料成敬散館後，卻分配了個冷差，被派到山西太原的晉王府任「奉祠」一職——在王府做官，絕對是冷局中的冷局，不僅被人瞧不起，仕途也沒多大希望。更倒霉的是，宣德二年（西元一四二七年）初，晉王爺因為謀反罪被削爵，王府上下都受到連累，成敬因為沒有預事，從輕免死，被判決「永遠充軍」。成敬想啊，這下就要遺累子孫了，不如死了好，於是上疏乞死。宣宗可憐他，想弄個什麼轍，讓他不死呢？思來想去，決定將他「下腐刑」[50]，收入宮中為宦官。成敬也是與王府有緣，做了宦官，又被調到王府去做官，這回是到郕王府裡任「典寶」，侍小王爺講讀（就是教書）。這下方時來運轉了！看官定知郕王為誰，成敬如何轉運，我就不說了（事見《內官監太監成公敬傳》）。

從成太監的例子可知，為何王振寧可受閹也不願去戍所當兵了。這就叫長痛不如短痛。如此說來，王振倒是個好父親。

查繼佐說王振是「自宮以進」，也就是他親自下手，割去煩惱根，然後進宮，成為「宮廷女子大學」的教授——「宮人呼為王先生」。據稱，當時入宮的「殘疾老師」有十餘人，唯獨王振一人官至太監。

如果黃溥、查繼佐的記載為真，那麼在明初做官學的老師，對老師的「小弟弟」來說，實為一件極具風險之事。然而此說不通嘛！老師當得不好，就要被閹，難不成王振教的是健康教育？再者說了，

50 腐刑、下蠶室，都是受閹割之刑的代稱。

俗話有云，十年樹木百年樹人，教官是育人的官，不比尋常之官，難道政績也可以用GDP來考核？

而且，王振並無子嗣，只有兩個侄兒，一名王山，一名王林，都因叔叔的恩蔭，官拜錦衣衛的世襲指揮，柄錦衣之權。其中王林隨王振死於土木之變，王山替他叔叔挨了酷刑，被凌遲處死。明實錄上寫得明明白白！王振若有兒子，豈不比這一雙侄兒還發達？

古人也是冬烘得緊，對此等可疑之疑毫不生疑，野史紛紛傳錄，王振為教官說遂為信史，還要勞煩清朝人修四庫全書時，分心來駁一駁。四庫館臣辯稱：

「明太祖不許內侍讀書識字，至宣宗時才設內書堂，令翰林二三員為教習，教宦官讀書。由是此輩通曉古今，作奸為患，沒聽說有學官考滿淨身的。」

四庫館臣的結論是正確的，學官說確屬「委巷傳聞，非實」。但館臣言之鑿鑿，卻全憑武斷——他老先生沒聽說，就一定不存在？而且所謂明太祖「不許內侍讀書識字」，本就不是事實。大概四庫主筆紀曉嵐等人整日與貪官和珅周旋，把考據學問都荒廢了。

其實，《閒中古今錄》的說法，明朝人已駁之，只是四庫館臣未「聽說」罷了。

明代後期著名掌故大家王世貞在所著《弇山堂別集》的「史乘考誤」中，有專條駁之，云：「王振少時，選入司禮監讀書，後為東宮局郎。英廟即位，遂越過老前輩興安、金英等人，柄司禮監大權。見實錄甚詳，無所謂教官閹割之說也。」

王世貞所依據的，是權威的明實錄。

《明英宗實錄》記載，正統十一年（西元一四四六年）正月，英宗為表彰王振的勞績，賜給他一份敕書，將其履歷說得清清楚楚。敕書以英宗的口氣說話，茲錄原文如下，看官權當藉機學學古文吧：

爾（王）振性資忠厚，度量宏深，昔在皇曾祖時，特以內臣選拔。事我皇祖，深見眷愛，教以詩書，玉成令器。

王振在英宗的皇曾祖（成祖朱棣）時以內臣選拔，說明他是永樂時入宮的。進宮之後，「事我皇祖（仁宗）」，王振應在東宮當差，服侍還是太子的仁宗。仁宗很喜歡他，用心栽培之，教以詩書，希望他成為一塊美玉。可見王振讀書是在入宮以後，而不是先為教官，帶著一肚皮學問進宮的。

敕書接著道：

肆我皇考（宣宗），念爾為先帝所器重，特簡置朕左右。朕自春宮[51]至登大位，前後幾二十年，而爾夙夜在側，寢食弗違。

原來宣宗也很看重王振，命他侍奉剛剛立為太子的英宗。從此二十多年，朝夕在側，連睡覺和吃飯都不離開。難怪王振與英宗親如一人！

王世貞說，王振任「東宮局郎」，應是東宮典璽局郎，這個職務簡單說就是東宮的宦官頭子。看官，不要以為敕書說「夙夜在側，寢食弗違」，就以為王振不過是照顧英宗起居的生活祕書。其實王振不單管生活，更管太子的思想教育與讀書成長。他是東宮的「輔導內臣」，是太子的「內老師」。所以太子即位後，王振立刻沐「從龍之恩」，順理成章地在司禮監握了大權，並且超越諸前輩內臣，成為正統朝「權傾中外」的人物。

王振寫過一份自述材料，刻於石碑，至今尚豎立於北京智化寺內。這篇《敕賜智化禪寺報恩之碑》說：

---

51 春宮即東宮，是太子所居之宮。

（臣）生逢盛世，爰自早歲獲入禁庭，列官內秩，受太宗文皇帝眷愛，得遂向學，日奉誨諭。

碑文說他幼年（「早歲」）選入內廷，得到永樂皇帝的眷愛，有了讀書的機會，從此好好學習天天向上——瞧，王振自己也說，我是進宮之後才讀書的，「小弟弟」也不是因為做教官不合格弄丟的。自然，他也不是自宮成宦官的。

王振在宮中讀書時的老師都有案可查。據雍正《江南通志．高遷傳》記載，高遷在永樂時任行人司「行人」，曾奉使日本，回國後，升翰林院編修，一度在皇城東安門「教諸閹」，王振便出其門下。王振不忘師恩，後來做到司禮太監，見到高遷，仍行門生之禮。

王振知禮，說明他書讀得好，所以出學後，即選拔到東宮侍奉皇太子（仁宗），又因他做事「小心敬慎」，很快被「委以腹心之任」，成為仁宗的心腹宦官。

王振在英宗正統以前的史料中，據我所見，總共只出現過三回，以時間為序：

頭一回見《明宣宗實錄》。宣德元年（西元一四二六年）七月的一天，左都御史劉觀奏請決囚，當日應處死的強盜及殺人等重犯一共七十人。宣宗一見死囚這麼多，心生憐憫，就對劉觀道：「這些人固然法不可宥，但朕怕其中還有冤屈，你們都察院再重新審查一次吧。」可劉觀堅持：「已經複查過多遍了，肯定沒冤枉的，今天一定要處決。」宣宗只好答應。退朝之後，就派太監出來，找到劉觀，正式傳諭：「今日暫免決囚，爾等把死囚所犯之罪寫下來，朕詳閱之。」這位太監是誰？正是王振。只是實錄沒有載明他是哪一監的太監。但他能代表皇帝出來傳旨，說明王振早在宣德初年，已經是非常親貴的近侍內臣，而不是像多數人誤解的，他是伴著英宗即位才發跡的。

第二回見明人葛寅亮輯《金陵梵剎志》卷二《欽錄集》，這一卷輯錄的都是歷代敕諭聖旨：

宣德五年五月二十九日，司禮監太監王振於端拱門欽奉聖旨：「恁寫帖子去，說與楊慶等知道：

洪保奉南京金川門外路東、西有空閒菜地二處，與靜海寺、天妃宮常住僧道栽種。文書到日，撥與他種。欽此。」

此事緣因南京太監洪保進獻菜地兩處，宣宗讓王振寫帖子給南京守備太監楊慶，讓他將這兩塊地分別撥給靜海寺與天妃宮。這道敕命被刻成碑文，收入《金陵梵剎志》，它分明記著，王振是司禮監太監。

王振第三回出現，仍見於《明宣宗實錄》。宣德九年九月，宣宗率師巡邊，將離開北京。出發前，任命眾多勛戚大臣在京留守。敕書要求留守官員「小大之事須措置得宜，遇有警急機務同太監楊瑛等計議施行」。這位楊瑛是當時內臣的總頭子。宣宗又交代內府事務，命太監楊瑛、李德、王振、僧保、李和等「提督皇城內外一應事務」，把皇城內的事全交辦給這五個人。從敕書列名來看，王振的地位非常之高，但還不是最高的。

通過以上史料的梳理，王振發跡軌跡甚明：他在永樂中選入內廷，撥司禮監書堂讀書，完成學業後撥侍皇太子（仁宗）於東宮，為太子器重，成為日後發達的第一個契機。宣德年間，王振已擢升司禮監太監，並兼任東宮典璽局郎，得以侍奉英宗，並在英宗即位後，成為權蓋一世的大太監。

王振的履歷，只需稍加點檢，便知教官出身說不可信。那麼為什麼大家在這個問題上都偏聽偏信呢？想來因為宦官專權，參預朝廷大政機務，主要靠其知書達禮，熟悉儒家經典與國朝典章，不讀書不成，書讀少了也不成。再加上人們有個誤解，以為明朝宦官讀書，是宣德開內書堂之後的事，在此之前，宦官們個個都是劉、項——「原來不讀書」的。所以當王振奇崛而起時，人們因搞不清他的來路，也不相信他是內府教出來的人才，便想當然編了一個教官不合格而以閹代罪的故事。

第三章　司禮監的機遇

的確，司禮監的活兒，不是大老粗和憨子能幹好的。

前文已講過，司禮監在宣德時代取內官監而代之，成為內府第一署和二十四衙門之首。然而司禮監不是突然崛起的，它本來就是重要的內監衙門，掌管內府監察與御前文字，相當於外朝的都察院。但它能超越內官監，還有一個關鍵因素，即仁宣時期形成「票擬－批紅」制度，司禮監的職權被緊密編織進新的章疏流通機制中，這是它參預機務的職能基礎。

明初，政事處理的經典形式是「公朝理政」：皇帝高坐朝門之上，各衙門官員輪番奏對，請示公事，由皇帝當朝決斷，批出施行。這一形式實際上出自朱元璋的獨創，是他在廢除宰相後主要的行政方式。朱元璋偏執地認為，皇帝在朝會上親斷國事，朝政與眾共之，萬眾矚目之下，「奸臣」難以遁形，可以確保權力集中在君主一人之手。

但這一制度的弊端也是顯而易見的，朱元璋見其利，卻不見其弊。

首先，新的制度要求皇帝具備豐富的政治經驗與社會閱歷，還要擁有極高的智識，慧眼如炬，且性格機敏，行事果斷，才能對如山的政務從容判其輕重，準確把握朝政的走向，對朝廷複雜的人事關係及布局了然於胸，舉重若輕，臨機懸斷，爽然無礙。這麼多優點，我寫著都流汗了。一個朝代，恐怕除了開國之君，再沒人具有這樣全面的能力吧。且一般來說，一個王朝帝王的素質，往往是一代不如一代，這是個規律，那豈不是越搞越砸？

其次，每日天不亮上朝，對皇帝及群臣的體力和精力都是嚴峻的挑戰，特別是遷都燕京後，北地天寒地凍，上朝更成為一件辛苦之事。並且一次早朝就處理十幾件公事，還多是例行程序，本來只要相關衙門的官員到場即可，卻把那些不相干的中低級京官、衛所武官，乃至國子監學生都拉來陪站，每日裡幾千人聚在奉天門廣場上山呼舞蹈，隨後各自散訖。這麼做其實既浪費時間，亦無必要，京官們對上朝都頗覺厭苦。所以在宣德年間，開始出現大規模的「懶朝」事件，官員們想方設法逃避朝參，其手法五花八門，雖經多次申飭，毫不奏效，經常幾百人無故不來上朝。有一次宣宗見來朝的人實在太少，命人拿簽到簿子一點，竟然有一千多人沒來！這讓宣宗大為不滿：「老子天天擱這兒戳著，你們倒溜了！」看官，這話是我想像的，宣宗原話怎麼講，史書沒有記載，我只好設身處地打個誑語。總之宣宗非常生氣，當即令科道官點名，對該來不來的按其缺勤次數給予處罰。

第三，年長之君即便沒有能力，瞪著眼在朝堂乾坐總能敷衍過去。可是，如果嗣君年少，要嘛尚在童昏，要嘛還在抱持之中，那該怎麼辦？總不成奶娃娃皇上由奶母抱著上朝，一邊嘬奶一邊聽大臣奏事吧？皇上理不了事，朝廷就得停擺嗎？

當宣宗在三十八歲的盛年突然去世，年方九齡的皇太子朱祁鎮繼位，正當沖年，稚氣未脫，這問題立馬變得現實起來。

少年做皇帝容易，上朝卻難適應：第一樁大難事便是難得起早床；即便把小萬歲爺從熱烘烘的被窩裡硬拔出來，也難以在朝門久坐；即便稍能坐之，也無法在公朝這「萬眾矚目之地」批發奏章，處理政事。試想，那娃兒剛在龍椅上坐定，忽一群老頭兒擁上前來，磕過頭，奏一大通莫名其妙之事，最後請問陛下，此事當如何處置？小皇帝不被嚇蒙，也要急哭了！——壓力，真是山大呀！

大明在建國六十多年後，忽然遭遇到一次政治危機。這是有宰相的時代不可能出現的危機。可以說，朱元璋的「苦心孤詣」，非常缺乏長遠眼光，是典型的顧頭不顧尾。

幸虧大臣們很快議出應對之策。

然而做臣子的，不敢輕動祖制，重新來個「頂層制度設計」。尤其是朝代交替的特殊時期，大臣們都十分謹慎。因為越是小天子在位，越要避嫌，如果心血太熱、當先鋒之心太急，搞不好會惹來一身狐臊，被人說成欺負孤兒寡母（此時宮裡只有一位小皇帝和兩位老娘娘——祖母太皇太后張氏和聖母皇太后孫氏），那就有篡逆不道之嫌了。

所以大臣們想的轍兒，只能在祖制的圈圈兒裡打轉，不過是敷衍彌縫之策罷了。

經過閣部大臣與司禮監會商，他們想出的法子，就是依託常朝（早朝），編制一套君臣應答之辭。考慮到「主少」的特殊情況，詞句非常簡單，小皇帝只需照本宣科即可。

朝會上的公事，按其類別，各有相應的「答旨」，所謂「御門常朝答旨」的程式，比較有意思，跟演戲差不多，我來給看官學學——

好比第一類，有如下幾種情況：官員奉命祭祀覆命；官員陞遷，面君謝恩；地方官或出差京官到京陛見；還有各衙門奏事，奏稿裡沒有「請旨」字樣的。這四種情況，皆屬例行之事，不勞皇帝開金口，官員跪在下面，奏完即自動退下。

第二類，其實也都是例行之事，如某個祭日，主管祭祀的太常寺奏請差官祭祀；京營武官奏請祭旗，京師旗手衛請祭旗纛神，並六月初六日請晾晒旗纛；吏部與兵部奏請頒給文武官員誥敕，尚寶司官員用寶、請寶、捧寶（寶指璽印）及奏請金牌。這些事，聖旨只需答「是」一個字就夠了。

還有幾類，也要請皇帝「答」一下，也是不多幾個字。

如第三類，官員奉差到外地公幹，走之前來與皇帝面辭，其中有些差使頗重，需要領取敕書（如巡按、巡撫某地），待叩頭完畢，聖旨要說：「與他敕。」

於是捧敕官承旨，取出早已準備好的敕諭，走下去交給出差官員。

這裡又分應賜酒飯與不賜酒飯，若是要賞飯的，待叩頭畢，皇帝當補一句：「與他酒飯吃。」與他酒飯吃的官員，又分應賜銀兩表裡與不賜銀兩表裡，若是前者，待叩頭謝過酒飯，皇帝又要加一句：「與他賞賜。」

再看第四類情形，是通政司奏事。

通政司是收取奏進天下本章的衙門，在奏事前一日，該司官員要預先進「面帖」，好讓內閣提前知道奏事內容，決定該分發給哪個衙門，並擬好答旨，由皇帝當朝批答。如該發吏部的，皇帝答：「吏部知道。」其他該下戶、禮、兵、刑、工等部的，都照此套，答：「某部知道。」該下都察院的，答：「都察院知道。」如是京外本章，則答：「該衙門知道。」

還有幾類情形，如「六科」之一的吏科進旨意題本，兵科進守衛官軍揭帖，皇帝答旨，只消說：「接來。」御座兩旁侍立的司禮監官，隨即承旨，將題本、揭帖接上來。

朝會禮體甚重，非常辛苦，不免有官員發生「失儀」的情況。負責「糾奏失儀」的御史與鴻臚寺序班發現了，必須當庭彈劾，向皇帝指出某人的過錯。如果是大過，聖旨說：「錦衣衛拿了！」如是小過，聖旨則說：「饒他。」

皇城舊規，在夜裡會時不時派人從門縫裡忽然往外遞出一把鑰匙，或者從城頭扔下一些食物衣服等細軟，以此考驗「坐更」的禁軍是否盡職。宮中防範很嚴，往外遞鑰匙者，必為奸細，而往外拋東西的，定為內盜。禁軍將領不敢馬虎，接得鑰匙，須當即遞回，表示：別鬧，我看著呢！次日兵科引奏，皇帝不必答話。如果禁軍在巡察時發現由內扔出細軟等物，應立即收起，次日早朝，仍由兵科引奏。

這就是盡職的表現了，皇帝當說：「賞了他！」

看官瞧，朝會上興的這一套，與做戲無異呢。朝會自正統以後，已不務實，也就是熱熱鬧鬧、故弄玄虛的一場戲，皇帝坐在朝堂上，宛如傀儡。然而士大夫們卻將它看得很重，以為不舉行就要喪家亡國。

說它是戲，緣因朝會上的一切舉止都是事先排好了的。比如吏部引奏各衙門「知印」官，都察院奏差御史到外地巡按，其實人選都是定好了的，皇帝聽了奏，不須認識這些家伙是否有能力，更不必親身考查他們是否合格，只需對吏部說：「著東西邊跪的五個做。」對都察院說：「著東西邊跪的去。」差使就算得到皇帝的當朝認可了。

如果皇帝一時搞錯了左右，該部院就要再請一次旨，而一旁司禮監也會提醒，於是皇帝重頒綸音，按照事先預定的暗號，讓「東西邊跪的」去——這皇帝，是不知賢愚，只識「東西」！

到了年底收官時，各衙門需要「類奏差錯」，相當於年終總結，坦承這一年工作出了哪些差錯。皇帝對此，應如此答旨：「你每（們）說得是，且都饒這遭。在外的，還行文與他每（們）知道。」

所謂例行公事、公文旅行，而不解決實際問題，這種行政上的弊風，從明朝就開始了。

明代政治裡，灌注了太多的形式主義。比如每月初一日，順天府（相當於今天的北京市政府）主要領導，要領著本地「耆老」，也就是德高望重的市民，到皇城來聽宣諭。這話要皇帝親口說出，鼓勵百姓好生農耕、織作。又是一套「例話」，諭詞由內閣先期擬好進呈，司禮監請皇帝過目後，錄一副本，袖在袖子裡，等下面耆老把他們的套話加廢話說完，將副本拿出，請皇帝照著諭詞念一遍，就算了事——原來開會讀文件，是從這兒開始的！

這種事，別說皇帝，就是你我凡胎，搞一回都要吐！噁心不？果不其然，皇帝唸了幾回就不念了，讓司禮監官將錄有諭詞的副本直接交給耆老就得。再後來，耆老聽宣諭的活動也不了了之。可笑萬曆時做宛平知縣的沈榜，在寫作《宛署雜記》時，還為此發了一通感慨，說可惜！依我看，一點都不可惜，繁文縟節、假大空，少一筆是一筆。

上面說了那麼多，看官是否腦洞大開？原來堂堂朝會，就是一場歌舞秀（朝會要奏樂，還要擺列鼓樂，朝參官員在「嵩呼」時又蹦又跳）、一次堂皇的政治表演。

話說回來，中國古代的禮儀活動，沒有不蹦跳的，只見那治國理天下的精英們，一忽兒趴下，四體投地，一忽兒躥起，舉袂向天——老夫子們，您確定不是在舞蹈？就連那凡事都跟明朝學的「小中華」朝鮮，都暗笑天朝的宗廟之禮像跳舞哩！所以我說，不要以為漢民族沒有歌舞細胞，只是漢族之舞蹈、之律動，都是一本正經做的，你要嘻嘻哈哈來瞧景兒，被御史抓住，是要打屁股的（糾儀）。

聽我道罷，您可笑了？如果沒笑，只能怪您太嚴肅，久而久之，失去了快樂細胞。說實話，若我能穿越回明朝，旅遊線路第一站，一準兒定在北京的朝會上！

朝儀本是朝廷禮儀之至重者，可您聽我一說，才知朝堂之上搞的竟是這種把戲，是否跌掉眼鏡？其實，這也是不得已之法。天子要坐朝上聽斷政事，可小皇帝暫時沒這個本事，只好捏了鼻子哄眼睛，掩耳盜鈴，假戲真做。

然而，自正統初年專為小皇帝創設了這一套新的「答旨」制度，從此皇帝坐朝與木偶無異，不能多置一言，亦不必多置一言，一切奏事答旨，皆有定規。臣下奏事，戰戰兢兢，一句話不到位或稍微失言，即遭到糾儀御史的嚴厲彈劾。這種表演，既嚴苛，又做作，還非常無趣，所以後世凡稍有才情個性的皇帝，都沒法安生地在朝上坐著。是我，也不愛做這樣的傀儡！

看官不要以為，除了那幾句固定臺詞，皇帝還可以嘮點別的。是的，嘴巴長皇帝身上，他說也好，唱也好，無人敢 say cut，可是，正因為朝會「禮體甚重」，皇帝坐朝門上，那麼多雙眼睛盯著他，他可不敢輕言。一則怕話說錯了，或者所發表的「重要講話」一點都不高明，授人笑柄，有損天子威德；二則那時沒有大喇叭，你吧啦吧啦講半天，朝門下根本沒人聽得清，講了也白講，不如不講。瞧廟裡的菩薩從來不開口，顯得何其威重！

皇帝就是要講話，也只能在散朝後，小範圍召集幾位大臣，開個小型茶話會（其實並不奉茶），稱之為「召對」。明初幾位皇帝，還時不時召見大臣議事，不是在右順門，就是在文華殿。英宗即位，還是個小孩，坐在朝上，往下一望，叔叔伯伯還有老爺爺們，兩眼一抓黑，全不認得。召對個屁呀！只好凡事就教於太監，尤其是從小就隨侍身邊、精明強幹又聰明智慧的司禮太監王振。雖然外臣都喊「宦官不可干政」，可在小英宗眼裡，宦官那可不是外人！

自英宗初年搞了這麼一套新規矩，從此成為定制。雖然說好的，這是因為皇帝年歲小，不得已實行的「從權」之法，可制度行久了，慣性與惰性一併養成，就成定制了，英宗成年後也沒法再恢復舊制。從此皇帝在朝會上坐一坐，純粹只具象徵意義。

這樣的朝會，一切都是履行程序，體現「政令自天子」出，其象徵意義遠高於實際意義。顯然，這樣的朝會是不理政的，真正推動朝廷政事運轉的，是另一套系統，那便是與之相應而生的「票擬——批答」制度。

在這個制度下，章疏的流轉與處理程序如下：

第一，中外本章，在京者（含內官本）於左順門投進，朝廷在此專設「接本官」（宦官），接收並簿錄京官所上本章；京外官員的本章，則由通政司奏進，亦由收本官收進。

第二，本章收進後，由御前「傳本官」（文書房內官）發到內閣，由閣臣做初步處理，或徑直提出處置意見，或按其職掌，將本章下發到某部（稱「該部知道」）。該部官員在左順門接本，回衙門後，就章疏內容進行商議，提出處理意見，即「部復」，如果需要召集多個衙門一起商討，則稱「會議」。

第三，部複本再次呈進，仍由御前發內閣，請閣臣票擬（在部復的基礎上做出批示，用墨筆寫在紙票上，黏附於本章中。閣臣可不許在本章上亂寫的！）過後，再由收本內官奏進。

第四，皇帝在司禮監的輔佐下，參照閣臣墨書票本意見（閣臣用墨筆做出的批示只是參考意見，大主意還得由皇帝來拿），在奏疏上用硃筆做出批示（是為批紅），然後發外施行。

如果皇帝對某些本章持保留態度，決定不予發出，稱為「留中」。

在票擬——批紅制度之下，政事的推動，主要依賴於公文的正常流傳。對於政事，部院衙門基於其職掌，提出相應的意見與建議，但是否採納，首先得聽取內閣的意見（票擬），內閣意見在很大程度上會影響最後的決策（批紅）。但真正擁有最後決定權的，是一支硃筆，然而當皇帝最後落筆時，司禮太監有條件施加最後的、也是至關重要的影響。

相對於朝臣百官，閣臣與皇帝親，而相對於閣臣，司禮太監愈親，司禮監對皇帝決策的影響力，無疑是要高過閣臣的。而且，從程序上來說，內閣的票擬受制於御前的批紅。

許多時候，皇帝授權司禮監代為批紅，當然，批紅的內容必須得到皇帝的首肯，否則即是欺君，那是大罪，假如運氣不好，碰上皇帝不開心或憂鬱症發作，搞不好要掉腦袋。看官你不要以為，宦官硃筆在手，就可以隨意顛倒，欺上瞞下。宦官掌握的批紅，從本質上來說是祕書工作，類似抄寫、複印，可不敢輒謂之「大權在握」。

我們瞭解了這所謂「監閣雙軌制」的流程，便知道為何後世無論閣權如何坐大，都無法拋開司禮太監自立（反過來，對司禮監亦如是），必須與之配合，且往往不敵司禮監的緣故所在了。

這套程序是英宗即位後開始施行並固定的，它的最大毛病，在於決策的隱祕化：本章奏進去，在內府完成公文旅行，到最後批出來，外臣難以確知，這最後的決策，到底出於「聖斷」（皇帝的本意），還是內閣掉筆作弊，抑或是司禮監從中搗鬼。

當然，朝臣有意見，可以對著皇帝來，因為批紅畢竟代表著皇帝的態度。但多數時候，他們卻拋開皇帝，將攻訐的矛頭指向某位閣臣或司禮太監，認為是他們在票擬或批紅的環節，徇私舞弊，欺上瞞下，用私意影響或矇蔽了聖意。

可是具體情形如何，外臣哪裡搞得清楚！攻訐之言往往出於猜測，特別是在明朝後期，閣臣權輕，常常受到無端的攻擊，而難以自明，根子就在決策的隱祕性上。

但明代只聽說過權重的宰相，未聞有專權的閣臣，而干政用事的大太監卻有一大把。這表明，相對於已經比較隱祕的票擬權，批紅的過程更為諱祕，而票擬尚為決策的參考，批紅則已為聖意的表達，司禮監太監出來傳旨，他就是「口含天憲」，不管他是否假傳聖旨，至少他能做到狐假虎威。

事實上，宦官假傳聖旨的情況極為少見。他們主要利用離「天」近的優勢，在影響皇帝決策上處於一個更加有利的地位。當大臣們設計了那樣一套形式主義的朝會制度，讓皇帝在朝堂上做木偶時，殊不知司禮監也暗度陳倉，把退居內宮的皇帝變成了一具牽線木偶，從中獲得了實實在在的政治紅利。

檢明代碑刻，除了「典禮之臣」、「參秉內政」這類表示司禮監在內職掌的說法，還常見「大司禮樞輔」、「莞內樞」、「輔導經綸」、「入典內樞」、「秉國之鈞」、「進居司禮，入典樞機」這樣一些形容其參決機務、輔弼朝政的詞彙。當某內官「朝廷倚賴隆重」，仕路如錦時，「人咸以內輔望之」，希望他「登翊聖皇，匡弼大柄，執掌司禮」。這些碑文的撰寫人都是士大夫，可見司禮太監「典樞密、同輔導」的職責已為普遍的共識。

這就是為什麼在英宗之前，大太監層出不窮，卻只有到了正統年間才出現擅權「用事」的權閹。同樣是大太監，黃儼寄命於皇帝的恩寵，而王振之深銜帝恩之外，更有了制度的保障。這是兩位大太監的不同之處，故黃儼之後未必有黃儼，而王振之後必然有王振。

第四章 「三楊」的失敗

英宗小小年紀繼位，臣民期待這個孩子能夠在以「三楊」（指三位內閣大學士楊士奇、楊榮、楊溥，三楊也是內閣的代稱）為首的老臣的輔佐下，大興文治，給大明的盛世帶來新的氣象。然而結果卻適得其反，眾所周知，大明的「黃金年代」在十五年後的土木之變中煙消雲散。這怪誰呢？當然該怪死太監啦！死於土木之變的太監王振，是大廈傾覆的最好替罪羊，不單替皇帝之過，也打包替了群臣之罪，他還是真是生猛啊！

對於這段歷史，歷來史家是這樣給評語的：英宗初年，正當輔臣們雄心勃勃，積極討論開經筵，將皇帝培養成一位學問淵博、儒學涵養深厚的文治天子時，太監王振卻誘皇上閱武將臺，開啟皇帝遊戲之心，並藉機在閱武場上一手遮天興風作浪，其意不過狐假虎威，壓制群臣。

或者說，本來一條光明大道已經修好了，可小皇帝硬生生被壞太監引到邪路上去了！

一次小小的閱武，在後人一驚一乍的評價中，竟成了明王朝盛衰的主要標誌和分水嶺。

這個邏輯可真是奇怪，明朝本以武興國，英宗的爸爸還經常親自閱兵，怎麼到了英宗這兒，檢閱一次軍隊就成走「歪路」了呢？他明明走的是傳統的老路嘛！

事實上，以「三楊」為首的大臣們，希望通過開經筵、日講等皇家課程，加強對皇帝的教化培養，試圖通過聖學經典與儒家齊家治國之道的熏陶，使皇帝「尊文」。這對大明王朝來說，其實是一條「新路」。因為從明朝建立始，在「右武」的理念下，文官的地位始終不振，長袖善舞、呼風喚雨的，都是勛臣武夫。從廢除丞相和中書省的那一刻起，文官集團的政治理想已遭重挫。建文帝稍一「右文」，即遭失敗。永樂因武而興，武臣地位如故，同時一個新的政治力量——宦權迅速崛起，在這樣的大環境下，以士大夫為主體的文官們，經常地處於被動的和弱勢的地位。

在短暫的仁宣兩朝，這種狀況得到一定程度的轉變，比如朝廷派出中級京官到邊鎮，入總兵之幕，幫助處理軍機文書，實已開文臣參預軍政之漸。宣德及正統間，不斷有高級文臣被派往外地，或巡撫地方，或參贊邊方軍務，文官權力獲得極大的擴張。遂於正統時期，在邊疆與腹地（合稱「邊省」）普遍形成「三堂體制」，其所體現的政治權勢的沉浮關係是：總兵官地位持續降低，宦官地位合法化、固定化（過去只是臨時差遣），而提督、參贊軍務及巡撫都御史等文臣作為新興力量，權力顯著上升（過去地方最高文臣不過是布政使），乃「三堂」頡頏相制，共為地方之主。

在英宗正統時期，內閣「三楊」輔政，他們試圖憑藉這一優勢地位，重振文臣的權力，恢復自宋代以來形成的文人士大夫主導政治的局面。

以閣、部為首的文官集團，經歷了長期的壓制與分解之後，重新吹起集合的號角。然而，當他們繼續發起衝鋒時，面對的主要對手不是勢力急劇衰落的勛戚武臣，而是權勢迅速擴張的宦官集團。

經過洪武朝的奠基、永樂朝的坐大，宦官在宣德十年間，其擴張之勢與體制化、外臣化的進程遠遠超越了洪永時代的限制。於是內外兩股增長的力量很快就不可避免地交匯、融合、衝突、碰撞了！

在少年英宗即位後，三楊立刻會同禮部，積極制訂教學計畫，很快推出「經筵」儀注。

皇帝的學習課程，分經筵和日講兩種。經筵這個詞宋代就有了，但經筵形成完整、規範的程式，還是在正統初年，此後一直到清代，經筵形式趨於固定。

明代的經筵分春、秋兩講，講期到來，每月逢二日（二日、十二日、廿二日）開講，由爵位最高的勛臣擔任「知經筵事」一職（這是榮銜，在正統初年是英國公張輔，他也是輔政大臣之一），內閣大學士則任「知經筵」或「同知經筵」；開講時，六部尚書侍班，陪同聽講，另外還有展書、侍儀、贊禮等官。

我想啊，當小皇帝往御案後一坐，見一眾老頭兒魚貫而入，肅立兩旁，這個小學生一定以為是教育局的長官們參觀考察來了呢！皇帝讀書時，能坐在教室裡旁聽，是極大的榮譽。王振就特地讓他不學無術的侄子王山（時任錦衣衛指揮同知）在經筵時侍班。

經筵儀禮異常煩瑣，好比「展書」一職，由宦官擔任。具體幹什麼呢？就是翰林院講官講到哪兒，他負責把講章翻到哪兒，皇帝只用瞪大雙眼、豎起耳朵聽就好了，連書都不勞他翻的。

依我看，這麼個搞法，反而不利於皇帝聽講，是慣壞皇帝的節奏！皇帝他動動指頭，會死嗎？這副架子也擺得太離譜。明朝皇帝多活不久，與四體不勤而一「體」太勤有著莫大干係。如果他們有機會多活動活動手腳，每天圍著紫禁城跑兩圈，定然有助於增壽。

與經筵相比，「日講」具有日常學習的性質，儀禮較為簡略，故又稱小經筵，或小講。按照「學制」安排，只有皇帝一個學生的內廷皇家學校，除非盛暑或酷寒傳旨免講，其餘時間是不能隨意逃課的，按時聽講才是好皇帝，否則即是荒怠。而講授的內容多為儒家經典，講官據聖人之言發揮，講解經國之道。

我不說，大家也知道，所謂的「經國之道」都是些什麼道，不外乎親儒臣、遠小人之類。宦官，總是被自動列入小人隊伍裡的。而一講歷史經驗，防止宦官干權必是不可迴避的內容。

您想想，經筵舉行時，大大小小宦官站了滿地，他們聽外朝「酸子」（酸子是內廷對文臣帶著嘲諷的諢稱）講課，儘是些「小人、權閹」的話頭，他能高興得起來？所以，每逢開講，文臣與宦官之間，都較著勁呢！

需要指出的是，皇帝出閣之後的正式教育主要通過經筵、日講的形式，而皇帝的啟蒙教育和宮廷日常學習輔導卻由宦官一手把持，外官很難插得進手。

俗話說，三歲看大，七歲看老。皇帝自小生長於阿保宦寺之手，身邊團團轉的都是宮婦閹人，又由懂文化的宦官開蒙，這些耳濡目染的「講稿」，豈不比那累人又煩人的經筵課程更易入耳入心？秀才們指宦官皆為奸邪小人、心術不正，皇帝還覺得他們關心體貼，甚為可親呢！

總之千言萬語的忠諫，不敵人家一顰一笑，明代的皇家教育，總體上是失敗的，多數皇帝對參加經筵、日講，聽老夫子嘮叨些陳腔濫調感覺厭倦。

到了萬曆時，一位閣臣眼見神宗不願出來聽講，動輒讓太監傳旨「免講」，便逢君之意，提出一個折中方案，說皇帝因事免講時，可由講官將講章（即講義）進呈。這下好了，神宗見坡下驢，以後乾脆只讓講官進講章，由他自學，而不必出宮來聽課了。由是君臣愈發隔絕。

所以說，當「三楊」制定那麼煩瑣的經筵日講程式，看起來是「尊君」了，卻完全達不到教育引導甚至爭取皇帝的初衷。

後人評論，須當冷靜。皇帝不愛做木偶，聽一幫老頭兒之乎者也，並不代表他們不好學，或進而錯誤地以為，皇帝不聽經筵的課程，就是文盲一枚——許多人就誤以為熹宗天啟皇帝是個文盲，這是無知妄言，大錯而特錯！

再舉一例，神宗萬曆皇帝很不喜歡參加經筵、日講，可他卻是一個標準的「讀書控」，每天花很多時間來讀書，所讀之書非常駁雜，他的書目裡的許多書，還是市井裡非常時興的暢銷書。他經常派宦官到書坊裡替他蒐羅新書。通過大量的閱讀，他雖身處九重，罷廢講筵，卻不是個什麼都不知、耳目閉塞之人。

前話稍稍跑題，接著還說「三楊」。「三楊」，代表了明代閣權增長的第一次高潮。內閣設立於朱棣即位之初，但整個永樂時期，都談不上「閣權」二字。內閣學士們只是皇帝的親近儒臣，陪在皇帝身邊，隨時供他諮詢，有時候代代筆，寫幾篇「大文字」。

朱棣不是一位有容之君，他身邊的近臣動輒得罪，閣臣亦不能免。最早的七名閣臣，解縉被殺，黃淮監禁十年，胡儼改官，楊士奇輔導東宮多次入獄。在整個永樂朝，始終蒙寵者，只有三位——胡廣、楊榮和金幼孜，他們都在永樂後期榮升大學士。

胡廣與楊榮原本是建文帝之臣，當靖難大軍入京時，他倆改旗易幟，比兔子還快，雖然德行差點，但才幹確實優長，很快成為新皇帝駕前的紅人。永樂中期以後，內閣名存實亡，胡、楊、金三人都以翰林學士的身份扈從，其中胡廣得寵最深，他死後，論文官寵臣第一，就非楊榮莫屬了。

楊榮此人，論「德」自然是虧輸的，但他能力過人，為人又玲瓏，並不恃寵而驕，對皇太子一黨的人頗為照拂，所以太子登基後，他仍被留在內閣，但「首輔」之位自然得拱手相讓於太子的親信楊士奇和黃淮。

楊士奇原是閣臣，當朱棣第一次北巡時，改留南京，輔導東宮。楊士奇輔導東宮盡心，在太子即位後即復入內閣，振作聲威，以後長期居首輔之位，在仁、宣、英三朝領袖群倫。楊士奇在道德上有很大的內傷，早先還有「名相」之譽，但愈到後來，聲名愈挫，明朝人對他的評價越來越低。幸虧明初內閣權力還不是太大，否則楊士奇要被論為奸相了。

黃淮和楊溥也在仁宗即位後入閣。黃淮與楊士奇一樣，也是初為閣臣，後轉出輔導東宮。此人不如楊士奇圓融，脖頸裡頂著一團亢然之氣，所以受到極大的挫折。他在永樂十二年（西元一四一四年年）下獄，坐牢一直坐到太子登基才得以出人頭地。楊溥與黃淮可謂同病相憐，也吃夠了十年牢飯。在仁宗眼裡，這些昔日宮僚都是代他受過，而他是個知恩圖報的人，所以上臺後給予他們高官重爵的補償。

一時之間，內閣熱鬧非凡，除了前朝留下的楊榮、金幼孜，又添進楊士奇、黃淮、楊溥和權謹。但其中唯有楊士奇、楊榮和楊溥聲名最著，始終榮顯，被後世合稱為「三楊」。

雖然內閣在永樂之初即開設，但直到仁宗時，才逐漸成為皇帝真正倚重的機構，尤其是三楊等人，長期在內閣辦事、御前行走，又都加了「三孤」（少師、少傅、少保）的崇銜，以尚書銜兼領大學士，位高權重，遂使得「閣權」第一次得到彰顯。

他們一得勢，正好與權勢飆飛的司禮監碰上了。

而且不久後又碰到少主登基這樣一個機遇，於是內閣與司禮監抓住機遇，並駕齊驅，隆隆向前，乃基於「（內閣）票擬——（司禮監）批紅」制度，形成新的中樞輔政形態。

自公朝決政為票擬批答制度所取代，便不能無「威柄下移」的非議。

正統五年（西元一四四〇年），封地在廣西桂林的靖江王遣千戶劉順齎奏本上京，除按正常程序將本章投入通政司外，靖江王還將奏稿謄錄了一份，連同銀十四兩、黃金六條，一併交給劉順，讓他去找楊榮，希望請楊學士幫忙，促成其事。這不就是今天說的「跑部錢進」嗎？

不料此事被無孔不入的廠衛刺探到了，密報進去，英宗馬上給靖江王寫了一封信，指責他道：「王以為朝廷之事皆出臣下乎？」說：「朝廷一切賞罰予奪，皆朕遵依祖宗成法，親自處決，何嘗出於臣下？」還說，「王今所為如此，意必有在，須從實奏來，不可隱匿。」

靖江王這下麻煩大了，他本來想走捷徑，請楊學士幫忙，解決本府的所求。沒想到他的做法正好刺到皇上的心事，英宗一蹦三尺高，一定要他給個說法。

其實一蹦三尺高的也不是英宗，雖然這封信是以英宗的名義寫的，然而那個被激怒的人不是別人，正是司禮太監王振。英宗此時不過十四歲，尚不具備「親自處決」政事的能力，表面看起來，好像朝廷政令都押著璽寶，是英宗在發號施令，可誰不知道，其實主意都是內閣和司禮監幫忙拿的。但大家都知而不敢言，靖江王此舉無異於捅破了這層窗戶紙，所以激得王振大怒。

楊榮此時並不在京，他請假回老家掃墓去了。有記載說，楊榮正統五年省墓，太監王振誣以納賄，楊榮聞知消息後急忙往北京趕，不幸中途中了瘴癘，死在杭州武林驛。但沒有具體指出王振以何事相誣，我懷疑就是靖江王通賄這件事。

如果是這樣，那麼楊榮本不在京，納賄無事實，似不足懼。那麼他害怕什麼呢？他與王振一樣，怕的是「專權」之責。專權擅政不僅對宦官，對於文臣同樣是嚴厲的指控。英宗書信說靖江王向楊榮行賄「意必有在」，靖江王還能有什麼別的意思？他一定認為票擬之權在內閣，向閣臣行賄，請其落筆時高抬貴手，就可以使朝廷批準自己的奏請了。不過如此，還能有什麼呢？

靖江王怎麼也沒料到，他這一本，竟然撥動了王振與楊榮的敏感神經。

至於說王振借靖江王納賄誣害楊榮，我覺得應無可能。楊榮此人有宰相之才，為人也圓融，他與王振有多年的合作關係，並無任何矛盾，王振正欲借其威望彈壓安撫朝臣，何必要害他？

此說的由來可從《明史．王振傳》裡找到解答。《王振傳》中說：英宗初年「太皇太后（即仁宗張皇后）賢，方委政內閣。閣臣楊士奇、楊榮、楊溥，皆累朝元老，王振心憚之未敢逞。至正統七年（西元一四四二年），太皇太后崩，楊榮已先卒，楊士奇以其子論死不出，楊溥老病，新閣臣馬愉、曹鼐勢輕，王振遂跋扈不可制」。

這段論述將王振置於內閣的對立面，其實是不對的。司禮監與內閣都是正統新制的受益者，是一根繩上的兩隻蝗蟲，他們只有和諧，才能共同受益，如果激烈爭鬥，必然雙輸。從歷朝的情況來看，司禮監與內閣都是合作關係，是一榮俱榮一毀俱毀的關係。

另外一個事實是，王振及司禮監之勢，正由「委政」內閣的太皇太后養成，並不像人們以為的，張太后極力壓制王振，幾乎要殺了他（參見下章之「太后殺王振」節）。

整體來看，正統初年，王振「尚未橫」，上有太后，下有老臣，對他確實起到了一定的限制作用。但楊榮死於正統五年，楊士奇在晚年因為受他兒子下獄的影響，多請假不預事，至正統九年也去世了。新進閣臣馬愉、高谷、曹鼐都是後進之士，資歷威望素輕。楊溥在閣就顯得孤立了，而他也於正統十一年過世。當老臣凋落後，內閣對司禮監的牽制力就更弱了，王振「益用事，遂跋扈不可制」。

王振「專權」並不是偶然的，有其必然性。首先，在於朱元璋過分侵奪臣下之權，將所有大權集皇帝之一身，同時又大力培植宦官，為宦官勢力擴張、在中樞干預大政奠定了組織基礎；其次，朝會制度廢弛，三楊一味尊上避嫌，未能以大魄力規劃出新的良好制度，結果把天子坐朝變成擺設，而政治由內閣、司禮監暗中把持，「公朝」之政遂一變為宮廷祕密政治，為宦官專權營造了溫床。

我們再看時人對王振專權的議論：自英宗沖年即位，朝講、奏事俱廢，間一出朝，「王振擅權，獨立在旁，於是群臣不得召對，或有召對亦不敢詳盡」，堂陛萬里，上下不交，「凡有章奏，悉出內批，不知果皇上親批歟，抑奸臣擅權歟」。

朝政決策不公開，不管皇帝如何自辯，稱一切政務皆其親決，沒有受人擺布，亦難釋天下之疑。好比後世的嘉靖皇帝、萬曆皇帝，其實並不甚荒怠，他們每天堅持看本章，仍免不了被臣民們譏諷，說他大權旁落、為宦官所矇蔽。

正統以來，幼君嗣位，女主稱制，公朝理政不能為繼，都促使以「票擬——批答」以及部議、廷議為核心的新的決策機制的形成，這益養成朝會空疏，君主深居不出，一切政務以奏章批答相關接、刑名法度相維持的局面，而宦官居於其間，參謀議論，代言應酬，這都為其「干政專權」造成了制度條件。後世文官不管如何復甦、壯大，總免不了面對宦官這個特殊的對手。

後人說正統初政之盛，總推崇「三楊」，而我要說，明代政治之敗壞，「三楊」亦難辭其責。

第五章　王振事蹟辯證

正統六年（西元一四四一年）十月，紫禁城外朝三大殿奉天、華蓋、謹身殿重建完工，這是皇朝的大喜事，朝廷大宴群臣慶賀。

據「故事」（即舊例、舊制），「宦者雖寵，不得預王庭宴」。這麼盛大的皇家宴會，權勢蓋天的太監王振卻沒資格參加。英宗坐在席上，心裡總覺不踏實，生怕王振不高興，派人去看他在幹什麼。果然王振在大發脾氣，並且說氣話道：「周公輔成王，我獨不可一坐乎？」

英宗連忙叫人去請，並特地打開東華門（紫禁城東門）中間那座大門，讓他由此門而入。文武百官都趕去迎接，排列兩排，齊呼「歡迎歡迎，熱烈歡迎」！

王振見狀，裝作不知其故。群臣道：「我們是奉詔來迎接你老的。」王公公這才笑逐顏開，挺身直入，大快朵頤。

這件事出自清初人谷應泰編著的《明史紀事本末》一書，被許多人轉引，視作信史。看官，您信嗎？我反正是不信的。

讀過我寫的小書的看官，一定會說：就知道你不信，你就是一個懷疑主義者！對這頂帽子，我不敢拒絕，但我要申辯，我是「造反有理」！我為什麼不信？因為它有可疑之處，我方疑之。

好比第一句講「宦者雖寵，不得預王庭宴」就不對。我翻遍明朝典禮之書，也未見此記載。反倒見洪武時，宦官皆頒賜朝服，預朝班，朝罷照例賞茶飯，與文武共食之，有何不可？永樂時期，外番來朝，皇帝多命太監「以禮待之」，遠方的客人來了，準備點可口的飯菜，大家一起交杯換盞，孰曰不可？何況二十四衙門裡的尚膳監，就是專管內廷尚方之食與廷臣賜飯的。吃頓飯有什麼了不起的，還「宦官雖寵，不得預」！此「故事」毫無禮制的依據，此為一。

朝廷大典禮，當皇帝親自參加時，司禮太監必須環侍於旁，王振就是不吃飯，也不該撇下皇帝，自個兒在家裡生悶氣啊！此為二。

即或王振生氣撂挑子，他豈敢胡說「周公輔成王，我獨不可一坐乎」。王振固然得寵，也只是家奴臣子，他憑什麼敢自居周公，而將皇帝貶低為周成王？成祖朱棣揭竿造反，打的不正是周公輔成王的旗號？臣子自擬周公，多半是心生反意呀！他就是敢想，我料定他絕不敢說。他即便一時氣不過，說了過頭話，怎麼就那麼湊巧，被英宗派去打探的宦官聽到？那宦官即便聽到，敢將如此大不敬的話原原本本上奏，除非他與王振有很深的仇恨，還得不怕王振報復。此為三。

有了這三點疑問，還不足以推翻這個後人編的故事嗎？

其實關於王振的偽故事遠不止這一個。王振的一生，在後人的書寫裡，簡直就是竊弄神器、專權亂政的一生。他雖做不到流芳百世，也夠遺臭萬年了，是殿堂級的「壞人」。幾百年來，罵王振的「正義之士」不計其數，終歸是張口就罵，（如果能把他揪出來的話）抬手就打。可是絕大多數人並不真的瞭解王振的為人與行事，或者自以為瞭解，而實不知，皆是人云亦云。就這一點而言，多數正義者其實都是學舌的鸚鵡，話說得漂亮，卻不知在說什麼，只是不斷重複別人說過的話。

這一章，我將把王振一生大事做一番考析與辯證，看他有沒有那麼壞，他擔的那些罪名與罵名，是不是泡泡糖，被人吹大的。看官讀罷，若再在他人書中見到王振其人，可拍此公肩膀道：「老兄，你受委屈了，多虧胡丹老弟替你辯白！」

好，言歸正傳，王振其事我一個個說。

事之一：太后殺王振。

宣宗崩後，因嗣君年幼，「遺詔國家重務白皇太后」。光內閣、司禮監兩個軸，一個傳送帶還不夠，英宗還小，必須有一個能鎮得住臺的人物。故朱元璋定下的「后妃不得干政」的祖制，至此得稍微破一破例了。

太皇太后張氏是仁宗皇后、宣宗之母，論者多以為正統七年（西元一四四二年）前政事清明，功在張太后。如天順朝大學士李賢說：「大抵正統數年，天下休息，皆張太后之力，人謂女中堯舜，信然。且政在臺閣，委用三楊，非太后不能。」

只是皇太后一介女流，哪懂得什麼政事，還不得委政於臣下，她就托個名義而已，與清代慈禧太后垂簾聽政那不是一回事。

張太后常聽老公說「三楊」等人的好話，她對內閣是非常信任的。正統初年，凡事皆奏於太后然後行之，而太后總是命內閣議決，「太監王振雖欲專而不敢也」。李賢說，太后還不放心，每過幾天，必差宦官到內閣去問：連日來都有何事來商榷？內閣即將某日某宦官以幾事來議，詳細開寫一份帖子奏進。太后拿著一對照，就曉得有沒有政事沒有下閣，被宦官給「黑」了。

張太后這麼做，是因為她自己無法接見閣臣，只能通過宦官的中介，她擔心宦官在其中上下其手，故採取這種方式來保證所有政事都由內閣議決。只要發現有王振自斷而不付內閣議者，必將他招來嚴厲斥責。

自古女主當權，都是宦官專權的先聲。這是因為宮闈隔絕，女主不能隨便掀開簾子把男性大臣召進去密議，只好請宦官來做傳聲筒和蜂媒，宦官遂得以趁機操弄。張太后何能獨外之？她要求內閣定期匯報內廷傳出事項，這是高明的辦法，但她恐怕並不像李賢說的那樣防忌王振。

這就要說到一個有名的故事。這故事寫在史書裡，我覺得委屈它了，因為其情節生動、驚險曲折，明明是一部摺子戲的橋段。

話說某日張太后御便殿，宣召英國公張輔，內閣楊士奇、楊榮、楊溥及禮部尚書胡濙五人入朝。小皇帝英宗侍立於太后東側。張輔等人皆是三朝老臣，太后對他們慰諭有加，不停點讚，並且交代英宗道：「這五位先生，都是先帝所擢用，留給皇帝的。政事當與五位先生商議，若非他們贊成的，皆不可行。」

過了一會兒，王振宣至，匍匐於地。太后顏色頓異，斥之曰：「汝侍皇帝起居多不律，今當賜汝死！」話音未落，兩旁女官拔出雪刃，壓在王振脖頸之上。女官御前帶刀，顯係有備而來，要在今天將奸臣拿下。只不知王振未來時，張、楊等人遽然見眾多女俠林立，是否心中暗驚，以為是要對付他們的？

眼見女官拔刀，英宗大驚，急忙跪地為王振求情。皇帝跪下了，張、楊等人也只好跪下。張太后道：「皇帝年少，豈知此輩禍人家國。既然皇帝與先生們為他求情，我且饒他這一遭，但此後不可再令他干預國事！」

看官，這故事是否很像宮鬥戲的情節——矛盾衝突集中、臺詞誇張，一波三折，富於張力？

此事最早見於一本野史——明中期人何孟春所著《餘冬敘錄》，引錄者頗多。王世貞曾做過考辨，認為並不可靠，他的依據是：太后召見大臣，「於朝廷為盛事，於諸公為盛遇，責數王振為盛德」，有此三「盛」，可遍搜楊士奇、楊榮墓誌及其著述，絕無一字記載。國史於太后之聖政、王振之蠹國，皆娓娓道來，何獨不書此事？

王公所言甚是，張太后的確曾接見過幾位大臣，但那是宣德五年（西元一四三〇年）。那一年三月清明節，宣宗奉太后謁陵，臨時起意，召諸輔政大臣英國公張輔、吏部尚書蹇義及內閣「三楊」、金幼孜朝太后於行殿，太后慰勞之，道「爾等皆先朝舊臣，勉輔嗣君」云云，遂賜酒饌及白金彩幣。回京後，宣宗在單獨召見楊士奇時對他說：「前日陵上，汝等謁太后退，太后對朕說，先帝昔日經常談起你們的姓名及行事，太后尚能記憶，其間才學孰優孰劣，孰肯任事不任事，皆有譏評。又對朕說，凡正直之士，爾不可以為忤而不從。」楊士奇聞言感動，道：「此皇太后之盛德、仁宗皇帝之盛德也，願陛下常奉聖訓。」此事記在他的文集《東里別集．聖諭錄》裡。

這是大明皇太后第一次（應該也是唯一的一次）召見臣子，當事人引為莫大榮光，記錄在案，以誇耀於世。如果正統初年還有一出，張、楊諸公還不得更加「張揚」，怎麼忽然變得低調了呢？

況且這故事看起來熱鬧，但只要稍加分析，不難看出其漏洞：

太后既然立心要殺王振，不會想不到皇帝會為他求情。皇帝一旦求情，張、楊等大臣則必附和請之。張太后要殺王振，卻提前為他找來六個求情的說客，那還殺得成嗎？豈不成了假殺？

如果張太后此次召見大臣，本意在激勵鼓舞他們，何以把王振拉進來攪場？到底是表彰會還是批鬥會？——情節太過於集中，就變成戲劇故事了。

假如張太后真心並不想殺王振，只是見他太胡鬧，故把皇帝、重臣請來，合演一出「捉放曹」，借此敲打王振一番，令其警醒悔改，不許再干預國事，可為何不將王振斥退，而是繼續留他在司禮監供職？殺之不易，退之何難？

可見此中情節頗多可疑，只是一出評書而已，未可信也。

不料這故事竟騙了無數志士，紛紛轉發此帖、給太后點讚，還忍不住惋嘆：「唉！太后要是把王振殺死就好了。」似乎王振一死，明朝就不會中衰，就不會發生「土木之變」那樣的悲劇。

更有人說，因張太后在上，終太后之世王振不敢專，直到張太后崩，楊士奇、楊榮相繼而歿，「進退天下人才之權遂移於中官王振，邪正倒植矣」。總之只怪太后死得早，不然王振永無出頭天。此說亦不成理。其實王振專權是監閹體制下司禮監地位的表現，他專權或不專權，其條件並不取決於太后對他什麼態度。

相反，正是因為皇帝年少、女主聽政，在一定程度上推動了宦官干預國政。

好比剛才那個故事裡，太后害怕王振專斷，「必遣中官入閣問」，又令內閣「開某日中官某以幾事來議」。可見太后所依賴溝通內外的，不止王振一人。就是殺死王振，指不定還有張振、李振。這才是那個故事透露出的真相。

還有一件事，出自當時人的記錄，可信性更高一些，而表明張太后對王振是很欣賞的。

成化中任過大學士的尹直記曰：正統初年，福建按察僉事廖謨杖死驛丞，這個案子如何處理，內閣二楊意見相左。被打死的驛丞與楊榮是福建老鄉，而廖謨則是楊士奇的鄉里。楊榮認為廖謨應該償命，楊士奇則稱廖謨打死人是因為公事，應該從輕。二人相爭不決，官司打到宮裡，請太后裁決。王振進言道：「三楊皆有私，都是各為其鄉親。抵命太重，因公太輕，宜對品降調。」太后覺得王振所言有理，遂將廖謨降為府同知。尹直因發論道：「自是（王）振日搰摭內閣之誤，裁決一歸於振，三楊乃迭請告展省。」將此事作為王振崛起之契機。

此事表明，張太后對內閣並不是偏聽偏信的，她會參考司禮太監的意見，王振意見中肯，她會選擇聽取之。而王振富於理斷之才，尤得太后倚重。

值得提一句，王振是仁宗做太子時東宮出身，他不僅為仁宗眷愛，與當年的皇太子妃張太后也應該關係深厚，是真正的老人。張太后憑什麼不信任他，而偏信素無交往的外廷大臣？

事之二：竊毀鐵牌。

這也是個有名的故事，與太祖朱元璋禁止宦官干政祖制有關，稱朱元璋於洪武十七年（西元一三八四年）鑄一鐵牌，立於宮門，禁止宦官干政。

此說最早見於李賢《古穰集》，云：「太廟（朱元璋）鑑前代宦官之失，嘗置鐵牌高三尺許，上鑄『內臣不得干預政事』八字，在宮門口。」

明太祖朱元璋禁止宦官干政，是明清兩代人們的共識，可惜就是缺乏證據，相反倒是朱元璋不怎麼嚴禁的證據存有不少。這個鐵牌呼嘯而出，大得人心，證據來啦！

可是，李賢又說：「（此牌）宣德中尚存。英宗時，王振專恣，因失所在。」我呿！原來「似有還無」，還是捕風捉影。

李賢是正統年進士，經歷過土木之變，又在英宗天順朝任大學士。以他的身份，此說一出，人們無不認為是信史。萬曆中，御史譚希思還將此事引入奏疏。譚氏著有《明大政纂要》等書，熟於典故，然而疏入，皇帝問他，你這都是從哪兒聽來的？可有實據為證？譚希思就對不上來了，只好來個「茫莫置對」，被皇帝好一頓批。

那麼這塊鐵牌到底存在不存在？我認為九成五分不存在（對眾言之，當留餘地，不把話說死。可私下說話，我認為百分百不存在）。

朱元璋不是沒搞過類似的牌子，如誡諭后妃、功臣，都鑄有紅牌，《明太祖實錄》都有詳細的記載。如果這塊「內臣不得干預政事」的牌子確實存在，大明史官豈肯放過，還不得大書特書？可是，太祖、太宗、仁宗、宣宗四朝實錄，沒有一個字的記載。有人或說了，《明太祖實錄》修成於永樂年間，那時正是宦官勢力大張之時，恐怕纂修實錄者有所顧忌吧。然非是也。只要讀過《明太祖實錄》的人應知道，裡面有很多朱元璋嚴馭宦官的談話，我粗粗查了一下，至少有五次之多。這些談話都是朱元璋關於國家治理的基本思想，不是泛泛而談。如果修史者有所避諱，何以這些言論不隨鐵牌一起毀棄呢？我曾經指出，《明太祖實錄》裡出現那麼多嚴馭宦官的「寶訓」，很可能是纂修官員有意為之，以提醒開口閉口都是「祖訓」的永樂皇帝用宦官時還是收斂些吧，你爸爸說不讓哩！

另外，假如朱元璋真的鑄了這塊鐵牌，那麼這塊牌子不是應該在南京嗎？而王振用事的時候，已在三十餘年後，朝廷早已遷都北京，宮城、皇城都是新造的，宮門尚且沒有，哪裡去置鐵牌呢？呵呵，後人編故事時，總容易忘記遷都這件空間大挪移的事，一時疏忽，露出了馬腳。

因此我認為，包括《明史》在內的眾多史籍所記「內臣不得干預政事」鐵牌，很可能只是「野語」，或乾脆就是李賢鑑於太監王振、曹吉祥相繼為亂，憂心宦禍，故意編造了這樣一個不存在的鐵牌，授給後人戰鬥的武器。事實也是如此，後世人們一反宦官，沒有不拿鐵牌說事的。

可惜王振，又多了一樁罪。

事之三：壓制文臣。

從某種意義上來說，一部宦官史，就是一部宦官與文官的互動關係史。特別是在明朝當官，不管是做京官，還是地方官，都不得不面對宦官這個現實的存在。特別是運氣不好時，碰到王振這樣專權、跋扈的宦官，那還真是很難處的一件事。和宦官關係搞好了吧，別人會說你「媚閹無骨」；跟宦官槓吧，骨頭倒有了，可板子打在骨頭上，那可是生疼的！

明代出了三位「驚天地泣鬼神」的專權大閹——王振、劉瑾、魏忠賢。在他們當政的時代，文臣似乎沒有中間路線，要嘛趨奉，要嘛遠避；遠避時不小心動作大了，還會遭到無情的打擊。這種官場世態，在王振時已很明顯，一方面是公侯勛戚大臣呼曰「翁父」、「國老」，所謂「畏禍者爭附（王）振免死」，一方面是「大臣下獄者不絕」。

王振是聰明人，知道官員與作為宦官的自己相處時的複雜心態，因此他的內心異常敏感，特別在意別人對他的態度。一旦有官員對他表示特別的恭敬，往往能得到特別的升擢，正所謂「特別的愛給特別的你」。我們來看兩個例子：

王振一日在路上走，忽一隊官轎迎面走過來。長安道上，經常能遇到官轎，一般官員見是王太監來了，不敢爭道，也不過讓到路邊，避道而已。不料這乘官轎落定後，轎中官兒竟走出來，跪在路邊。王振心中甚喜，忙命停轎，問是什麼官。那官答，下官是吏科都給事中張睿。吏科是六科之首，張睿又任都憲，可稱極品清華之官，與一般俗吏大為不同，要是個侍郎，王振還沒那麼歡喜呢。又見張睿不單執禮甚恭，容貌還壯偉非常，跪在塵土裡的是一位偉男子，絕不似那猥瑣之人，愈是喜不自勝。於是張睿的好運來了。剛好這時有戶部侍郎一職開缺，王振便把這頂三品大臣的官帽送給張睿戴。

屈尊跪一下，官位立馬漲得停不下來，從正七品直飆到正三品。什麼都不說了，一句話——運氣都是留給有準備的人的。

只要能拍王振馬屁，都有高官厚祿的回報。再說一個叫石璞的。此人是一位能吏幹才，他在擔任江西按察使時，振揚風紀，斷決疑案，甚有時譽，「雖兒童婦女皆知有石廉使」。按察使，正三品，是一省的最高司法長官，元代叫肅政廉訪使，到明代才改稱提刑按察使，故習稱廉訪使，簡稱「廉使」。石璞精於斷案，就連懵懂的小孩和足不出戶的女子都曉得他，聲譽漸隆。不久後，石璞升作山西左布政使。布政使，從二品，是一省最高民政官員，石璞此時已做到正省級幹部了。

石璞做了「山西省長」，意味著他成了王振的父母官，王振老家在山西蔚州[52]。也是巧，就在石璞遷任山西不久，王振請假回鄉祭掃祖墓，石璞「傍大佬」的機會來了。

那麼這位當代包青天要不要抓住機會呢？「青天」，說的是能力，與品德無關。清高的人怎能爬到雲端？石璞馬上抓住機會，極力奉承，讓王振十分滿意。回朝後，很快升石璞為工部尚書。

讓誰做官，即便是尚書這樣的二品大員，對王振來說，也就是一句話的事。誰把他癢癢肉撓舒服了，他立刻拿皇上家的官帽子做酬答，烏紗帽就跟他家收藏的一般。恩威只能自天子出，怎能成為私家買賣呢？這就叫「專政竊權」，所竊者，皇家之權。

王振正火時，拍他馬屁的人數也數不清，後來王振坍臺，樹倒猢猻散，這幫馬屁精散得比誰都快，只留下一些小蘿蔔頭（如出入王振之門的僧道、旗校、匠役等）沒來得及跑，被六科十三道揪住，往死裡參，要把他們通通處死。景泰帝道：「趨王振之門求進者不少，若盡加窮究，不可勝誅，其姑置之。」所謂法不責眾，大家都是同道，摸著良心，彼此寬容些最好，就是此理。

但總有幾個骨頭不缺鈣的，不肯和光同塵，而遭到王振的打擊報復。我也舉兩個。第一個是國子監祭酒李時勉。

李時勉名氣很大，可稱一代名臣。出名總要一技傍身吧，這位李先生憑什麼出名？其實他的成績單空白得很，既無政事，又無文章，他其實就是個槓頭，因為槓，吃了不少苦。這樣的「清臣」，活著時倒霉透頂，死了，在青史裡卻變成香餑餑，成為人們學習的楷模。又由於他們的做派，實在不是

52　據光緒《蔚州志》，王振是蔚州城西薄家莊人。今人考證為城西二華裡卜北堡村人，至今尚存不少遺蹟。

一般人能學來的，故此中國的「典型教育」一直都很失敗，模範生像莊稼一樣，一茬接一茬，可就是不豐收。

李時勉在永樂時就因為說話直，被奪過官，下過獄，初步奠定其名聲。仁宗時，老毛病不改，居然在朝堂上和皇帝對著幹。仁宗一怒，沒忍住，把他打了一頓，打得還不輕，折了幾根肋骨，差點把命丟了。仁宗是多麼好脾氣的一個人，都受不了他！不巧的是，仁宗著了氣，沒兩天就駕崩了。有人就說，仁宗是被李時勉氣死的。宣宗入了讒言，要子報父仇，命人把李時勉從獄裡揪來，說要親自射死他，但隨即又變了主意，說這樣的軸人我不要見，直接把他砍了得了！所幸第二撥使者出宮時，第一撥使者押著李時勉進宮來，走的不是一道門，就錯過了，否則李時勉當時就掉了腦殼。這才有機會當面給皇帝解釋。解釋了，宣宗也就不殺他了，不殺的理由，是因為知道李時勉「氣死」先帝的那些話裡，有一句是講自己好話的。真是十分驚險。

有了這「得罪三朝」險些丟命的故事，李時勉還不成了傳奇人物？

就是這樣一個人，在正統朝又得罪了王振。

得罪之由，據說是王太監來國子監指導工作時，時勉「不為之屈」，也就是禮貌不周。王振心恨，便尋機要教訓一下他。

王振啊，我不得不說他兩句了：你也真是的，李時勉這樣一個道德標竿式的人物，他連皇帝都不怕得罪，你跟他較的什麼勁？此公連皇帝的角兒都不捧，你還指望他把你捧上天？這樣一個無害的好人，不去理他就行了，你還去惹他，不是白白給自己減分嗎？

王振報私怨，借的是公事。

正統八年（西元一四四三年）七月，李時勉不小心砍伐了文廟的樹，王振便抓住這件事大做文章。

為了羞辱他，故意讓他戴著大枷跪在國子監門口。結果適得其反，國子監學生們紛紛為老「校長」求情，說老師教學有方，又是老者，請寬恕他。有一個叫石大用的，請求代老師受罰。王振當然不準啦，就引發了一次大規模的「群體事件」：監生李貴等約起國子監同學及各界人士千餘人，詣闕遊行示威，要求寬免李時勉。

東漢時，為了反對宦官，太學生們鬧過一出，不想上接千年，明朝也鬧了一回學生運動，反對的也是宦官。此事驚動了英宗，王振迫不得已，只好放掉李時勉。真是偷雞不成蝕把米。

王振也是吃捧臭腳吃多了，一肚子小肚雞腸，竟然去觸碰道德偶像，也真夠不智的！結果惹來一嘴腥。以後凡紀念李時勉老先生，總要把王振扯出來「打小人」。

我不知道王振跟這無害的老頭作對有無深意，難道他是想通過羞辱李時勉，打擊文臣的銳氣和骨氣？再來說一個性理名臣薛瑄。

明代人不太講詩賦，講的是性理之學。這位薛先生在《明史》入的是《儒林傳》，他是山西河津人，幼年聰穎，十二歲時所作詩賦已令人稱奇。眾人以為此子是個才子的路數，沒想到他接觸理學後一下子瞧不起文藝了，將所作詩賦一把火焚了，從此究心洛、閩之學。從才子轉到學究的路上，這彎兒轉得可太大了！

薛瑄因為隨他父親在河南任上讀書，遂於永樂十八年（西元一四二〇年）舉河南鄉試第一名，次年中進士，登入仕途。薛瑄雖然科舉功名高，性格卻孤傲，中間又碰上兩次丁憂[53]，做官就不怎麼順達，

---

53 官員尊屬親喪，必須棄官回鄉守制，稱為丁憂。若碰到父母之喪，耗時將長達三年，故丁憂總是會妨害仕途的。

到正統初年還朝時，才做到山東提學僉事。但薛瑄走講學這一路，名氣很大，人們尊稱他為「薛夫子」。一次，王振問「三楊」：「我鄉親裡有沒有可以做京卿的？」「三楊」一想，如今山西人裡，就屬薛瑄名氣大，便推薦了薛提學。很快薛瑄就被召入京城，出任大理寺左少卿。

「三楊」覺得，薛瑄得到破格擢用出自王振的關懷，他至少禮貌上應該去見一下王振，道聲謝吧，就讓李賢（那時他在禮部做司一級的官）把此意告知薛瑄。沒料到薛瑄沉下臉來，不客氣道：「拜爵公朝，謝恩私室，這種事我不做！」好吧，不去就不去唄，「三楊」也無如之何。過了幾天，廷臣議事於東閣，公卿大臣們都要參加，見到王振無不趨拜。人群中唯有一人屹立不拜。王振問此人為誰，當知道是老鄉薛瑄後，他並不生氣，主動跑到薛瑄面前，給他作揖打招呼。此時王振是何等人物，他給一個剛剛升任的四品少卿作揖，這是多大的面子！不料薛瑄在眾人目視之下，只客客氣氣地還了王太監一個揖，並無加禮。也太不給王振面子了！從這以後，王振心裡便記下薛瑄這一號。

大理寺是三法司之一，掌管案件的覆核。當時有個指揮死了，留有一妾，甚是絕色。王振的侄子王山是京城有名的混蛋，想把此妾娶過來，可指揮的妻子不肯。妾就誣告妻毒殺其夫。此案下都察院訊問。法官大人們都知道妾的背後是錦衣衛指揮王山，誰敢得罪王家人啊，只好對不起指揮之妻了，重刑之下，妻子被迫承認毒殺了親夫。看官，在「夫為妻綱」的時代，妻子謀害其夫是要處凌遲之刑的呀，可不是好玩的！

這件人命案到了大理寺駁讞時，薛瑄及其同官細察案情，覺有冤情，就將案子駁回重審。法司再審，仍維持原判，又被大理寺駁回。這一送一駁，連續三次都通不過，案子就懸起來了。王振偏袒侄子，授意都御史王文，誣告薛瑄及其他兩位少卿「故出人罪」（故意替有罪之人開脫），又指使言官彈劾薛瑄等受賄，將其下獄。

薛夫子竟然被論以死罪。

這位薛夫子果然非平凡之人，他是判了死刑等著執行的人，坐在牢裡，居然捧讀《易經》自如，就像沒事人一樣。忠孝之家，必出孝子，薛瑄有三個兒子，一個請求代父受死，另兩個兒子甘願充軍，只要饒老父不死。薛家公子的要求沒有得到允許，但此情感人，使人們更加同情薛瑄。

快到行刑的那一日，王振偶然從廚房經過，見他家老廚子在灶下悲泣，不知何故。問他時，哭得更厲害了，道：「聽說薛夫子今天行刑，是以忍不住悲傷！」薛瑄的事蹟竟能讓一個不相干的人如此悲嗚，那人格的魅力真如潮湧，連王振也受了感動。剛好這時刑科對死刑案件三復奏，兵部侍郎王偉也於此時進本申救，王振便順手改了判決，將薛瑄免死，除官為民。

薛瑄後來的事，我就不講了，總之他以學問的造詣，成為一代名臣。王振，我又要說你了，你這是何苦，又跟「道德家」過不去？

在與文官的關係上，歷來論者多把注意力放在王振壓制文臣上，而忽略他禮遇士大夫的一面。而被王振禮遇過的士大夫，雖然當時得了實惠，卻羞於此事為人所知，要嘛否認，要嘛迴避。

與宦官交好總是一件不光彩的事，但有時候文人無行，會瞎編一些故事來羞辱對方，久之遂為信史。好比一個故事說，工部侍郎王佑貌美而無鬚，一日王振問他為什麼不長鬍子，王佑答：「老爺所無，兒安敢有？」王佑是永樂十三年（西元一四一五年）進士，授工部主事，以後一直在「工程口」混。但此人仕途相當不順，到正統八年（西元一四四三年）已經入仕近三十年了，才做到工部郎中（相當於建設部的司長），也不知是否快到退休年紀了，心裡火急火急的，見王振弄權，便極意諂媚逢迎之，才由王振傳旨升工部侍郎，終於升作副部級幹部。在這則故事裡，他自稱「兒」，稱王振為「爺」，似乎是王振的乾兒子。他是永樂十三年的進士，正統初年至少也有五十多歲了，與王振年紀相差不會太大，如果只是哥兒倆的年齡差距，卻甘降一輩，自居為子，那確實是太無恥了，足稱千古一人。可這個故事的真實性到底有多大？我無法證其偽，但抱有極大的懷疑。如果王佑真能如此做人無底線，他何以前面幾十年仕途混得那麼糟？拍馬屁的絕活，如何沒使出來？

我懷疑是因為他的升官出於王振傳旨，而不出於吏部的選舉，又見王佑對王振頗露媚態，人們自然懷疑他投靠王振的門牆，走了內人路線。加之，他也姓王，人們便嘲諷他認王振為乾爹。

熟悉明代的看官應該知道，明代印刷業昌盛，明朝人喜歡寫書，而行文之際卻不嚴謹，喜歡搬弄筆墨，亂編故事，或聽來一些逸聞，忙不迭寫入書中，以為笑談。所以清朝人特別瞧不起明朝人，說他們沒學問，不懂得學問，就是這個緣故。這故事大概就是這麼來的。

事實上，想拍王振馬屁的人太多了，王振不可能個個都搭理，他知道這些趨奉者無非是為了升官發財，不能說對他們毫無戒備，而對那些打著他的旗號在外面招搖撞騙，壞他的名聲之人，更是異常反感。

這樣的人不僅有，還不少。

好比太醫院醫士王敬，瞧，又一個姓王的，天下王姓一家人，至少這位王太醫是這麼想的。此人不好生鑽研醫術，卻披著王太監的斑斕虎皮，在外騙人錢財，被錦衣衛拿獲，刑部審理後按律例坐以「贖徒為民」之罪。「贖徒」是贖刑的一種，即王敬本罪應受徒刑，但他可以拿出一定的錢財免予服刑。王敬於贖徒之外還被免職為民。對這個結果，大概王敬感到滿意吧。可王振不滿了，他二話不說，拿起筆來，在刑部奏本上批了五個字：「改戍威遠衛！」威遠衛是明朝在朔州新築的堡壘，正好差兵，王敬這回算栽了，丟下醫包，到塞北之地扛槍當兵去了。王振手裡捏的，彷彿一支判官筆，就是這麼厲害！

王敬還算不得什麼，還有更倒霉的，這回要出人命了。

事情要從南京一個武官爭襲案說起。正統十三年（西元一四四八年），南京水軍右衛指揮僉事賈福被其異姓姻親陳玞冒爭官職，時任南京刑部右侍郎齊韶偏袒陳玞，一定要奪賈福之官給陳玞。這件案子送到大理寺，大理寺少卿廖莊覺得此案「事實不清，證據不足」，將案子駁回刑部重審。案子就在刑部與大理寺之間拉起鋸來。南京都察院便命所屬廣東道勘問，該道御史張春、曹得、趙雯向刑部發牌，欲調問賈、陳二人。齊韶卻予以拒絕，並借問案之機將賈福杖死。打死命官，事情就鬧大了。南京守備太監劉寧將此事上奏，奉旨逮問侍郎齊韶。而陳玞也上奏，稱少卿廖莊及御史張春等受賈福之賄，於是命將廖莊、張春等一併逮上京師，下錦衣衛鞫問。

指揮馬順奏稱，齊韶實受陳玞之賄，陳玞所稱廖莊、張春等納賄無據，皆受齊韶唆使。馬順還說，齊韶自稱與王振太監為「鄉親」，錦衣衛指揮王山、王林為其侄。齊韶把王振的倆侄子說成自己的侄子，可能他就不是冒充鄉親，大概是冒充堂兄表弟一類的近親了。王太監的兄弟，那還了得，所以這個槓頭才敢在南都「恃勢逞威，凌壓部官」，蒞任才一年，南京刑部大獄裡死者即達一百二十餘人。

馬順的獄詞已經離開爭襲案，揭發了他多項僭越的罪行，如百戶史宣的侄女已被選召，受賜而歸，齊韶托駙馬趙輝[54]、兵部侍郎徐琦逼娶為妻，又僭買永嘉大長公主[55]府臥床等。

齊大侍郎一時間成了罪行纍纍的惡棍，北京三法司會審後，判決他斬刑，陳玞絞刑，廖莊、張春

54　駙馬都尉趙輝，是朱元璋最小的女兒寶慶公主的丈夫。

55　永嘉大長公主，是朱元璋的女兒，母郭惠妃。齊韶案發生時，公主還活著，故不存在公主府沒落，齊韶逼買其府中器物的可能。

等復職。奉旨，從之。齊韶不服，不停地訴冤，皆不准，僅僅過了十天，竟被斬於西市！

齊韶之死，後來成為王振跋扈的證據，說他「怒誅大臣則齊韶之處決非時」。為什麼說「處決非時」？因為根據明代制度，為儘可能減少冤案，對於死刑是非常慎重的，有「三復奏」制度，即對於死刑判決，法司必須復奏三次，如仍無疑義，方可執行。由於有這個保障機制，一般犯人被判了死刑，往往在牢裡要「待決」很長時間，如果運氣好，碰到朝廷大赦，就可以不死了。可齊韶從被判刑，到處決，僅僅十天時間，這就太短了。

而且從齊韶的罪狀來看，主要是受賄與杖斃命官兩項，但一般來說，這還不足以構成死罪，特別是齊韶作為三品大員，死刑判決無疑是令人瞠目的。至於什麼逼娶宮廷選退之女為妻，買大長公主府臥床，以此加他僭越之罪，則無異於羅織了。

總之，齊韶冒充王振的兄弟，犯了大忌，閻王要他三更死，誰敢留他到五更！

堂堂三品大員，得罪了王振，竟項上人頭不保，由此可以想起王振手握的權力有何等之威力了。

事之四：酷殺劉球。

誰得罪了王振，不是奪官削職，就是下獄流戍，甚至性命不保。不過，齊韶雖然死了，但他畢竟有罪在先，而一個看起來沒怎麼招惹王振的官員，卻被王振以酷刑殺死，就成了王振手裡猩紅的血債。

此人姓劉名球，任翰林院侍講。

劉球在正統八年（西元一四四三年）六月上疏言事。他上這一本，不是因為看不慣王振的作為，上疏彈劾太監，而是應詔上疏。當時發生了嚴重的自然災害，朝廷下詔，令百官修省，並鼓勵他們上疏言事，指出朝政之失。劉球就上了一本，講「修省之當先者」，一共十件事。

奏疏遞入，命五府、六部、都察院官集議，大家也沒說什麼。劉球的意見，只有一條很具體，就是請慎重選擇奉祀的太常寺官（太常寺掌祭祀），眾官認為此條可取，請令吏部趕緊推舉一個合適的人選。翰林院修撰董璘聽說了，就毛遂自薦，希望轉任太常寺，奉享祀事。然而，不是每個人都喜歡「毛遂」，董璘一自薦，就被下了獄。本來自薦沒錯，但這邊劉球剛說要選一個好官，那邊董璘馬上出頭自薦，相應如桴鼓，於是有人檢舉，說劉、董二人同官，他們是商量好的。董璘被關進詔獄，一打，就承認了與劉球勾結，把劉侍講也帶進來了。其實縱然二人有謀，也不是多大一個罪名，可讓人沒想到的是，劉球下獄沒幾天，突然報亡。錦衣衛指揮馬順以病死奏聞，說他是得急病死的。

劉球為江西安福人，他與薛瑄差不多，也是靠學問知名。劉球在永樂十九年（西元一四二一年）就中了進士，可他並不急於仕進，在家讀書十年，許多人拜他為師。他出來做官後，任禮部主事。劉球學問大，被本部尚書胡濙推薦侍經筵，又參與《明宣宗實錄》的纂修，很快就升作翰林院侍講。這是一個很有前途的職位，而且劉球正當年富力強，不料說死就死了，眾人雖疑，卻無人敢問。

漸漸地，劉球死亡的真相就傳出來了，說他是被馬順肢解而死。與許多類似記載一樣，劉球被害時的場景被描述得活靈活現，說馬順深夜攜一名小校，持刀來到關押劉球的監所。劉球正躺著，見馬順兇神惡煞的樣子，便知不可活了，立刻站起來，大呼太祖、太宗。馬順一刀斬去，他的頭斷了，身體依然直立不倒。馬順便將其肢解，碎屍埋在詔獄的大門下。董璘見劉球慘死，將一條沾滿鮮血的裙裾偷偷藏起來，保留了證據，出獄後送到劉家，劉球的兒子又找到劉球一條手臂，用血裙裹起來裝殮埋葬。劉球雖然只剩下一條膀子，可精神不滅，很快鬧起鬼來。馬順有一個兒子，生病臥床很久了，有一天忽然起身，捽住馬順的頭髮，拳打腳踢，罵道：「老賊，你害我吧，我將來讓你的禍比我還大！」馬順大驚，問是誰？此子厲聲道：「我，劉球也！」此子被劉球上身，旋即就死了，那幫兇小校也死了。馬順在土木之變後，被朝臣一擁而上，活活打死（事見下文）。

以上載於《明史．劉球傳》，看官是否覺得其記載太唯心主義？把這種神神道道的東西全記在正史裡。要說馬順被人群毆而死是六年之後的事，難道還是劉球作祟，來個分身有術，吹一撮毛，化身無數小劉球，附在群臣身上，讓他們一起動手打死馬順，乃復平生之仇？不用我說，您也不信。

拋開搗鬼的神祕主義不說，這個故事本身就有漏洞。馬順要害劉球，需要這麼血淋淋地嗎？還當著董璘的面，留下一個證人和一件血裙？把劉球從牢舍裡拖出去再下手就不行嗎？其漏洞還是故事性太強。

其實劉球之死，還有其他說法。據嘉靖時的刑部官員張合《宙載》一書，劉球是被「夜刑」處死的。張合說到三種可怕的刑法，其中「夜刑尤慘，獨以加之外臣焉」。所謂夜刑，就是將罪人衣服褫盡，用板子夾緊捆起來，用刑時從腳到頭，一寸寸將肉鋸去，鋸掉的肉當即餵給狗吃。因此刑只在夜間施行，故稱夜刑。劉球被夜刑處死後，其子在錦衣衛獄裡只找到一幅血裙。

據張合所記，劉球連條手臂都沒留下，血裙這件物證還有，卻也不是董璘偷偷藏下的。

劉球之死，不管是被一刀斫去首級再分屍，還是用夜刑鋸割而死，大約死狀極慘，其家人甚至沒能為其收屍。

馬順與劉球何仇，要下此毒手？無人不知，馬順是王振的爪牙，當時人都說，馬順實「順承中官王振意也」。要殺劉球的，不是馬順，其實是王振。

而又據《明史》的記載，要殺劉球的，其實也不是王振，而是劉球的同鄉彭德清。

彭德清任欽天監監正，是王振的心腹。凡「天文有變」，他都匿而不奏，且倚王振的勢力為奸，公卿多趨謁之，可偏偏劉球不搭理他。彭德清暗恨之，就在王振跟前挑撥，激王振之怒，遂屬馬順殺之。

如果此說屬實，劉球死後，應先作法滅了彭德清才是，此人才是禍首呀。

那麼，彭德清拿什麼事來激怒王振，竟置其於死地呢？《明史》說，劉球前諫征麓川（正統五年），已令王振不快，「固已銜之」。銜不是叼起來的意思，銜為銜恩、銜恨之意。王振所銜，自然是恨，這是劉球在王太監那裡留的底案。這恨好深，以至於三年之後，王振被人一挑激，新仇舊恨一起算，劉球頓時報銷。正統八年（西元一四四三年），因一場天災，劉球再次上疏論政，就是前文說的那份修省疏。疏中勸英宗「權不可下移」，被彭德清抓住把柄，「遂摘疏中攬權語」，對王振道：「這是說您呢！」使王振怒不可遏，動了殺機。剛好董璘應疏自薦，王振就指他與劉球同謀，將二人一起逮下詔獄，然後殺之（董璘未死，出獄後歸隱，再未出仕）。

綜合起來說，劉球蒙難，是因為在兩件事上得罪了王振：

其一，反對「征麓川」。當朝廷討論是否向西南地區的麓川用兵時，劉球確實上疏反對過，但首發異見的並非劉球，而是何文淵。可王振似乎並未「銜恨」何文淵，怎麼單單對劉球耿耿於懷？看官從下節的分析將知，此說實不成立。

其二，就是那份致命的修省疏，劉球講了十件事，其中一句「權不可下移」，觸到王振的痛處，再經奸人彭德清挑撥，遂成為劉侍講的送命散。

諫征麓川與譏諷王振「專權」，兩者相比，後者絕對是致命的。看官如謂不信，請看下面兩個例子。

在正統年間，王振至少遭到兩次匿名的輿論攻擊。

一次是正統八年十月，內使張環、顧忠匿名寫誹謗語，事發後，下錦衣衛獄鞫訊，獲得二人的親筆信稿。王振將他倆磔（凌遲）於市，並且命內官都到刑場觀刑。

明朝律法是禁止寫匿名揭帖書信的，但兩個宦官因為寫匿名書遭凌遲之刑，處刑如此之重，仍令人驚駭，皆不知其故。直到奉旨令內官都出皇城觀刑，京人才知匿名信攻訐的對象是王振。

另一次是正統十年（西元一四四五年），正月某日，一夜之間，京城滿大街忽然貼滿了揭發王振罪惡的匿名書，甚至王振之侄王山的家門口也貼了一份。這是對王太監權威赤裸裸的挑戰。不久這封匿名書的來源被查獲，它出自一個叫王永的錦衣衛士兵之手。廠衛將王永扭送刑部治罪，刑部以「造妖言」律判處他斬刑，而奉詔將其立即磔之於市，不必復奏。

雖然不知道這兩封匿名信都寫了些什麼，但既然是攻擊權閹王振，指責他專權肯定是主要內容。王振所專之權從哪來，無疑只能從英宗那裡來。臣下竊主上之權，這是很嚴重的指控。而王振又用聖旨的形式將他的敵人「從重從快」處死，而地球人都知道，這實際上是王振「矯詔」，如王世貞所說：「所誹謗者王振也，磔之者亦王振也。」

就在針對王振專權的匿名書及其帶來的壓力倍增之時，突然劉球提醒皇上「權不可下移」，等於將緊張的氣球吹炸了。內使張、顧與錦衣衛卒王永寫的是匿名信，劉球上疏，等於是公開的匿名信。王振豈能容忍？故此借董璘作題，將劉球害死。

從匿名信事件頻發來看，王振掌權，得罪了不少人，他不單與「斯文」為敵，一些勛臣、內監也躲不過他的鋒芒。這與王振行政的剛猛風格有關（這也是明初權閹的普遍特點）。舉個例子，就在內使匿名信事發前不久，清平伯吳英與太監吳亮、范弘、金英、阮讓等，因為在南海子私自放牧，強奪百姓的芻草，下錦衣衛獄監禁。一位勛臣和四名太監，因為這點小事，全部下獄，足見此時法度極嚴。須知吳、范、金、阮都是有名的大太監、內廷的大佬，尤其是范弘與金英，在宣德朝已任司禮太監，親信用事。宣德七年（西元一四三二年）宣宗賜二人免死詔，「辭極褒美」，同時賜范弘、金英、王瑾銀印（用於密奏的封記）。《明史》說，英宗即位，金英與興安「並貴幸，及王振擅權，英不敢與抗」。而就是這樣的老資格同儕，犯了事兒，照樣下獄。可見王振執法，對任何人都是不講情面的。

當時權貴屢屢違法，為此在王振的主持下，朝廷發了兩道「戒敕」：一道給內官、內使，指責其透露內府事務、與外臣私相交結、營幹己私、囑託公事、借撥伕役、出入刑名等不遵法度的行為；一道給在京文武群臣，也是指責他們夤緣作弊等事。敕諭要求內外官員改過自新，否則必治以重罪。

史稱王振「導帝用重典御下，防大臣欺蔽」並不專門針對文臣，而是所有的內外文武臣工。當王振高高在上時，無人敢言，或只敢以匿名的方式表達其不滿，而一旦王振從高處墜落，失去皇帝的蔭蔽，必將形成可怕的復仇之血潮。

事之五：三征麓川。

過去一般將明朝用兵麓川視作王振的惡行之一，如《明史》在列舉王振「跋扈不可制」的證據時說：「興麓川之師，西南騷動。」明朝首征麓川是在正統六年（西元一四四一年）正月。此時張太后還在世，這就存在一個矛盾：張太后既不許王振再幹政事，王振還有可能在她眼皮子底下發動這樣一場戰爭？張太后要殺王振的故事於此就露出了破綻。

其實，用情感代替理性分析，是許多論者的通病。在麓川之役的評價上，亦是如此。尤其是當這一場持續多年的戰爭與大太監王振聯繫起來後，它更被賦予了強烈的道德色彩。

其實麓川問題由來已久。在元末明初，元朝的雲南行省大致為三股勢力所分據，其中東部為元梁王的地盤，西部是大理段氏，怒江以西至伊洛瓦底江上游，是麓川的勢力範圍。明軍在平定雲南後，即面臨著麓川勢力的侵擾。英宗初年，麓川勢力重新勃興，其頭領思任發多次稱兵擾邊，掠殺人民，焚毀甸寨。邊地土司紛紛投靠，助其內寇，雲南三分之一以上的區域都受到其侵擾，西南邊疆出現嚴重的危局。雲南總兵官黔國公沐晟認為地方軍力已無法有效抵禦麓川的侵犯，多次請求調大軍征剿。

明朝最初主「撫」，隨著局勢惡化，主「捕」的聲音開始高漲。但雲南官軍征剿連連失利，致都督方政敗亡、黔國公沐晟暴卒，明朝方意識到，如果不調大軍征伐，西南的危局將難以平靜。新任雲南總兵官沐昂也再次上疏，請求朝廷調集大軍進剿，並且說，平麓川非十二萬大軍不可。

朝廷遂令兵部召集各衙門大臣集議，是否該用兵麓川。在廷議時，刑部侍郎何文淵認為，麓川在西南邊陲，一彈丸之地，疆裡不過數百，人民不滿萬餘，得其地不可居，得其民不可使，主張德化，不必用兵，勞內地之民。這是反對派觀點。幸虧這種敗家子的言論不占多數，以英國公張輔、兵部尚書兼大理寺卿王驥為首的多數廷臣認為，麓川思任發自父祖以來荷國厚恩，授予官職至今六十餘年，乃敢糾集醜類，屢抗王師，如果這種明目張膽的叛逆不予征伐，恐怕木邦、車里、八百、緬甸等處皆將不保，雲南失地不說，也將永無寧日。

由於廷臣多力主用兵，英宗遂決定調大軍征剿，並於次日任命了將領，兵部迅速擬出用兵方略及糧餉保障方案。

正當朝廷緊鑼密鼓準備征剿麓川時，翰林院侍講劉球上了一道《諫伐麓川疏》，彈的仍是何文淵的老調，不過是「修德教以待其降」的迂腐之言，認為王師不可輕出。兵部復議認為，麓川之征已有成命，難允所言。征麓川大軍很快調齊，麓川之役隨即打響。

《明英宗實錄》裡詳細記載了征麓川之役的討論及決策過程，並不像後世一些聰明之士聲稱的，群臣激烈反對，王振一意孤行的結果。兵為危事，朝廷對此展開了廣泛的討論。正統六年（西元一四四一年）正月裡，連續五天召開各衙門大臣參加的廷議，討論麓川問題。廷臣自由發表意見，且多主張用兵，其中並沒看到王振的干預。事實上，多數廷臣以及雲南地方官員都支持對麓川用兵，反對的只是何文淵、劉球等少數人。從後者的奏疏來看，他們完全缺乏全局意識，對邊疆形勢也毫無認知，只會拿三代古典說事，不過是些冬烘迂腐之士。若依著他們任性，多少家業也不夠敗的！一些有識之士（如王世貞、谷應泰等）就指出，如果放任麓川不征，「則中國之西南者亦非我有矣」！

三征麓川以明朝軍事上的勝利結束，然而跟明朝中後期所有軍事勝利一樣，從沒得到當時之人以及後人的好評，只用「勞民傷財、兵連禍結」八字定論。好比明末萬曆三大征，就被直接引向了明朝亡國，而三征麓川，則被認為是招致土木之變的先聲。

事之六：挾帝親征。

麓川之役，持續時間很長，一直到正統十三年才完全平息。而此時，北邊形勢驟然緊張。

自蒙元勢力退出關外後，很快就分裂為韃靼、瓦剌和兀良哈三部分。其中位於東部的兀良哈部力量較弱，韃靼與瓦剌都很強盛。成祖朱棣多次出塞遠征，或聯合韃靼打擊瓦剌，或聯合瓦剌打擊韃靼，每次打擊目標都不同。但由於種種原因，朱棣沒能很好地把握這種「打強扶弱」的平衡之術，其北征常常是無功而返。朱棣之所以決意遷都，把都城擺在最近處離邊牆不過百餘里的燕京，形成「天子守邊」之勢，也是為了加強對漠北的防禦。韃靼與瓦剌，一個在西，一個在東，就像坐蹺蹺板，交互而強。到了正統年間，瓦剌再次崛起，其首領名叫也先，讓明廷甚是心煩。為什麼煩呢？因為瓦剌朝貢特別頻繁，說是朝貢，其實就是來占便宜的。一年來幾次，每次都是好幾千人。這些人全到北京來，明朝怎受得了！一是招待費太高，財政吃緊，二是害怕「北虜」趁機窺探內地。所以每次都作聲作色地下詔，要求瓦剌人不要來得太頻數，一年一次就夠了，隨貢使來的從人也不可過多，百餘人就可以了，多了恕不接待。然而，瓦剌恃其強盛，並不把明朝的話當回事，照樣頻頻來貢，說是貢，態度還很蠻橫，明明貢來的多是低矮次等的馬匹，卻一定要按上等馬匹給他賞賜，甚至無禮地提出要與大明締婚。桀驁的瓦剌成為明朝的麻煩製造者，明朝卻拿其無可奈何，因實力有限且南邊戰事正急，不願多生事端，只是採取減少賞賜等辦法對待瓦剌使團。而待遇稍微不周，瓦剌貢使即變為強盜，入境劫掠。

雙方的矛盾愈來愈深，最終要通過戰爭來解決。正統十四年（西元一四四九年）七月，瓦剌部三路入寇，在北京以北的千里邊塞燃起戰火。其中一路由大同進犯，參將吳誥戰死。這是自大明建國以來從未有過的嚴峻事態，正當廷臣驚惶之時，忽內廷傳旨，稱英宗皇帝決意親征，要好好殺一殺瓦剌人的氣焰。百官都急了，如今的情勢是敵強我弱，皇帝怎麼能親征、往火海裡蹦呢？吏部尚書王直率領群臣進諫，希望勸阻皇帝，但英宗決心已定。

英宗親征之舉，後來被指為王振最為嚴重的罪行，因為人們都說，英宗是被王振挾持了才決定親征的，王振也由此成為千古罪人。「挾帝」一說，首見於土木之變後群臣所上彈劾王振的本章（見下），李賢在《古穰雜錄》一書中也說，「權臣不與大臣議，挾天子率師親征，百官上章懇留，不從，迫促而行」。挾持一說實不可信。英宗此時已不是小孩子，而是二十四歲的年輕人，且大權亦未旁落，他本人若不願意，王振豈能挾持或「逼脅」？倒是《英宗實錄》所記「車駕發京師親征，是舉也，司禮監太監王振實勸成於內，故群臣雖合章諫止，上皆不納」，較為穩當，即年輕的英宗在王振的勸說與支持下，方定下親征之策。

王振為什麼慫恿英宗親征？可能是瓦剌勢力強大，長期為明朝北邊之患，他覺得若只遣將，已不可能予以重挫，而永樂、宣德二朝，都有皇帝親征的先例。另外，三征麓川的勝利，也造成一定的幻想，讓英宗與王振君臣對國力產生錯誤的評估，以為皇帝親征必然大挫瓦剌，過於自信了。總之，英宗親征絕對不是王振挾持皇上所為，所以說，「未可專罪王振也」。親征對不對呢？當然不對，因為親征最終以慘敗結束，若僥倖勝了，還不知怎麼說了。歷史上的事，是英雄還是狗熊，許多都是以事後的成敗而論，自以為高明的史評者，其實放的都是些馬後砲。

當英宗決策親征時，確實是在高估己方實力的同時低估了瓦剌的力量，對局勢缺乏準確的判斷。

就在親征之詔頒發後，大同再次慘敗。大同總督軍務西寧侯宋瑛、總兵官武進伯朱冕、左參將都督石亨等率軍與瓦剌軍戰於陽和（衛）後口，這是京兵與大同邊軍的聯合作戰，卻敗得一塌糊塗，至全軍覆沒。宋瑛、朱冕，一侯一伯，兩位勛臣戰死。鎮守大同太監郭敬大概喜歡吃兔子，他見勢不妙，一頭栽進草窠子裡，才躲過一劫。幸虧石參將溜得快，逃入大同城內，閉門不出。

兵敗的第二天，敗訊還未到京，英宗車駕已從北京出發，開始了有去無回的親征之旅。後世便說，英宗是被王振挾持了親征的。

大軍出發之日，離親徵詔書頒發僅僅過去兩天，扈從文武吏士，皆倉促就道。根據實錄記載，大軍行進速度不慢，僅僅八天，已至宣府。至此「風雨大至，邊報益急」，扈從群臣紛紛上請在此駐蹕，不要再冒險繼續前進。王振大怒，「俱令略陣」，大概是將進言的官員打發到部隊裡去，讓他們親臨行伍。

次日，車駕至雞鳴山，大軍中的恐懼情緒越來越重。王振為了壓制這種負面情緒，故意擺出威風，就連成國公朱勇覲見，都要膝行而前。王振讓戶部尚書王佐、兵部尚書鄺野管老營（即車駕所在的大營），二人卻先跑了。王振愈加震怒，令他們跪在草野中，直到晚上才讓他們起來。雖然王振「益肆其威」，但面對緊迫的軍情，還是不免心裡打鼓。這時，隨軍的欽天監正彭德清勸他：「虜勢如此，不可再向前了，倘有疏虞，將陷天子於草莽。」王振道：「設若有此，亦是天命！」閣臣翰林學士曹鼐也勸：「臣下命不足惜，惟主上繫宗社安危，豈可輕進！」王振皆不聽，堅持進軍。

話說回來也是啊，堂堂天子親征，走了一半的路，還沒與敵人謀面，竟因為畏懼，害怕出事，就做了縮頭烏龜，這，但凡是要臉的皇帝，都受不了啊！既然是王振勸皇上出來的，這時又勸皇上回去，國事不好如此當兒戲吧？大概也只好鼓足勇氣，繼續向前了。只是軍中上下都如驚弓之鳥，一心思退，這仗能打得勝嗎？

奇怪的是，當明軍往前推進時，瓦剌軍竟漸次後退，退出塞外。

八月初，英宗駐蹕大同。王振還想北行，大概想學皇曾祖永樂皇帝，深入沙漠搗巢吧。可大同太監郭敬是早嚇破膽了的，他密告王振道：「如果再往前走，正好中了虜計。」此說倒不必密告的，因為瓦剌連連獲勝，擄掠甚多，聽說大明皇帝親征，不敢輕敵，故不予接戰，而是慢慢退出關外，免得在關內腹背受敵，同時卸掉包袱，在塞外廣漠設伏，正好發揮騎兵野戰的優勢，好與明軍進行決戰。實錄說郭敬「密告」王振，是故弄玄虛。

王振聽了郭敬之言，心裡也害怕起來。加之自從大軍從居庸關出來，連日來不是颳風就是下雨，到大同這一夜，又忽然驟雨大至，這種晦氣的天氣怎不教人驚疑！（是啦，軍行無膽，還不見什麼怕什麼！）

王振遂決議回師。一聲令下，車駕次日就轉身往東走，當晚在雙寨兒落營。待營盤紮好，忽見一朵黑雲捲來，就像一把傘蓋覆蓋在大營之上，而四外則晴明。過了一會兒，雷電風雨交作，營中驚亂，徹夜不止。像這樣的鬼天氣，不消彭德清師傅掐指來算，大家也都覺得不是妙事。

此時還是趕緊躲進關內最安全了。據報，瓦剌人聽說車駕東返，隨即追來。有人建議，大軍應從紫荊關進入邊牆，退往京師，道路最短，也較安全。可王振是蔚州人，不知抽了哪根筋，竟想請皇帝到他老家走一遭，於是改變行軍路線，可走了半天，他又擔心大軍踏了他家鄉的莊稼，遂再次改變路線，仍從宣府原路往回走。

國史上就是這麼說的，可我卻有幾分存疑。我不大相信，在這樣緊迫的情況下，王振居然能動念邀聖駕幸其第，他如此不分輕重嗎？可能「邀駕幸其第」只是他放出的風聲，以掩飾親征大軍臨陣逃跑的恥辱吧。因為十數萬大軍隨皇帝出來打土匪，怎麼到了關上突然朝著另外一個方向走，總得給個冠冕堂皇的說法，是不是？已有學者據地圖指出，明軍改變退兵路線，極有可能是明軍不熟悉當地複雜的地理環境造成的，而明軍若欲從紫荊關退入邊牆，恰恰需要從蔚州經過！另外也有學者指出，時值仲秋時節，地處塞外的蔚州也不該有「禾稼」，王振不可能擔心烏有之物。故而王振邀帝幸其鄉的說法完全是造謠。

不管怎樣，明軍動作慢了，很快就被瓦剌兵攆上。從瓦剌深入內地，快速機動，卻沒有遭到任何牽制來看，明軍各邊堡守軍只顧自守，根本沒有理會大軍的安危。

由於走了彎路，加之大軍人多，糧草遲重，行軍緩慢，從大同出來，走了十二天，才抵達土木堡（在今河北懷來縣城東），遂在一高地紮營。營地的選擇犯了致命的錯誤。之前，每當駐營前，都會派司設監太監吳亮提前相度地勢，可這一次十餘萬大軍竟然在一土厚高亢之地紮營，地高無水，兵馬又饑又渴，然掘井二丈有餘，也看不到一滴水。這是土木兵敗的根本原因，至於其原因，有兩說：一說是因為王振「以軍失利漸慚，即止於土木」，似乎是因為用兵不利，心不在焉，遂鑄下大錯；一說見於土木之敗後廷臣聯名彈劾王振的劾疏，說是因為王振的親信小人欽天監官彭德清「不擇善地駐紮」。難道行軍布陣還要請大師察堪輿、看風水？兩說均見於《明英宗實錄》。然而我對此表示懷疑。當明軍來到土木堡時，堡南十餘里就是河道，但瓦剌軍一部已提前占領其北岸，阻絕了明軍與水源的聯繫。因此，明軍選擇在土木高地紮營，應該是被動的，而不是某個人所犯的錯誤。

都怪瓦剌兵進展太速。明軍剛到土木，即接警報，說瓦剌大軍從宣府方向殺來。英宗只好分兵五萬，命成國公朱勇率領，前出迎敵。可朱勇這位紈絝子弟，勇而無謀，冒險深入鷂兒嶺，被瓦剌軍從山兩翼夾攻，全軍覆沒。瓦剌大隊遂乘勝攻至土木堡。到第二天，也就是八月十五日的上午，瓦剌軍將明軍大營合圍。大軍已經絕水兩天了，人馬又饑又渴。臨時掘井，一直深挖到二丈有餘，仍然無水。而瓦剌兵又分道從土木旁邊的麻峪口入內，兵馬越來越多。明軍已陷入絕境。

可能瓦剌軍也有著嚴重的補給問題，十五日中午，瓦剌軍忽然退去。明軍如蒙大赦，急忙抬營南行，以就水源。將士們也是渴瘋了，哪裡顧得這是敵人欲擒故縱之計。明軍一動，陣勢便亂，大軍往南走了不過三四里路，忽然敵騎四出，從各個方向展開攻擊。頓時明軍大亂，狼奔豕突，成為任人宰割的羔羊。據當時在軍的李賢目擊：「（明軍）竟無一人與鬥，俱解甲去衣以待死，或奔營中，（所棄器仗）積疊如山。」土木堡之敗，是明朝建國以來前所未有的慘敗，尤其令人震驚的是，大明的皇帝居然也被俘虜了！

可憐的英宗皇帝，就像北宋的徽欽二帝，被「北虜」挾持北行，身邊只跟著太監喜寧等少數幾個隨從，真是淒悽慘慘慼慼。而王振及眾多的扈從太監、文武官員多戰死，明軍死亡過半（據李賢說，二十餘萬明軍傷者過半，死者三分之一），騾馬損失達二十餘萬，衣甲兵器盡為敵人所得。[56]

這一役，被史家視作明朝中衰的重要標誌。

---

56 英宗率六師親征，號稱五十萬，應是沿用朱棣五十萬大軍親征之說，以壯軍威。據學者考證，明軍人數不過二十五萬左右（包括從駕官軍「私屬」），土木堡兵敗時約為二十萬，死傷約十萬，死者在三萬左右。參見曹永年：《「土木之變」明兵力及傷亡人數考》（《中華文史論叢》西元二〇一三年第一期）、李新峰：《土木之戰志疑》（《明史研究》第六輯，黃山書社，西元一九九九年）。史書中所記死傷數十萬，實為誇大之詞。

第六章　王振之死及身後事

幾天後，敗報隨著敗軍一起回到京城。

北京城內的那種悽楚和恐懼，是可想而知的。一則因為天子北狩，群龍無首；一則京軍精銳多數都隨駕北征，城防軍力不過羸馬疲卒十萬人，瓦剌兵一旦殺到，京城將何以為守？故京師戒嚴之後，人心惶惶，群臣聚哭於朝，不知所措。

像這樣嚴重的事態，必須有人承擔責任。自然，皇帝之責是不可追究的，而須拋出一個「犧牲」和替罪羊。這麼多年來，一直讓朝臣們不快、反感，甚至是羞辱的太監王振是不二之選。

八月十八日早上，監國的郕王朱祁鈺（英宗弟）駕臨午門左門臨朝，將奉皇太后（英宗之母孫太后）之命，立英宗庶長子朱見深為皇太子之事告訴百官。然而，「國本」並非此刻百官關注的焦點，都察院右都御史陳鎰取出一份由眾多廷臣聯署的奏疏，當廷彈劾司禮太監王振及其黨羽「陷君誤國」之罪，要求給予他們最嚴厲的懲罰。

此時，敗兵敗將還在不斷逃回，帶回各種消息，有說王振已死的，有說王振沒死的。不管王振是死是活，再沒人畏懼他，就像奏疏裡說的，王振「論十惡莫加其罪，雖萬死猶有餘辜，天地不容，神人共怒」，群臣心中充滿了憤怒和仇恨，不吐不快，就是王振僥倖逃脫，亦難逃一死。

大臣們將兵敗辱國的一切責任，全怪到王振頭上。在此我將劾疏摘要列之於下，略加分析，供各位參看：

（王振）恃寵狎恩，奪主上之威福，懷奸挾詐，紊祖宗之典章。每事不由朝廷出語，自稱為聖旨，不顧眾議之公，惟專獨斷之柄，視勛戚如奴隸，目天子為門生。中外寒心，縉紳側目。

這一條說王振奪主上之權，壞祖宗之法，簡直把自己當作站著的皇帝。

賣官鬻爵則賄賂大行，恣毒逞兇則誅殺無忌，孕婦被剖，童稚遭屠，傷天地之至和，致宮殿於回祿。

讀了這一條，看官莫要驚怪，以為王振不單愛吃人，還特別愛吃小孩，尤其愛吃嬰兒，為此不惜將孕婦肚子剖開，取嬰大嚼。「孕婦被剖」云云只是一種誇張的說法，意思是說，王振兇惡到了剖食孕婦的程度。我覺得文章真不能這麼寫，大臣們本是羅列王振之罪，當講事實、重證據，豈可像寫神怪小說一樣，恣意搖筆呢？但我讀了這等文字，也不以為怪，因為古人寫文就是這樣的，不僅講駢體押韻對稱，朗朗上口，還要有如滔滔之水的氣勢。罪人那真是醉了，還沒砍頭，先要被嚇死。看官明白了這節，大概就能明白，為什麼即便是國史、正史文獻，都存在那麼多不經、不實、不著調、摸不著頭腦的記載！

這一條，其實就是說王振賣官鬻爵，弄得朝廷賄賂公行；他肆毒逞兇，傷天地和氣，以致宮殿都著了火。回祿就是火災，我相信看官不會把某次宮廷大火怪在王振頭上吧；可在這份劾疏裡，它的確是王振罪惡之一，也是他罪惡的重要表徵。

邇者胡寇犯邊，止宜命將討罪，緣振乃山西人，因見大同有警，逼脅聖駕親征……既欲保全其家，又欲光幸其第，增一己之威勢，屈萬乘之尊嚴。彼時文武群臣恐陷不測之禍，上章懇留，皇上畏其強愎不臣，不得已而強行。

這段便是說王振「逼脅」英宗親征了。至於他為何這麼做，給出一個似是而非的理由：因為王振是山西人。此理通嗎？我想不通。然後又說王振「欲（英宗）光幸其第」，將它與「欲保全其家」一起，作為王振脅迫英宗親征的兩個理由。聰明的看官讀到這裡，大概就明白了，王振欲英宗光臨其老家，乃選擇錯誤的回師路線一說，其由來在此。王振在大難之際仍不忘邀駕光臨其老家，此說純屬無中生有，是時人的臆想。

輿論皆欲駐蹕宣府，被（王）振逼脅，直抵大同。兵柄在其掌握，總戎懼其威權……以致逆虜犯蹕，邀留乘輿。

此條說當北征大軍到宣府後，眾議都說應在此駐蹕，不可再向前走了。可是英宗被王振「逼脅」，直抵大同，以致大敗，英宗被俘。這已經是第二次出現「逼脅」一詞了。此說甚是可笑，英宗既然是北征平虜，他哪知觸敵必敗，心裡想的還不是「驅逐韃虜，保衛中華」，豈可才到宣府，就停頓不前呢？這純粹是以成敗為論事的基點，敗了，這麼說，倘若明軍勝了呢？自然又是一番說辭。王振之罪、他莫大之不幸，就在於他護駕親征失敗了。成王敗寇，共此一理！

下文還有很長，都是具體的指控，總為「跋扈不軌」之態，不再贅述。總而言之，王振罪惡滔天，雖漢之石顯、唐之仇士良、宋之童貫，亦未能過之。由此大臣請將王振明正典刑。由於王振生死不明，唯恐他潛匿偷生，並乞郕王下旨，令諸司緝捕得獲，萬剉其屍，以伸天下之憤，以釋神人之怒。在王振正法之前，不妨兵分兩路，先將其九族誅夷，籍沒其家產，給付陣亡之家，發其祖宗墳墓，暴棄骸骨。

王振這回算是把九族、祖宗都連累了！

大臣們強調，只有如此，才可以「固臣民之歸心，鼓三軍之銳氣，剿逆虜之強暴，解聖駕之拘留」。不然，「無以警戒將來，人皆解體矣」。好像王氏一族的血成了靈丹妙藥，救國之策，直在於此。

都御史陳鎰代表廷臣將劾疏讀完，還未等郕王開口答話，年輕的六科十三道言官們紛紛搶著發言，一定要將王振滅族。然而郕王卻遲疑道：「汝等所言皆是，朝廷自有處置。」他這樣模稜兩可的態度自然不能令人滿意，百官情緒激動，紛紛往前擁，跪地慟哭，都道：「聖駕被留，皆王振所致，殿下若不速斷，何以安慰人心！」

郕王猶在遲疑，這時，錦衣衛指揮馬順出言呵斥，令百官各歸班次。馬指揮就太不智了！當群情激憤之時，豈是平日可比？他不開口則已，一張口便猶如火上噴油，只見給事中王竑從人群中躍出，一把揪住馬順的頭髮，咬了他一口，大罵道：「馬順平日倚仗著王振的勢力，為非作歹，今日猶是此態不改，他就是奸黨，打他！」王竑起了頭，眾官一擁而上，拳打腳踢，竟當場將馬順打死。

郕王眼見錦衣衛指揮馬順在他面前被活活打死，不禁瞪大眼睛，慌了手腳，不知所措。百官又號啕著擁過來，請他即刻下旨，查抄王振之家。面對如此激奮的群臣，郕王只好點頭。

百官的情緒這才稍微平定些，待錦衣衛官校去抓人封門時，將馬順的屍體拖到一邊，但仍是不散，聚在午門下大哭——氣雖然出了，但瓦剌大軍殺奔京師而來，計無所出，仍感惶恐。

郕王不敢繼續留在午門，起身退回宮，而令司禮監太監金英詢問大家，還有什麼話要說。有人道：「內官毛貴、王長隨也是王振之黨，請治諸法。」這兩個人馬上被從宮門縫裡推出來，當即又被打死。

百官仍是不散，很快王振之侄王山抓來了，眾人忙相互提醒，千萬不要再打死他，好讓他伏法於市。百官又望宮門請求立即將王山處死，郕王沒奈何，只得允準。於是王山被押赴西市凌遲處死。

連夥四命，百官之心稍稍得慰，郕王才派人出來傳諭，說：「國家多難，皆因奸邪專權所致。今已悉准所言，置諸極刑，籍沒其家，以謝天人之怒，以慰社稷之靈。爾文武群臣務須各盡乃職，以輔國家，以濟時艱。」換成白話，就是你們的意見我都聽了，還不趕緊都散了，各回衙門辦事。

百官這才望闕拜謝，退出皇城。走時，看見馬順還直挺挺躺在一邊，已經僵硬了，便順帶手將他倒拖出去，棄屍於道。不少軍民見了，忍不住上前，你一腳我一腿，踢了出氣。

以上所記，皆取之《明英宗實錄》。然明人高岱《鴻猷錄》卷十《己巳虜變》所記稍異，並錄之於下，以供看官參互。

《鴻猷錄》稱兵部侍郎于謙當廷請治王振之罪。郕王諭百官，表示將徐處之。于謙執奏，說王振傾危社稷，罪惡滔天，不即典刑滅族，百官死不敢退。於是百官皆哭，聲徹中外。郕王驚恐，起身入內，宦官將闔上宮門，眾人隨于謙一擁而入。郕王無法，只得傳旨籍沒王振，所差者為錦衣衛指揮馬順。眾人都不同意，說：「馬順，就是王振之黨。」提出另差都御史陳鎰。太監金英傳旨，令百官退。可百官群情激憤，要揪打金英。虧得金英動作快，脫身而入，不然就被打死了。馬順就沒這麼幸運，當場斃命。百官又索要王振黨人內使毛、王二人。金英無奈，只好將這二人推出，瞬間亦被擊殺。

看官，同樣一件事，《明英宗實錄》與《鴻猷錄》所書，差別已經不小。根據《明英宗實錄》，這一天基本沒于謙什麼事，而根據《鴻猷錄》，當天是于謙唱主角。您到底信誰呢？可見，研究歷史，一定要博覽群籍，看大家都怎麼說，不可偏聽一家之言，即便是權威史料，同時要記住，不可拘泥於書，正是盡信書不如無書。

通過上文介紹王振其人、其事，看官可品出點特別的味道——歷史的味道，就是五味雜陳，有時候真是說不清道不明。即以王振而言，關於他的眾多記載，要嘛不實，要嘛出自偏見，或出自附會。我們罵了幾百年的大太監，我們真的瞭解他嗎？

但有一點是確實的，王振多年專權，已為豪奢之客（我儘量不輕用「富可敵國」之類的詞，因為國語中的這些詞多是誇張的，只適合贊人漂亮，實在不適合用於客觀地評價古人，如下文的「擬宸居」「尚方不逮」等皆是）。都御史陳鎰奉郕王令旨查抄王振及其黨羽彭德清等人家產，據實錄所記，王振「宅第數處，壯麗擬宸居，器服珍玩，尚方不逮，（就是所用之物的精美，連皇上家的都不如。您認可嗎？）玉盤徑尺者十面，珊瑚高者七八尺，金銀十餘庫，馬萬餘匹，皆沒官」。這位大太監也是一位大富翁。他的財富從何而來？我呸，這還用問！

據實錄記載，被籍沒者有太監郭敬、內官陳璵、內使唐童、欽天監正彭德清等家。

郭敬是鎮守大同太監，王振的親信。據說他在大同多造鋼鐵箭頭，用甕裝了，送給瓦剌使臣。而瓦剌頭領也先每年都會送良馬等物給他和王振，以為報答。這也成為王振通虜賣國的證據（這就跟朱元璋說丞相胡惟庸通倭一樣不靠譜，根本不需辯。可見「好人」們給「壞人」潑汙水是無所不用其極的）。明軍大同陽和之敗，也被認為是郭敬軍中「專制」所致。當時主將西寧侯宋瑛等戰歿，他卻躲在草叢中逃脫。英宗親征到大同後，百官彈劾他「失機」之罪，王振詐傳聖旨不問（所謂「詐傳」二字，不必深信。所謂詐不詐，要害其實只在英宗知不知）。籍沒他家時，郭敬生死不明。過了一個月，他忽然潛回北京，跑到法司衙門自首。郭太監真不愧是一隻會鑽草窠子的兔子！

經法司鞫問，郭敬被判了凌遲處死，但沒有處決，只是監禁起來，不久死於獄中。其子（應為過繼子）郭忠發遼東充軍。其弟郭祥給太監陳祥為奴，至天順元年英宗（西元一四五七年）復即位後方以敘用，授錦衣衛百戶，並應其請，歸還了郭家被抄沒的部分財產。郭敬之侄郭震、郭祿，因為在英宗被俘後曾出金幣資助過落難的皇帝，天順元年被授予錦衣衛實授[57]百戶。此時，英宗已考慮為王振平反。

陳璵是王振管家內官，「為其聚斂珍貨」。

57 實授是相對於帶俸而言的。

彭德清沒有死於土木堡，他逃了回來，不久死於獄中，仍被斬首。他的罪名是黨王振，匿天變不報以及從征時不擇地利處駐師。

另外王振家屬二百六十餘口，皆監於都察院獄。法司審訊後，奏稱奸惡王振同居異姓之人皆當斬。也就是凡和王振住在一起的，不管是同姓還是異姓，親戚還是家奴，都必須處死。一般謀反、謀大逆之罪，也只是殺死其同居親族，異姓之人（如親戚、家奴等）是不必一概處死的。法司這麼奏請，實為是法外之重典。但景帝（即郕王）不同意，說王振傾危社稷，罪惡深重，但朕即位之初，體天地生物之心，姑屈法伸恩，決定凡係王振本宗，不問大小（包括兒童），皆斬首以徇，婦女給付功臣之家為奴，其家人、閹者（即火者、閹人）宥死，杖一百，發戍邊衛。都察院還錄下王振的罪惡，榜示天下。

從此，一個大太監就被釘死了。

權閹之禍，於其家，亦謂慘也！

王振是怎麼死的，說法不一。主要有以下幾種：

其一，為瓦剌軍所殺。清初人傅維鱗《明書》載英宗之言說：「（王）振為寇所殺，朕親見之。」清代著名小說《醒世姻緣傳》第一五回大概據此寫道：「王振狠命地攛掇正統爺御駕親征，蒙了土木之難，正統爺的龍睛親看他被也先殺得稀爛。」

其二，為亂兵所殺。《明史．王振傳》稱：「瓦剌兵追至，師大潰，帝蒙塵，（王）振乃為亂兵所殺。」亂兵也可能是明軍自己人。

其三，為護駕將軍樊忠所殺。如明晚期人黃景昉《國史唯疑》、清初人谷應泰《明史紀事本末》卷二九《王振用事》均記載王振被樊忠用瓜（或棰）捶死。

其四，自殺。北京智化寺存《英宗諭祭王振碑》云：「車駕北征，（王）振以腹心扈從，將臣失律，並以陷沒，即引刀自刎。」

以上諸說，應以智化寺碑文為最可信。因為諭祭碑是朝廷「大文字」，應為英宗授意翰林院撰寫，英宗是當事人，他親自看過的，怎麼會有疑問呢？

其實不管王振是怎麼死的，說他死於國難，總不會錯。可惜，沒有人這麼看，不僅王振身死，他的一族老少也都為兵敗殉了難。王振地下若有知，情何以堪？

世人皆恨王振，唯獨一人對王振之死懷有深深的憐惜。此人不是別人，正是那位被王振「禍害」最深的英宗皇帝。

英宗在漠北過了一年的囚徒生涯，次年八月被瓦剌部送還明朝，以太上皇的名義軟禁在皇城南宮。景泰八年（西元一四五七年）正月，於奪門之變中復位。沒多久，他就下令將發配到遼東鐵嶺衛充軍的王振家屬都放回來，改在京衛充軍。充軍充軍，哪有在京城充的呀！這顯然是皇帝在試水，下一步就要給王振平反了。有個叫劉恆的太監嗅覺敏感，馬上嗅到風聲，立刻上言，說王振好人哪！他「恭勤事上，端謹持身，左右贊襄，始終一德」。可這樣一位勤勞的忠臣，自從陷沒土木堡，一直「未沐招葬」，豈非缺典？這一下就戳到英宗心坎上了，立馬照準，下令「賜故太監王振祭葬」。王振屍骨無存，所謂葬，也就立個衣冠冢。據民間傳言，說英宗讓人用香木鏤王振之形而葬之，大概就是「刻形招魂」吧，未知是否的確。

英宗做這些事，沒有一個人提出異議。

到了天順三年（西元一四五九年）正月，僧錄司右覺義兼智化寺住持然勝奏稱：故太監王振有功社稷，已賜祠額名「旌忠」，立旌忠碑於祠前，乞賜贈謚，以為萬世旌忠之勸。

這位僧然勝在正統時就任僧錄司右覺義，王振垮臺後，被六科十三道列入王振的基幹擁躉，遭到參劾，被降為普通僧人。英宗復位後，他官復原職，並且兼任智化寺住持。智化寺是王振生前所建，今日仍存，就在北京東城區祿米倉胡同，我曾經去遊訪過，就是一條小街內的一座小廟。看官若得閒時，也可去訪一訪舊跡，裡面有一塊碑《智化寺旌忠祠記》，刻於天順三年（西元一四五九年）九月九日，撰文並正書者，就是和尚然勝；此碑兩截刻，上為記，下面線刻王振蟒袍畫像。有看官問我，王振帥不帥？請自己賞鑑。

英宗在祭葬王振後，還在智化寺給他建了一間祠堂，並賜額名「旌忠」。不知當時之人有沒有脫口而出：我的天啊！王振還忠？皇上還為這位「忠臣」修建祠堂！當時人的議論我真不知道，因為我沒看到任何官員就此上奏勸諫，說「皇上啊，王振致陷乘輿，讓您失了位、做了八年囚徒，過去受的苦您都忘啦」。沒人這麼說。當時人的意見，我只知道天順朝大學士李賢的高論。當英宗為王振建祠後，命李賢撰寫碑文。李賢不客氣，在碑文中對王振的「豐功大節」大書特書。李賢可是差一點死在土木堡的人，他這麼歌頌「逆閹」，也未見有誰罵過他。可見對王振的仇恨，主要還是土木之敗激發的，在那巨變的關頭，必須要有人承擔責任，用血來安定人們的驚恐之心。然而時過境遷，情緒定下來，大夥兒也罵不起來了。而且王振的主要「罪惡」是欺君專擅，如今那位被「欺」者又重新坐回寶座上，再提這事兒，就開不了口，投鼠忌器嘛！直到天順之後，人們罵王振才又肆無忌憚，然而此時人們罵王振，其實又不盡然為罵王振，王振已成為代表宦官專權的一個符號了。

英宗為王振立祠，是「內臣立祠之始」。您想啊，閹宦都是無後之人，立個祠，誰來供香火啊！可不想，英宗為了寄託哀思，讓人給王振立了祠，這等於是國家行為，是朝廷對內官一生令名的肯定與表彰。故以後凡大太監去世，都以得到朝廷「立祠賜額」為極高的哀榮。

沒想到然勝還不滿足，又替王振申請「贈諡」，還說「實萬世旌忠之勸」。

「贈謚」，給死人的榮典稱「贈」。給謚是在大臣死後，由朝廷賜給他一個號，以為蓋棺定論。比如李賢死後，謚號是文達，人稱李文達。張居正死後賜謚文忠，張文忠就是他。故贈謚又稱「易名大典」。但只有三品以上大員才有這個資格。王振生前雖然權傾朝野，幾乎就是站立的皇帝，但他畢竟只是太監，官不過四品，立祠已經過分，怎麼還能賜謚呢？不僅官品不夠，他還是宦官嘛！

英宗接到奏疏後，沒有表態，而是「下禮部議」。可能是英宗對此有所保留，想聽聽臣下的意見。為什麼呢？因為贈謚事大！

歷代宦官之有謚者，所知最早的為西漢人許廣漢。許氏本是武帝之子昌邑王的郎官，因為過錯被下「蠶室」，成為一名宦者，其情形與司馬遷相似。許廣漢為什麼能夠得到謚？原來許廣漢的女兒嫁給了漢宣帝，所以他死後，被追封為平恩侯，謚曰「戴」，與他宦者的身份無關，而是因為他是皇帝的老丈人，他是以外戚之侯得謚。

第一個以宦官身份賜謚的，是東漢孫程。東漢時期外戚與宦官輪流執掌政權，封侯者眾多，得謚便不為奇了。孫程扶立順帝有功，封侯加官，死後謚為「剛侯」。據汪受寬先生《謚法研究》統計，歷代宦官得謚者，不足百人，但多得美謚，如「忠勤憲肅恭定節敏」等字。唯一的惡謚被唐代肅、代兩朝的大宦官李輔國得到。李輔國在安史之亂後權傾朝野，被皇帝尊為「尚父」。他被代宗派人暗殺後，身敗名裂，被賜謚為「丑」。像這樣為皇帝所不容的人，仍然得到謚，說明在唐代中後期宦官控制內廷的形勢下，宦官得謚，已為固定的禮法。而歷史上最了不得的宦官謚號，被宋徽宗朝的宦官宋用臣得到了。一般臣子的謚都由禮部等衙門議定，在宋用臣的「謚議」中，有這樣一句話：「天子念公之勞，久徙於外。」這怎麼了不起呢？原來這是周成王哀悼周公的話，這等於將宋徽宗比作周成王，而將宦官宋用臣比作輔導成王的周公了！

通過以上回顧可知，宦官給謚，並非沒有前例。但賜謚這個問題，比立祠賜額要大，立祠可以是皇帝的私恩，而賜謚體現的是朝廷的榮典。雖然英宗不掩飾個人對王振的情感，對此也不得不格外慎重。所以他下部議，讓臣子討論。

考僧然勝所撰、刻於當年（天順三年）九月的《智化寺旌忠祠記》，其中提到皇上復登大寶，錄王振舊勞，「即詔招靈祭葬，蟒衣玉帶，致賻建祠，撰碑頒敕，以旌忠義，尚全始終」。沒有提到王振得到贈謚。成化中，太監劉永誠的侄子寧晉伯劉聚請賜其叔謚並祠堂賜額。禮部言無封謚內臣事體，唯王振祠堂蒙英宗賜額，永誠所乞未敢擅擬。有旨賜祠額曰「褒功」，仍命內閣議擬封謚。大學士彭時等言：「王振輔翼英宗年久，又死國事，英宗復位，非不欲重加褒恤，因無舊例，止賜祠額。今劉永誠得照例賜額，已為過矣，若又加封謚，出於王振之上，則輕重不倫，人心不服，將來守邊等項如永誠者將紛然比例陳乞，變祖宗之法，必自此始。況今多事之際，正宜恪守成憲，以慰人心，不可輕易更改，致生外議。」事遂寢。可見王振並沒有得到封謚。

內臣建祠賜額為「朝廷希闊殊特之典」，自王振以後，憲宗朝的劉永誠、弘治朝的懷恩、覃吉、覃昌、韋泰等都先後得到，遂「祠額寖廣，祭（賜祭）尤眾，不能悉記矣」。

通觀明代，直到滅亡之前，沒有任何一個太監獲得過贈謚。宦官之位尊勢顯者亡故，享受的哀典是皇帝、中宮、東宮賜賻（鈔、銀、米油、香帛等物），遣禮部或該太監名下內官諭祭，工部給棺營墳。只有少數宦官，才能得到立祠賜額的待遇。因為祠額多是「褒忠、昭賢」之類的讚美之詞，故後世有些宦官便以祠額代為謚號。

明代經土木之變，中衰之勢頓顯，許多人都把罪責推到太監王振頭上，王振與正德間劉瑾、天啟間魏忠賢共為明代三大閹，挨了無數的罵。可有意思的是，智化寺原存王振像、碑，到清乾隆年間才被推倒。乾隆七年（西元一七四二年）正月，御史沈廷芳奏稱：崇文門內智化寺，明英宗為逆閹王振立祀，大學士李賢撰碑，稱其「豐功大節」，諛閹亂道，觀者髮指！乞敕有司，毀像撲碑，並將英宗諭祭碑移至他處掩埋。得旨，如所請行。

說到底，大太監王振還是吃了近三百年的香火，直到改朝換代之後，宦官也不怎麼有勢力了，才為人不容，轟然倒地。

我們不妨換個思路來看，王振並沒有像老鼠過街，人人喊打，說明他的名譽沒有史書上寫得那麼壞。事實上，民間還流傳著幾個關於王振的「正能量」故事呢！

如明朝弘治時人許浩所著《復齋日記》，記敘明初以來朝野事蹟。該書被收錄於《四庫全書》，四庫館臣在給該書寫提要時，讚許頗高，說它與另一本重要的明代筆記《水東日記》[58]「頗相出入」（即互為參照意）。

《復齋日記》與眾不同，記了王振兩件美事：

一則說一天王振入侍，忽然聽到御前傳來簫聲。吹簫的一見王振來了，忙拖了簫走開藏起來。結果沒有王振腿快，王振追到他，厲聲叱責道：「爾事皇上，當進正言，談正事，以養聖德，而乃以此淫聲惑上聽乎？」命打二十杖。這吹簫的大概也是一名宦官。

另一則說有一個內使負責給英宗梳頭，服侍皇帝久了，便向皇帝乞恩，想換頂帽子戴。英宗答應

58 作者葉盛，正統十年（西元一四四五年）進士，經歷過土木之變及奪門之變，歷官宣府、兩廣巡撫都御史，仕至吏部左侍郎，卒於成化十年（西元一四七四年）。

授予他「奉御」之職，就讓王振去辦。可王振不同意，他道：「官所以待有功。此賤技微勞，賞以金帛可也。」說官職都是用來獎賞有功之人的，剃頭賤技，功勞微小，皇上賞賜他錢財即可，最後硬是沒有同意。

可見王振對於其「同類」頗為無情，難怪陳鎰在劾疏裡說「內官被其非法加誅」。許浩講了這兩個故事，給王振點了下讚，說他「閒邪納誨，以成英廟（英宗）盛德，不為無補」。清朝人不幹了，責之為「紕繆殊甚」。四庫館臣也沒法駁倒他，反正他就是不信不信不信，大太監王振怎麼可能這麼正直呢？英宗德不德，肯定與他半毛錢關係都沒有。

看官如果也不信，以為是許浩胡說，那麼還有兩則故事，說的也是王振勸諫。我們看王振諫些什麼。其一，見查繼佐《罪惟錄．宦寺列傳．王振傳》，說英宗一日與小閹擊球，打得很是熱鬧，直到王振來了，才停下來。王振當時照顧皇帝的面子，沒有說話，等到第二天快天亮時，英宗在準備上朝，王振忽然跪倒道：「先皇帝為一球子，幾誤天下，如果陛下也這樣，那社稷將怎麼辦呢？」英宗聽了，慚愧得無地自容。以後他還踢不踢球我不知道，反正此事傳出來，被「三楊」聽說了，嘆道：「宦官中還有這樣的人哪！」

此事倒是極新鮮，不知查繼佐是從哪裡撈來的材料。王振諫上毫無顧忌，直指宣宗愛好遊戲之失，倒也為實情。（宣宗就是任性死的，不然怎麼只活三十八歲？）雖然他說踢個球就要誤天下，有些誇張，但這也是一般士人的口詞。能夠這樣進諫的，恐怕除了王振，再不會有第二個人了，所以「三楊」感嘆。結合前《復齋日記》所記吹簫的故事，王振倒是個嚴謹的人，不喜歡皇帝玩球、玩音樂，督促他一心讀書，倒是個夫子之相。

其二，見明末大作家馮夢龍所編《智囊全集》[59]，說北京功德寺後宮，供奉著一座極其工麗的佛像。據寺裡和尚說，正統年間，太皇太后張氏常常到寺裡來上香，有時候就在此過夜，不即回宮。那時英宗還小，也隨祖母太后在此遊玩。寺裡還專門準備了寢室寢具。太監王振以為，后妃遊幸佛寺非盛典也，乃密造此佛，然後請英宗進言於太后：「母后大德，兒無以為報，已命裝佛一堂，請於功德寺後宮，以酬厚德。」太后大喜，就答應了，且命中書舍人書寫金字藏經置於東西二房。因為房裡放了佛經，不可就寢，從此太后就不再出宮了。

《智囊全集》出自「三言」的編著者馮夢龍的手筆，或有看官要問了：小說家言，可信乎？其實這個故事不是馮夢龍「編劇」，他是從文林的筆記《瑯琊漫鈔》裡抄來的。我引馮書，而不直接引文書，是因為馮夢龍的名氣大。文林是成化八年（西元一四七二年）進士，曾任溫州知府，他沒什麼名氣，但他兒子名氣大，即明中期「江南四大才子」之一的文徵明。如果筆記是文徵明寫的，我或許會先引《瑯琊漫鈔》。好了，這只是開個玩笑。

文林也算是個儒雅君子，他在記述了王振這一件聰明故事後，嘆道：「當時名臣尚多，而使宦者為此，可嘆也！」他雖是借此譏諷「當時名臣」，至少對王振沒有一概否定。

馮夢龍在引錄後亦有評語：「君子之智，亦有一短。小人之智，亦有一長。小人每拾君子之短，所以為小人；君子不棄小人之長，所以為君子。」這話說得多好哇，小人亦有其長。可惜我國的史官，

59 《智囊全集》一書成於天啟六年（西元一六二六年），正是「逆閹」魏忠賢大肆猖狂之時，虧得馮夢龍沒有來個「影射史學」，借舊事來攻擊時政，保留了這一個給王振「貼金」的故事。

還停留在黑白片的時代，非皂即白，不是好人就是壞人，從來不搞調和的中間路線。王振是壞人，一把將他推入醬缸裡，渾身腥臊，說什麼也洗不淨了。

本卷替他洗洗，出浴之後看相如何，請看官點評。

明朝的那些九千歲

攪亂朱家一池春水，牽動明宮幾代興衰

明宮大太監的逆襲

作　　者　胡　丹

發 行 人　林敬彬
主　　編　楊安瑜
編　　輯　黃谷光、杜耘希、高雅婷
封面設計　林子揚
編輯協力　陳于雯、高家宏

出　　版　大旗出版社
發　　行　大都會文化事業有限公司
11051臺北市信義區基隆路一段432號4樓之9
讀者服務專線：(02) 27235216
讀者服務傳真：(02) 27235220
電子郵件信箱：metro@ms21.hinet.net
網　　址：www.metrobook.com.tw

郵政劃撥　14050529 大都會文化事業有限公司
出版日期　2022年07月初版一刷
定　　價　320元
I S B N　978-626-95985-6-4
書　　號　History-150

◎本書經中圖公司版權部，由太白文藝出版社有限責任公司授權繁體字版之出版發行。
◎本書為《明朝的那些九千歲》二版
◎本書如有缺頁、破損、裝訂錯誤，請寄回本公司更換。

國家圖書館出版品預行編目（CIP）資料

明宮大太監的逆襲 / 胡丹著. -- 初版. -- 臺北市：
大旗出版，大都會文化，2022.07
320 面；17×23 公分

ISBN 978-626-95985-6-4（平裝）

1. 宦官 2. 明史

573.515　　111009516

大都會文化　讀者服務卡

書名：**明宮大太監的逆襲**

謝謝您選擇了這本書！期待您的支持與建議，讓我們能有更多聯繫與互動的機會。

A. 您在何時購得本書：______年______月______日

B. 您在何處購得本書：___________書店，位於___________(市、縣)

C. 您從哪裡得知本書的消息：

1.□書店　2.□報章雜誌　3.□電臺活動　4.□網路資訊

5.□書籤宣傳品等　6.□親友介紹　7.□書評　8.□其他

D. 您購買本書的動機：（可複選）

1.□對主題或內容感興趣　2.□工作需要　3.□生活需要

4.□自我進修　5.□內容為流行熱門話題　6.□其他

E. 您最喜歡本書的：（可複選）

1.□內容題材　2.□字體大小　3.□翻譯文筆　4.□封面　5.□編排方式　6.□其他

F. 您認為本書的封面：1.□非常出色　2.□普通　3.□毫不起眼　4.□其他

G. 您認為本書的編排：1.□非常出色　2.□普通　3.□毫不起眼　4.□其他

H. 您通常以哪些方式購書：(可複選)

1.□逛書店　2.□書展　3.□劃撥郵購　4.□團體訂購　5.□網路購書　6.□其他

I. 您希望我們出版哪類書籍：（可複選）

1.□旅遊　2.□流行文化　3.□生活休閒　4.□美容保養　5.□散文小品

6.□科學新知　7.□藝術音樂　8.□致富理財　9.□工商企管　10.□科幻推理

11.□史地類　12.□勵志傳記　13.□電影小說　14.□語言學習（____語）

15.□幽默諧趣　16.□其他

J. 您對本書(系)的建議：

K. 您對本出版社的建議：

讀者小檔案

姓名：______________ 性別：□男　□女　生日：____年____月____日

年齡：□20歲以下 □21～30歲 □31～40歲 □41～50歲 □51歲以上

職業：1.□學生 2.□軍公教 3.□大眾傳播 4.□服務業 5.□金融業 6.□製造業

7.□資訊業 8.□自由業 9.□家管 10.□退休 11.□其他

學歷：□國小或以下 □國中 □高中／高職 □大學／大專 □研究所以上

通訊地址：

電話：（H）______________（O）______________ 傳真：______________

行動電話：______________ E-Mail：______________

◎謝謝您購買本書，歡迎您上大都會文化網站（www.metrobook.com.tw）登錄會員，或至 Facebook（www.facebook.com/metrobook2）為我們按個讚，您將不定期收到最新的圖書訊息與電子報。

明宮大太監的逆襲

北區郵政管理局
登記證北臺字第9125號
免貼郵票

大都會文化事業有限公司
讀者服務部 收
11051臺北市基隆路一段432號4樓之9

寄回這張服務卡〔免貼郵票〕
您可以：
◎不定期收到最新出版訊息
◎參加各項回饋優惠活動